山岳霊場の考古学的研究

時枝 務◉著

雄山閣

山岳霊場の考古学的研究　目次

はしがき

近年、霊場、とりわけ山岳霊場への関心が高まっている。毎年開催されている九州山岳霊場研究会をはじめ、各地で山岳祭祀遺跡や山寺を取り上げたシンポジウムが企画され、多くの研究発表がなされている。

その背景には、宝満山《ほうまんざん》や英彦山《ひこさん》など山岳祭祀遺跡や山寺が史跡に指定され、その整備が喫緊の課題となっていることがある。整備の担当者にとってみれば、山岳祭祀遺跡や山寺については不明なことが多く、自分だけでは解決できない問題を山ほど抱えているという実感がある。平地の史跡整備のノウハウが通用しない対象を前に、四苦八苦しているというのが実態である。たとえば、山地にある遺跡では、平地の遺跡でおこなわれているようなゾーニングの手法は、山地の地形条件に阻まれ、そのまま適用することができないなどの問題が生じている。そうした問題を関係者間で共有し、問題解決に向けて前進するためには、シンポジウムは確かに有効である。

しかし、それ以上に深刻なのは、山岳祭祀遺跡や山寺の遺跡としての性格が、いまだ十分にあきらかになっていないことである。シンポジウムなどにおいては、山岳信仰や修験道と結び付けて説明されることが多いが、そもそも山岳信仰や修験道という用語が指し示す概念を正しく理解して使用しているか疑問な発言が多くみられ、結論が遺跡・遺物の実証的な研究から飛躍している場合がしばしば認められる。それは、山岳祭祀遺跡や山寺の考古学的研究の成果や基礎的な概念が、研究者間で共有されておらず、不必要な混乱が生じていることを意味する。

考古学は、考古資料の特性と、それに依拠した方法のため、宗教的な現象を研究することは苦手である。山岳祭祀遺跡や山寺から出土した陶磁器などの流通についての議論が盛んにおこなわれるのに比べ、祭祀や儀礼について語られることは少なく、折角宗教遺跡を対象としながら宗教を解明する方向へ進まないことが多い。考古資料のどのような側面に注目し、どのような検討をおこなえば、宗教がみえるのか、具体例で示すことが求められている。

考古資料によって宗教を研究するとは、どういうことなのかを、具体例に即して実践する必要があるのである。

本来ならば、宗教考古学の方法を、体系的に示す著作を執筆できればよいのであるが、そのためには山岳霊場だけでなく、古今東西さまざまな宗教遺跡・遺物を俎上に縦横に論じるだけの素養がなければならない。個人で達成するのは至難の技であろう。概念や方法について、研究者間での共有がある程度進まなければ、概説書は書けない。宗教考古学の専門家が少ない現状では、そうした理想的な所業は、なかなか実現できないというのが現状であろう。ことを山岳霊場に限っても、概説書をまとめるまでの研究水準に達しているとは到底思えず、個別事例の集積段階にあるとしか考えられない。

そこで、本書では、筆者が長年おこなってきた個別的な研究を集成し、山岳霊場について考えるための叩き台を提供したいと思う。もとより、十分でない内容のものばかりで、現代の研究水準からすれば、過去の状況を示すに過ぎないものかもしれない。すでに研究史のなかに埋没したものであろうが、あえて掘り起こし、一書にまとめることで、新たな問題提起としたいと思う。

平成三十年八月二十五日

第Ⅰ部
山岳霊場概観

日光女峰山頂遺跡（第二章第11図）

第一章　山岳宗教の歴史

一　霊山と修験道

『広辞苑』で霊山をひくと、「神仏をまつる神聖な山。霊地たる山」とある。一見、同義反復の説明のようにみえるが、神仏がいる聖なる山というのと、霊場となっている山というのでは、内容がまるで違う。前者は聖地としての山を示すに過ぎないが、後者は、宗教家によって由緒や霊験が説かれた神仏が祀られ、多くの信者が自由に参詣できる聖地である霊場としての山ということであるから、藤原道長が大和国金峯山《きんぷせん》（現奈良県天川村《てんかわ》山上ケ岳《さんじょうがたけ》）に御嶽詣《みたけもうで》をおこなった寛弘四年（一〇〇七）以後の段階の信仰の山を指して呼ぶ用語ということになろう。また、『広辞苑』にはみえないが、霊山を文字通り霊が集まる山という意味で使う場合が、恐山などを呼ぶ際にみられることは改めて指摘するまでもない。一見自明なようにみえる霊山ということばは、実は思いのほかに、さまざまな使われ方をし、それが時代とともに変化してきたことに注意しなければならないのである。

さらに、霊山と深い関係にある宗教である修験道は、霊山以上にわかりにくい用語である。再び『広辞苑』で修験道をひくと、「役小角を祖と仰ぐ仏教の一派。日本固有の山岳信仰のおもかげを濃く伝えている。護摩を焚き、呪文を誦し、祈祷を行い、難行・苦行をして、神験を修得する。醍醐天皇時代、聖宝（真言）が三宝院流を開き、堀河天皇時代、増誉（天台）が聖護院《しょうごいん》流を開いた。室町時代には聖護院を本所とする本山派と、醍醐寺を本所とする当山派とが対立した」とある。まず、仏教の一派というのは一つの見識であるが、「日本固有の山岳信仰」とは、一体どのような信仰であろうか。しかも、この説明だと、修験道は遅くとも平安時代中期には成立していたことになるが、近年の研究では中世に成立した新しい宗教と考える研究者が大勢を占めている。しかも、本山派と当山派の対立は、江戸初期の出来事であることはいうまでもない。つまり、修験道の概念を規定することは、これほどに難しいことなのである。

このように、霊山と修験道は、どちらも概念規定さえ難しい存在である。そこで、ここでは山岳信仰全体に大きく枠を広げることで、霊山と修験道の歴史的な展開を跡付け、それぞれの内容に迫りたいと思う。

二　山岳信仰の源流

日本列島において、人類が山と深い関係をもつようになったのは、縄文時代草創期のことである。旧石器時代の人類は、ナウマンゾウやオオツノシカなどの大型動物を追って狩りを続ける漂泊生活を送っていたため、大型動物が生息する平地が彼らのおもな生活の場であった。ところが、氷河時代が終り、だんだんと温暖化してくる頃になると、大型動物が絶滅したため、狩りの獲物はニホンシカやイノシシなどの現生動物に変わった。ニホンシカやイノシシは、山地や丘陵がおもな生息場所であったため、狩りの場もそれまでの平地から山地や丘陵に移った。しかも、ニホンシカやイノシシは、それまでの大型動物のように長距離を移動することはなく、半径数㎞ほどの縄張りを活動域としていたので、人類の行動範囲も自ずと地域に密着したものになった。狩人は、獲物の生態を熟知するとともに、山野の地形に精通し、獲物を待ち伏せするのに適した場所に通った。旧石器時代には生活場所の背景に過ぎなかった山が、生活に不可欠な場所となり、山に関する知識も徐々に蓄積されていった。

山は縄文人にとって生活の場であり、里山をはじめとして、さらに思いも寄らない高山にまで足を伸ばすことがあった。山形県と福島県にまたがる飯豊《いいで》山、栃木県の日光戦場ヶ原、静岡県の伊豆半島の三筋《みすじ》山、長野県の編笠《あみがさ》山や蓼科《たてしな》山、富山県の立山《たてやま》、滋賀県の伊吹《いぶき》山、滋賀県と京都府にまたがる比叡山《ひえいざん》、兵庫県の六甲《ろっこう》山などでは石鏃、埼玉県と東京都にまたがる雲取《くもとり》山、新潟県の妙高《みょうこう》山では石斧、石川県の白山《はくさん》では独鈷石、群馬県の尾瀬《おぜ》沼、神奈川県の相模大山《さがみおおやま》、山梨県の甲斐駒ケ岳《かいこまがたけ》・三ツ峠山《みつとうげやま》などでは縄文土器が、発見されている。このうち石鏃は狩猟の痕跡として理解しやすいが、石斧は根菜でも掘ったのであろうか。独鈷石や縄文土器に至っては、なにに使ったのかをめぐって、考古学者の間でも意見が分かれている。

一説にはこれらの遺物を祭祀に用いたと考えて山岳信仰を示す証拠であるというが、それらは通常狩猟などに使用する道具であるから日常的な活動の一環として捉えることもできるため、その可能性は低いと考えられる。狩猟や交易に従事する際に、「山の神」を祀ったかもしれないが、それは狩猟神や焼畑農耕の神であって、いわば生業神であった。豊穣の女神に代表される生業神は、確かに神であるが、山岳信仰とは異質の信仰であった。一般に山岳信仰は、「山岳に宗教的意味を与えて崇拝し、また山岳を対象として種々の儀礼を行なうこと」（宮家編一九八六）で、山岳を崇拝対象と位置づけた宗教のことである。縄文時代にも、山岳を平地とは異なる世界であるとする認識は生まれていた可能性が高いが、いまだ山岳を崇拝対象とするまでには至っていなかったと考えられる。

弥生時代になると、山岳に対する人々の意識は、どのように変わったのであろうか。まず、青銅器を出土した遺跡をみると、広島県安芸町福田《あきちょうふくだ》の木《き》ノ宗《むね》山頂の巨岩下からは銅鐸・銅剣・銅戈、和歌山県新宮《しんぐう》市の神倉《かみくら》山のゴトビキ岩の下からは銅鐸の破片が出土した。しかし、それらの事例はいずれも一二世紀以降に聖地となった場所で、後世に青銅器を埋納した可能性があるため、慎重な検討が必要である。

また、群馬県吾妻町岩櫃山《あがつままちいわびつやま》遺跡や有笠《ありがさ》山遺跡など里山の山腹に弥生時代中期の壺や甕を利用した再葬墓が確認され、同県のみなかみ町八束脛《やつかはぎ》洞窟遺跡では弥生時代中期の装身具をともなう人骨が発掘された。再葬は、遺体埋葬後、白骨化した人骨を掘り出し、再度容器に納めて埋葬する葬法で、一度目の埋葬を第一次葬、二度目の埋葬を第二次葬と呼ぶ。再葬墓は、平地に営まれるのが普通であるから、岩櫃山遺跡などは特殊な事例かもしれないが、里山が葬送の場として利用されたことは注目してよい。

このことから、弥生時代には、里山が祭祀や葬送と深く関わる場であったことがわかる。しかし、高山では弥生人の足跡を示す考古資料がまったく発見されておらず、高山が弥生人の生活領域外に位置づけられていたことが知られる。つまり、弥生時代には、里山が非日常的な場として利用されるようになったのに対して、高山は人々の活動の外に置かれ、しかもいまだ宗教と結び付いていなかったのである。高山が聖地と意識されていた可能性はあるが、そこは登拝してはいけない聖地、すなわち禁足地とされたのである。

このように、縄文時代と弥生時代では、山岳に対する人々の意識は大きく異なっていた。山は、人々にとって、縄文時代には身近な存在であったのに対し、弥生時代には遠い存在であった。

三　霊山の誕生

それでは、霊山は、いつ誕生したのであろうか。

古典にみえる神奈備《かんなび》の代表である三輪《みわ》山の山麓には、古墳時代の祭祀遺跡が、数多く存在している。その一つである奈良県桜井市馬場山ノ神祭祀遺跡では、磐座《いわくら》と考えられる巨石の前面から、勾玉・子持勾玉・臼玉・管玉・有孔円板・平玉・剣形模造品などの石製品、臼・杵・柄杓《ひしゃく》・箕・俎板《まないた》などの土製模造品、土師器、須恵器、素文鏡など豊富な祭祀遺物が出土している（第1図）。

磐座というのは神が憑依する目印となった岩のことで、山中に所在する巨岩と相通じるものがあったところから、山中に居住する神の祭場とされたのである。古墳時代の神は、去来する存在であり、人の招きに応じて山から里へ降臨した。決して一箇所に常住することはなかった。祭場は臨時に設えられたもので、祭りが終れば、自然に帰ったのである。ただ、祭りに使用された品々は、そのまま放置されるか、一箇所にまとめて埋納された。

大部分の石製品や土製模造品は、実用的なものではなく、祭祀専用に作られたものであった。しかも、土製模造品は、酒造りに関連する道具を模したものと考えられており、『万葉集』に「味酒《うまさけ》の」と詠われた三輪神にふさわしい道具であった。祭祀に使用された模造品は、祀られる神に対しての、祀る側のイメージが投影されたものであった。土師器や須恵器は、数こそ少ないものの大部分が実用品で、神への供物の器として、あるいは神と人の共同の飲食のための食器として用いられた。

第１図　山ノ神祭祀遺跡

山ノ神祭祀遺跡は遺物から五世紀に形成されたことが知られるが、五世紀には同様な遺跡が全国各地に営まれ、たとえば福島県白河市の建鉾《たてほこ》山・静岡県下田市の三倉《みくら》山・三重県阿山町南宮《あやまちょうなんぐう》山・福岡県筑紫野市砥上《とがみ》山は代表的な遺跡として名高い。このうち、建鉾山では、中腹と山麓の二箇所で祭祀が執り行われていた。中腹の巨岩付近からは、勾玉・臼玉・鏡・釧・斧・鎌・刀子・剣形・有孔円板などの石製模造品、銅鏡・鉄鉾・鉄剣・鉄刀などの金属器、土師器などが出土しており、山麓からも勾玉・子持勾玉・臼玉・紡錘車・斧・剣形・有孔円板などの石製模造品、ガラス小玉、土師器、須恵器などが採集されている。しかも、山麓の祭祀遺跡の近くから、豪族居館跡が発掘されているのである。つまり、山麓祭祀の担い手は、豪族だったのである。

里山と呼ぶには標高が高い赤城山でも、山麓というか、山腹の祭祀遺跡の存在が知られている。群馬県前橋市三夜沢《みよさわ》の櫃石《ひついし》祭祀遺跡では、櫃石と呼ばれる巨岩の前面から、五世紀末の勾玉・管玉・臼玉・剣形・有孔円板などの石製模造品、手捏《てづくね》土器、須恵器などが出土している。そのほかにも、赤城山麓には、同市西大室町七ツ石遺跡をはじめ数箇所で巨石をともなう祭祀遺跡が知られ、山麓の各所で赤城神の祭祀をおこなっていた。七ツ石遺跡の近くには大室古墳群や豪族居館である梅ノ木遺跡があり、建鉾山と同様に豪族が祭祀の担い手であったことが知られる。

このように、古墳時代の山岳信仰は、山麓か山腹の巨石に神を招き降ろして祀るものであった。山麓や山腹を祭場としたのは、山頂が神の住む聖地とされ、禁足地として登拝が禁じられていたためである。そこで、山麓の祭場に山から神を招き、供物を供えるなどして丁重に祀ったのち、再び神を山へ送り返したのである。つまり、山は神が居住する聖地と考えられていたわけで、あきらかに霊山であった。注意しなければいけないのは、山に住んでいたのは神であって、死霊（死者の霊魂）ではなかったことである。霊山というと、死者が集う山といったイメージがあるが、本来は神が住む場所であった。

では、なぜ、山が神の住む聖地と考えられたのであろうか。それを考える手がかりは山ノ神祭祀遺跡の立地にある。遺跡を訪ねると、すぐ横を豊かな水量の小川が水しぶきを立てながら流れているのに気付くが、水源は三輪山の山中にあり、流れは下流の水田を潤す用水につながる。要するに、三輪山は農業用水の水源であり、収穫の豊凶を左右する水を司る神は山中に居住していると考えられていたのである。記紀などには、分水神と書いて「みくまりのかみ」と読ませる神が登場するが、それが山に居住していた神の正体であった。山岳信仰は、単に山に対する崇敬の念だけではなく、水源としての山に対する信仰に支えられて生み出されたものである。山麓祭祀が登場した五世紀は、大開発の時代であり、農業生産への期待がふくらんだ時代であったことに、われわれは思いを致さねばなるまい。

四　山林仏教と山寺

日本史の教科書に従えば、平安時代前期に、都市の喧騒を厭い、最澄や空海が開いたのが山寺で、そこを中心に展開したのが山林仏教ということになるが、実際にはそれよりも約二〇〇年早く、七世紀には日本で山寺が造営されるようになっていた。

滋賀県大津市の崇福寺《すうふくじ》跡は、志賀《しが》山寺に比定される寺院遺跡で、南尾根に金堂と講堂、中尾根に塔と小金堂、北尾根に弥勒堂が、地形に合せて配置されている。このうち、南尾根の建物は、八世紀に創建された梵釈寺《ぼんしゃくじ》とみられるので、弥勒堂とされている建物は講堂である可能性が高い。とすれば、変則的な法起寺《ほっきじ》式伽藍配置で、平地伽藍の伽藍配置が採用されていることになる。崇福寺跡のある場所は、近江から山城へ抜ける交通の要衝で、両国の国境にあたっていたが、里山であるにもかかわらず滝などもあって修行に適した場所であった。東方の平地には南滋賀廃寺・穴生《あのお》廃寺・大津廃寺などがあるが、同笵瓦から崇福寺との密接な関連が推測されており、崇福寺はそれらの寺院の僧侶の修行場所として使用されていた可能性が考えられる。

奈良県大淀町比曽《ひそ》の比曽寺は、八世紀に造営された寺院で、二つの塔をもつ薬師寺式伽藍配置を採用している。山地に立地することを除けば、一見平地伽藍となんら変わらない伽藍配置であり、その点は崇福寺跡と共通している。しかし、ここは吉野山を行場とする山林仏教である自然智宗の拠点で、虚空蔵求聞持《ぐもんじ》法の修行が盛んにおこなわれたことで著名な寺院である。比曽寺は、興福寺の支配下にあり、半月を比曽寺で修行し、もう半月を興福寺で過ごす僧侶もいたといわれている。要は、興福寺付属の行場であったわけであるが、閑静な環境のもとで修行することが、都市の大寺院の僧侶にとっては欠かせないものであったに違いない。

東大寺では、二月堂や法華堂のほか、天地院・丸山西遺跡・香山堂などが春日山の山中や山麓に営まれており、

第２図　春日山石窟仏

山林修行の場として利用された。現在も二月堂でおこなわれている修二会が物語るように、山林仏教は古密教と深い関係にあり、五穀豊穣をはじめさまざまな現世利益を祈願する修法が執行された。春日山中にある春日山石窟仏は、八世紀に行場に彫られた石仏である（第２図）が、かつては周辺に磨崖仏や石塔を本尊とする山寺が営まれていた。同様な例は、七世紀末から八世紀にかけて滋賀県栗東町狛坂寺跡・大阪府太子町鹿谷《ろくたん》寺跡などでみることができるが、造営の背景には山や巨石に対する強い信仰があった。

山寺は、九世紀になると全国的に広がり、国分寺の僧侶の行場として設けられた寺院が各地に登場した。赤城山麓には群馬県前橋市宇通《うつう》廃寺、榛名山麓には伊香保町水沢廃寺や高崎市唐松遺跡、妙義山麓には富岡市八木連《やぎつれ》荒畑遺跡など、上毛三山の山麓に出現する。山中の傾斜地に猫の額ほどの平坦面を削り出して堂宇を配したもので、伽藍配置は整っていなかったが、大部分が国分寺と同笵の軒瓦を屋根の一部に葺いていた。屋根瓦で国分寺との関係を示していたといえなくもない。瓦は郡司層の豪族が経営していた窯で焼かれたもので、彼らは瓦を国分寺に補修用として提供するとともに、自ら造営を主導した寺院にも使用したのである。

仏教寺院の伽藍は、仏を祀る塔や金堂を中心とする「仏地」、僧侶の日常的な生活の場であった講堂や僧坊を主体とする「僧地」、寺院経営の施設である政所などが設置された「俗地」の三種類の空間からなっていた。古代の平地寺院では一般的に仏地の背後に僧地を配置したが、山寺では手前に僧地を配する傾向があり、平地寺院と山寺で伽藍配置が異なっていた。山寺でそのような伽藍配置が採用されたのは、背後に霊山などの聖地が存在し、低い位置に一般村落など世俗的な空間があったからである。つまり、高所が「聖」、低所が「俗」という原理が伽藍配置に適用され、仏地が高所、僧地が低所という配置がなされた結果、通常仏地の背後にある僧地が手前の低所に配されたのである。

密教が隆盛するようになると、山寺の数は全国的に大幅に増加し、滋賀県大津市比叡山延暦寺や和歌山県高野町高野山金剛峯寺《こんごうぶじ》に代表されるような大寺院が生み出された。中世の高野山は、一山が巨大な宗教都市と化し、中心的な聖地が、大塔や金堂がある壇上伽藍と空海の御廟がある奥之院とに二分され、その間の谷地を中心に大規模な院坊群が形成された。学侶を頂点に、行人と勧進聖からなる巨大組織となった高野山は、一部に修行の拠点としての性格を残しつつも、全体的にみれば権門としての性格を強め、草創期にみられたような行場としての山寺といった側面は影をひそめた。

五　霊山への登拝

古墳時代には、霊山は山麓から仰ぎ見るものであって、登拝するものではなかった。なぜならば、霊山には神が居住しており、人間の立ち入りを拒んでいたからである。ところが、七世紀末以降、仏教徒によって、霊山の山頂で神の祭祀がおこなわれるようになり、霊山への登拝が試みられるようになった。

福岡県太宰府市と筑紫野市の境界にある宝満山《ほうまんざん》では、七世紀後半に山腹に辛野《からしの》祭祀遺跡が出現し、八世紀になって標高八三〇mの山頂に上宮《じょうぐう》祭祀遺跡が形成された。辛野祭祀遺跡は、宝満山の傾斜変更線付近の尾根に立地する遺跡で、磐座とみられる方形石組の周辺から、銭貨（神功《じんごう》開宝・富寿神宝）、銅製金具、鉄製品（刀子・鋤）、土師器（甕・短頸壺・鉢・坏・埦・皿・高坏・托・竈）、須恵器（甕・瓶・長頸壺・鉢・鉄鉢形鉢・盤・皿・坏・坏蓋）、灰釉《かいゆう》陶器（多嘴壺《たしこ》）、製塩土器（煎熬《せんごう》土器・焼塩土器）、墨書土器、平瓦、石製品など七世紀後半から九世紀の遺物が出土している。上宮祭祀遺跡は、山頂とその直下の崖下から遺物が採集されているが、銅製儀鏡・銭貨（和同開珎・萬年通宝・神功開宝・隆平永宝・富寿神宝・承和昌宝・延喜通宝・乾元《けんげん》大宝）・土師器（甕・坏・埦・皿・脚付盤）・須恵器（蓋・托・坏・埦・皿・瓶・長頸壺）・墨書土器・三彩小壺・二彩蓋・緑釉《りょくゆう》陶器坏・灰釉陶器・中国陶磁・石製円板・石製舟形など八世紀から中世までの遺物が出土している。辛野祭祀遺跡の遺物には鉄鉢形鉢や墨書土器などがみられ、祭祀が僧侶によって担われたことが知られるが、遺物の内容からは上宮祭祀遺跡においてもほぼ同様な祭祀がなされたと考えられる。つまり、僧侶によって、山腹の辛野祭祀遺跡で始められた祭式が、山頂の上宮祭祀遺跡に導入されたとみられるのである。

　修験道の本拠地である奈良県天川村の大峰山では、八世紀後半に、標高一七一九・二mの山上ヶ岳山頂で護摩が焚かれ、一〇世紀になると固定した護摩壇が設けられた。護摩壇跡は方形の石組で、周辺に灰を掻き集めた灰溜《はいだまり》があり、そのなかから銭貨・法具・籾・金箔・黒色土器などの遺物が検出された。金属製品には高温で溶解したものが含まれていることから、燃え盛る護摩の火に投げ入れられたと考えられ、大峰山中で古密教の修法がおこなわれていたことが判明した。大峰山中では、七曜《しちよう》岳・行者還《ぎょうじゃかえし》岳間の鞍部で須恵器長頸壺片、山上ヶ岳・弥山《みせん》池の谷・八経ヶ岳《はっきょうがたけ》などで須恵器片が採集されており、八世紀後半には山中で須恵器を用いた祭祀がおこなわれたと考えられる。九世紀になると、弥山山頂遺跡で憤怒形三鈷杵《さんこしょ》や火打鎌が確認されているが、弥山は天川の上流である弥山川の源泉に当たり、水源に対する信仰にもとづく祭祀をおこなうために行者が入山したと推測できよう。

　栃木県日光市の日光男体山《なんたいさん》頂遺跡では、標高二四八四mの地点に位置する岩裂周辺から銅鏡・銅印・銭貨・鉄鐸・銅鈴・鉄鈴・鉄製馬形模造品・武器・武具・馬具・火打鎌・農工具・玉類・仏具・鏡像・懸仏・禅定《ぜんじょう》札・種子《しゅうじ》札・経筒・土器・須恵器・陶磁器など古代から近世にわたる豊富な遺物が出土している。仏具には三鈷鐃《さんこにょう》・憤怒形三鈷杵・錫杖《しゃくじょう》・塔鋺《とうまり》・柄香炉などが含まれており、三鈷鐃や憤怒形三鈷杵のように古密教（雑密《ぞうみつ》）で使用されたものがみられるところから、山林仏教の僧侶が祭祀の担い手であったことが知られる。空海の『遍照発揮性霊《しょうりょう》集』に引くところの「沙門勝道歴山水瑩玄珠《さんずいをめぐりげんじゅをみがくの》碑并序」によれば、天応二年（七八二）に男体山登拝に成功した勝道が、大同二年（八〇七）の旱魃《かんばつ》に際して国司の依頼で祈祷したところ、豊かな雨に恵まれたという。こうした高山の山頂での祭祀を、山麓祭祀に対して、山頂祭祀と呼ぶことができよう。

山頂祭祀は、それまでの山麓祭祀と異なり、宗教家自身が聖地の内部に踏み込んで祭祀をおこなうもので、山岳登拝をともなうものであった。「沙門勝道歴山水瑩玄珠碑并序」には、失敗にくじけずに山頂登拝に何度も挑戦した勝道の強靭な姿が描かれている。それは、神の祟りを恐れない仏教者としての、新たな世界観に支えられた行動であったのではなかろうか。最初の山岳登拝に際しては、在地からの反発が、かならずやあったに違いないのであり、それを乗り越えて初めて山岳登拝は、普及することができたと考えられるのである。その後、山岳登拝の風習は徐々に広まり、九世紀には榛名山・立山・白山・英彦山《ひこさん》など多くの霊山に山頂遺跡が形成された。こうして、霊山への登拝は一般化したが、最初は山頂祭祀のための登拝であったのが、やがて登拝すること自体に意義を見出し、登拝を修行であるとする考え方が広まった。山岳修行の成立である。

六　霊山と山岳修行

霊山における山岳修行には、特定の仏堂や洞窟などに一定期間滞在して修行する参籠行と、山々を縦走する山岳練行の二者がある。修験道の根本道場として名高い大峰山の事例を紹介しよう。

参籠行の典型は大峰山の笙《しょう》ノ窟《いわや》でおこなわれた冬籠り行である。笙ノ窟は奈良県上北山村西原に所在する岩陰で、『尺素《せきそ》往来』や『金峯山草創記』によれば、中世には、九月九日から翌年三月三日まで参籠したといい、厳寒期のきびしい修行であった。

『大日本国法華験記』に収める「叡山西塔宝幢院陽勝仙人伝」によれば、陽勝が大峰山で修行した延喜年間（九〇一～九二三）に笙ノ窟に参籠していた僧侶に会ったといい、早くも一〇世紀には笙ノ窟で窟修行が始まっていたことが知られる。しかし、笙ノ窟が著名になったのは、建長三年（一二五一）に成立した『十訓抄《じゅっきんしょう》』が、道賢が冥界遍歴を経験した金峯山の一洞窟は笙ノ窟であると説いて以来のことである。『扶桑略記』天慶四年（九四一）条に引く「道賢上人冥途記」によれば、道賢は参籠三七日目に気息絶え、金峯山浄土・大政威徳天《だいしょういとくてん》の居城・地獄などを遍歴したのちに再び蘇生したという。その際、菅原道真らに会ったというので大きな話題になり、記録が残されたのである。

ところで、笙ノ窟からさほど遠くない大峰山の下北山村前鬼《ぜんき》の金剛界窟から出土した碑伝《ひで》には、永仁三年（一二九五）に長盛慈聖房が四度目の冬籠行をおこなったことがみえ、冬籠行が笙ノ窟だけのものではなかったことが知られる。碑伝は修行が成就した証拠として造立されたもので、四度も参籠行をおこなったのは、繰り返し修行を重ねることで験力を高めようとしたからと考えられる。参籠行で験力を獲得し、修行を重ねて力の倍加を図ろうとする姿勢は、修験道の思想をよく現している。笙ノ窟の冬籠行も同様な性格のものであったと考えられる。

山岳練行の典型は大峰山で毎年おこなわれている奥駈《おくがけ》修行であろう。吉野から熊野まで全長約一五〇kmの入峰道を縦走するが、途中に多数の行場や宿が配されていた。

近世には、「大峰七十五靡《なびき》」と呼ばれたが、長承二年（一一三三）に書写された『金峯山本縁起』には八一箇所、鎌倉時代の『大菩提山等縁起』には一〇六箇所の宿《しゅく》がみえ、時代とともに変化したことが知られる。

宿は山中の聖地にある平場や岩窟を指す場合が多く、神仏が宿る場所とされていたが、なかには宿泊施設としての機能を備えていたところもあった。拠点的な宿は、小篠《おざさ》宿・深仙《しんせん》宿・湧《わきの》宿（山上ヶ岳）・弥山宿・笙ノ窟など、湧水があり、修行の支援者が居住する集落に近い場所にあった。行場は、西の覗き・鐘掛岩・蟻の戸渡り・平等岩など数多いが、それぞれ特徴的な自然地形を利用した修行が工夫されていた。西の覗きでは、行者が絶壁から上半身を乗り出して、合掌しながら懺悔した。鐘掛岩・平等岩では、足の置き場を先達に教わりながら、滑りやすい岩場を登攀し、蟻の戸渡りでは両側が絶壁をなした痩せ尾根を恐る恐る通過するというように、行場ごとに個性ある修行をすることができた。

しかも、行場で修行し、宿の本尊を拝し、必要に応じて宿泊しながら奥駈道を進めば、おのずから山岳練行になるように工夫されていた。行場や宿はそれぞれ独自な宗教的意味を付与され、全体が宗教的な宇宙に見立てられ、金剛界・胎蔵界の曼荼羅として把握されていた。近世には、入峰道《にゅうぶ》の途中に発心門《ほっしん》・修行門・菩提門・涅槃門の四門になぞらえた門が実際に設けられ、入峰道を進むことが成仏の過程に対応することを象徴的に示し、奥駈修行の教学的な意味づけがなされた。

山岳練行は、集団で入峰するのが基本で、山伏装束に身を固めた大勢の修験者が、先達に率いられて修行をした。峰中《ぶちゅう》では、先達が絶対的な権限をもち、初めて入峰した新客らを指導した。その際、異なる寺院から参加した行者たちが、峰中で一同に会したことが、修験道教団を形成する契機となったと考えられる。いつの頃からか、熊野から吉野へ向う順峰が本山派、吉野から熊野へ向う逆峰が当山派とされるようになったが、そのことからも入峰修行と教団が密接な関係にあると考えられていたことがうかがえよう。

ここでは大峰山の事例について簡単に紹介したが、山岳修行は鳥海山・羽黒山・日光連山・白山・富士山・伯耆《ほうき》大山《だいせん》・石鎚《いしづち》山・英彦山・宝満山などでも独自に発達した。もっとも、修験道教団は、大峰山のほかには羽黒山と英彦山があるのみである。修験道は山岳信仰を基礎にして生れたが、山岳信仰のすべてが修験道であるわけではないので、注意が必要である。

七　修験道教団の形成

中世は、寺社勢力の成長が著しかったが、山岳修行をした行者たちの社会的地位はかならずしも高いものではなかった。権門寺院では、学侶・行人・聖《ひじり》という身分が形成され、学侶を頂点とした寺院大衆の衆議による寺院運営がおこなわれた。学侶は学問を身に付け、法会を執行し、寺院運営の中心となった。行人は、修行をおこなうとともに、供花や閼伽《あか》の準備などの雑事をこなした。聖は、各地を廻って寄付金を募るのが仕事で、寺院経営に大きな役割を果たした。このうち、山岳修行を重視する行人が主体となって、権門寺社の枠を越えて一揆を結んだのが修験道教団の始まりであると考えられる。つまり、修験道は、顕密仏教修験派とでもいうべき一派であって、権門寺社の底辺にいた行人たちが結集して作り上げた宗教であった。

第３図　聖護院の採燈護摩

修験道は、山岳修行によって体得した験力をもとに、さまざまな活動をおこなう宗教であり、仏教だけでなく、神道・道教・陰陽道・シャーマニズムなど多くの宗教がもつ要素を取り込んで生み出された習合宗教であるといわれている。宗教としての修験道の内容は、一一世紀頃に金峯山で成立し、その後徐々に整備されていったものであるが、修験道教団が成立したのは一五世紀になってからのことである。その点、仏教などに比べると、修験道はとても新しい宗教であるといってよい。

最初に教団の組織化が進んだのは聖護院《しょうごいん》（第３図）を頂点とする本山派で、文明十八年（一四八六）に、聖護院門跡の道興准后《どうこうじゅごう》が約一年に及ぶ東国への旅に出発したあたりから本格化したとみられている。道興准后は永享二年（一四三〇）頃に近衛房嗣《このえふさつぐ》を父として生まれ、幼くして園城寺《おんじょうじ》に入り、ほどなくして聖護院満意の附弟となり、やがて寛正六年（一四六五）に満意の跡を継いで聖護院門跡となった人物である。当時、聖護院門跡は熊野三山検校《けんぎょう》と新熊野《にいくまの》検校を兼帯しており、いわば熊野先達の頂点に立っていた。しかも、彼は園城寺長吏《ちょうり》に就任し、准三后の位を受けたところから、道興准后と呼ばれることになった。

熊野三山検校は、園城寺長吏増誉が寛治四年（一〇九〇）に白河上皇の熊野詣に際して先達を務めたことを契機に就任したのに始まるとされ、最初は園城寺の僧侶が補任されていたが、一四世紀初頭に覚助法親王《ほっしんのう》が就任して以来聖護院の歴代の職として固定した経緯がある。熊野三山検校は、熊野先達を統轄する立場にあるところから、その職にあった聖護院に多くの修験者が結集して教団が形成されたと考えられる。

東国には、多くの熊野先達が居住し、在地の武士や名主《みょうしゅ》層の百姓を率いて熊野詣をおこなっていた。熊野先達には、さまざまな系譜の宗教家が含まれていたようであるが、その主体をなしていたのが修験者であった。そこで、道興准后は、自ら東国へ赴いて彼らを勧誘し、修験道教団の充実化を図ったのである。それ以前に組織化されていたと推測される畿内を中心とした地域の修験者に、新たに東国の修験者が加わることによって、全国的な教団としての本山派が成立したのである。

聖護院は、畿内の有力な修験者である若王子《にゃくおうじ》・積善院《しゃくぜんいん》・住心院・伽耶院《がやいん》などを院家として組織化するとともに、地方の有力な修験者を年行事として編成した。また、各地の修験者に先達職などの補任状《ぶにんじょう》を発給し、修験者であることを聖護院が保証するシステムを徐々に構築していった。また、年行事の補任に際しては、補任状を受けた修験者が率いることのできる檀那の範囲を霞《かすみ》状に明記し、檀那をめぐる修験者同士の争論の発生を防いだ。地方に居住する大部分の修験者は、その居住地を支配する年行事の同行と位置づけられ、年行事の支配を受けることになった。その結果、地方の修験者は、基本的に聖護院―年行事―同行という組織として編成され、年行事が実質的な霞の支配をおこなうことになった。もっとも、霞の所有権は聖護院がもち、年行事はその管理人とされたのであり、年行事の権限が全面的に認められたわけではなかった。

このようにして形成された本山派に属さない真言系を中心とした修験者は、大和国の有力修験者を中心とした当山三十六正大先達のもとに結集し、当山派を形成することになった。当山三十六正大先達は、大峰山への入峰修行を円滑におこなうために生み出された組織で、異なる権門寺社に属する修験者を取りまとめる機能をもつもので、いわば入峰修行のための組織といえるものであった。彼らのなかには、大峰山を中興したとされる聖宝（八三二〜九〇九）への信仰を抱く者が多かったことから、やがて彼に縁の深い醍醐寺三宝院を頂点とする組織へと改変され、近世の当山派が成立することになった。

八　江戸時代の霊山と里修験の活動

中世から近世への移行期は、霊山と修験道にとって、大きな画期であった。

多くの霊山が戦国期に荒廃し、近世に復興したが、その際に大きく信仰の内容が変わった場合があった。もっとも顕著な事例は日光（栃木県日光市）である。日光は、中世には、三峰五禅定と呼ばれる冬峰・華供峰《はなぐ》・夏峰・惣禅定などの山岳修行の拠点として栄えたが、後北条氏と結んだために、織豊期に所領を没収されるなどして大いに衰退した。江戸時代になって天海が日光山座主に就任して以後、日光東照宮や大猷院《だいゆういん》霊廟などが造営され、元禄年間（一六八八〜一七〇四）には神領二万五千石に及んだ。大名並みの破格の待遇であるが、それは日光が東照大権現を祀る江戸幕府の聖地としての地位を確立したからであって、修験道の根拠地であったからではない。日光ほど極端ではないものの、所領の削減、朱印地の指定、政治的統制などによって、江戸幕府による再編がおこなわれた寺社や霊山は少なくなかった。

中世的な特権を失い、荘園などからの収入が得られなくなった寺社や霊山では、新たな経済的基盤を確立するために、講社の設立を推進した。講社は、御師などの指導のもと、村や町の民衆によって結成された。旅費を積み立て、順番で参詣できる代参講は、とりわけ人気があった。御師などは、講社の人々を檀那として把握し、自ら檀那のもとを訪問して護符などを配り、見返りとして初穂銭などの収入を得た。代参に来た檀那には、宿泊の便を提供するとともに、祈祷や神楽の奉納をおこない、奉賽料を得た。霊山への参詣は、民衆にとってまたとない娯楽でもあったため、講社結成の風習はまたたくまに広がった。

村や町では、中世末期から近世初期にかけて定住した修験者が、里修験として活動するようになった。里修験は、大部分が本山派か当山派に所属したが、東北地方では羽黒派、九州地方では彦山派の場合がみられた。村の里修験は、境内に仏堂をもつ修験道寺院を構えたが、仏堂をもつことを除けば、多くの場合普通の民家となんら変わらなかった。本山派では、里修験は、年行事・准年行事などと本末関係を結び、その保護下に置かれていた。年行事・准年行事は、本山から霞村での活動を許され、定期的な配札活動などをおこなう権利をもっていた。多くの里修験は、その活動を補佐するなどして、地域社会での宗教活動に従事した。町の里修験は、借家住まいが多く、不特定の顧客を求めて宗教活動を展開するなど流動的な性格をもっていた。村と町では、里修験のあり方は大きく異なっていたが、おこなう宗教活動には共通する部分が多かった。

里修験は、神社や小祠の別当などとして、祭礼や年中行事を取り仕切る場合が多かった。とりわけ、村の里修験は、大部分が地域社会の宗教施設の運営に関与しており、そこから得た収入で生活するのが一般的なあり方であった。年中行事に際して、彼らはさまざまな守札を発行し（第4図）、時には自ら檀家に配り歩いた。また、里修験は、祈祷や卜占、あるいは治病や寺伝薬の販売をおこなった。祈祷は、春祈祷など年中行事に関わるものもあったが、大部分は現世利益の求めに応じたもので、その内容は生活万般に及んだ。卜占は、祈祷などと併用する場合も

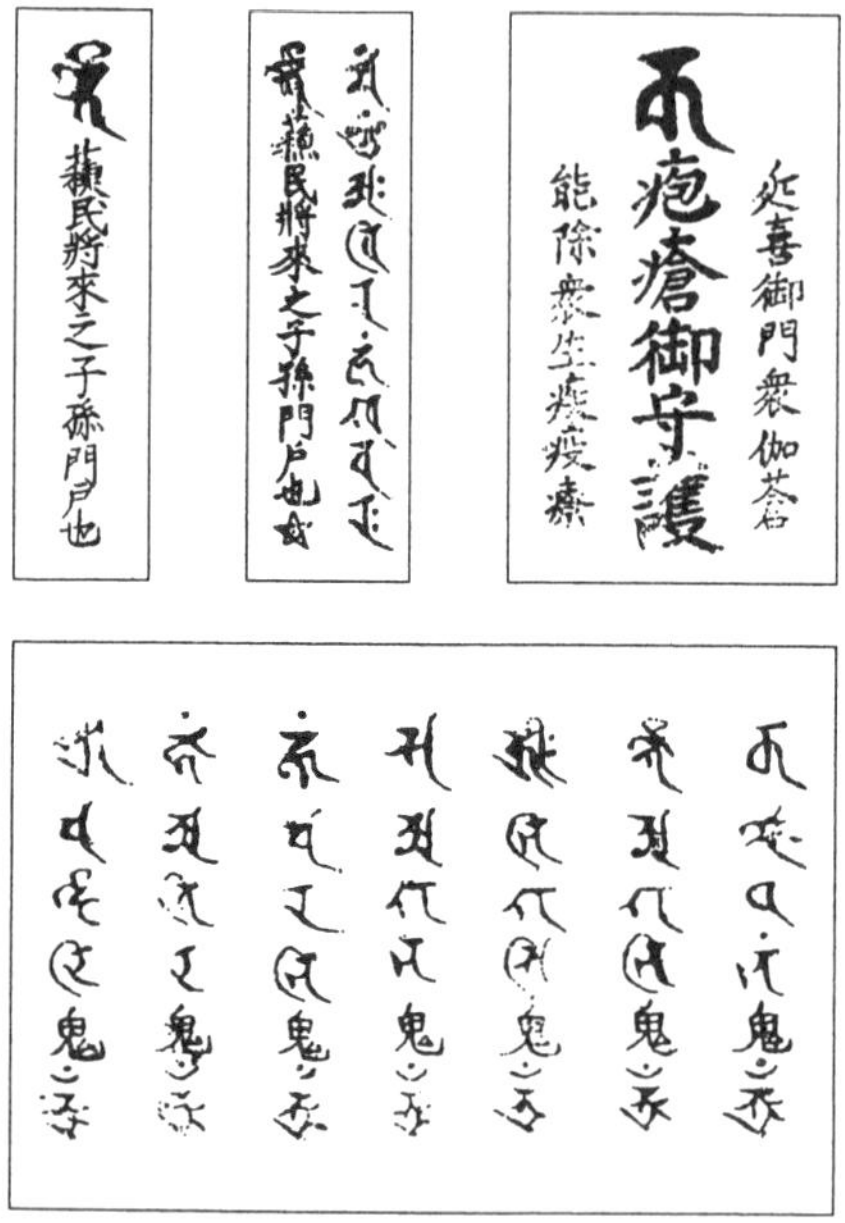

第４図　里修験発行の守札
（群馬県みどり市旧満光院蔵版、筆者摺写）

みられたが、禁忌すべき方位や日時などを占うものが多く、やはり日常生活に密着したものであった。治病は、おもに祈祷や飲符を用いた宗教的なものであったが、寺伝薬を与え、あるいは灸などを併用するような実質的効果をもつ方法が採用されることもあった。

里修験は、時折本山が主催する入峰修行に参加したが、その折の仲間たちが集まって行者講を結成することが多くみられた。行者講は、修験者のみによって構成される講集団で、本山派ではもっぱら役行者を祀った。修験者同士の交流を深め、教団の維持に一役買ったことは疑いないが、それだけではなく地域の修験者間の横の連絡を取り合ううえでまたとないよい機会であった。また、行者講が中心となって採燈護摩を焚くこともあり、宗教行事の実施主体としての側面もあった。

このように、近世の地域社会では、民衆が霊山に登拝することが一般化し、しかも修験者が身近な存在となった。民衆のなかには、山岳修行を試み、一代限りの修験者として活動する、いわゆる俗山伏になる者も輩出した。やがて、民衆の山岳宗教への接近は、富士講や木曽御嶽講のような山岳登拝講を生み出すことになる。

九　霊山・修験道の伝統

以上、霊山と修験道の歴史を概観してきたが、霊山をめぐる信仰は長く、古墳時代以降連綿と続いてきたことが知られた。山麓に山神を招いて祀った山麓祭祀から自ら山頂に赴いて祭祀を執行する山頂祭祀へと変化し、その後特定の山に登拝することを目的とした山岳登拝行が成立し、やがて複数の山々を縦走して修行する形態の山岳練行を特色とする修験道が生み出された。しかし、それらは、いずれも専門的な宗教家たちのために開発されたものであった。

ところが、近世に入ると、民衆による山岳登拝が一般化し、富士講・木曽御嶽講・大山講・武州御嶽講・三峰講・榛名講などの山岳登拝を目的とした講集団が次々に結成された。また、里修験が村や町で広く活動するようになり、霊山や修験道は民衆にとって至って身近な存在になった。しかも、みずから霊山に登拝し、より本格的な修行を積むことさえ可能な時代になったのである。そうした変化があってこそ、初めて富士講のような信仰が創出されたのであり、近世こそ霊山がもっとも輝いた時代であったといえよう。極論すれば、それ以前を語った本章は、霊山の時代の前史とでも呼ぶべき位置にあるといえよう。

第二章　修験道の考古学

一　修験道考古学の視点

(一)　山岳修行の遺跡

修験道は山岳での入峰《にゅうぶ》修行とそれによって体得した験力《げんりき》に基づく呪術宗教的活動を特色とする宗教で、一一世紀頃までには成立していたと考えられている。その後、徐々に修験者の組織化が進み、本山派と当山派という全国的規模の教団が形成された。中世の修験者は漂泊生活をおくる者が多かったが、近世になると地域社会に定住し、民衆生活に即した宗教活動をおこなうようになる。しかし、近代になると修験道廃止令が出され、修験道は壊滅的な打撃を受けた。修験道の歴史は文献史料が少ないため不明な部分が多く、考古学的なアプローチの必要性が以前から指摘されていたが、最近になって各地の修験道遺跡が調査され、盛んに研究がおこなわれるようになった。

修験道遺跡には修行窟・修験道寺院・修法遺跡・池中納鏡遺跡・御正体埋納遺跡・修験者の墓などがあるが、そのうち山岳修行に関わるものとして修行窟と修法遺跡があげられる。修行窟は九世紀に出現し、以後一九世紀まで継続的に営まれるが、とくに一三世紀から一六世紀にかけて盛んに造営されたことが知られている。修行窟は自然の洞窟や岩陰を利用したものと人工的に製作したものに大別されるが、それぞれさらに細別が可能であり、変化に富んだ様相をみせている。

大峰山の笙《しょう》ノ窟《いわや》は比較的大きな岩陰で、その内部には戦前まで寛喜四年（一二三二）に造立された銅造不動明王立像が安置されていた。笙ノ窟が厳冬に山伏が籠る行場であったことは『今昔物語集』などの文献によって知られるが、その冬籠りは『金峯山草創記』によれば九月九日から翌年三月三日まで参籠する難行であったという。前鬼《ぜんき》の森本坊には前鬼発見の丸木碑《ひで》伝が所蔵されているが、その銘文に「永仁三年十二月天台当初冬籠入壇　長盛慈聖房　四度」とあり、永仁三年（一二九五）に長盛慈聖房が四度目の冬籠りをした証に立てたものと考えられる。その発見地は三重の滝付近の金剛界窟であると伝えられ、金剛界窟などの修行窟が窟修行の行場であると同時に、裏行場といわれる三重の滝をはじめとする多くの行場での修行拠点としての性格をもっていたことを示している。今後、修行窟の調査にあたっては、行場との関連に注目する必要があろう。

修行窟の発掘調査例は少ないが、英彦山《ひこさん》の智室窟では基壇石列・柱座・排水溝などが検出されており、木造建築を併設していたことが知られ、しかも数度にわたる建て替えが確認されている。智室窟の周辺からは一一世紀の土師器坏・埦や一三世紀から一六世紀にかけての舶載陶磁などが発見されており、修行窟の造営時期と使用期間を知ることができるとともに、活発な人の動きがうかがわれる。今後、修行窟の構造を具体的にあきらかにするとともに、その類型と系譜を解明する必要があろう。

修法遺跡は加持祈祷などの修法をおこなった痕跡で、修法壇跡・山頂遺跡・閼伽井《あかい》跡などがあるが、なかでも山頂遺跡は山岳修行と密接な関係があると考えられる。大峰山頂遺跡では大峰山寺本堂地下から護摩壇跡が発掘されており、八世紀後半に岩裂周辺で護摩が焚かれるようになり、一〇世紀になって固定した護摩壇が設けられたことが判明した（第5図）。護摩壇跡は一辺一・二ｍほどの方形の石組を主体とし、厚い灰の堆積がみられ、そのなかから皇朝銭・法具片・籾・金箔・黒色土器などが検出された。今日の護摩作法では法具や土器などを投じることはなく、せいぜい五穀などを投じる程度であるが、大峰山の護摩では燃え盛る火中に法具や土器などを投じていたことが推定される。それは古密教（雑密《ぞうみつ》）的な修法と考えられ、都を遠く隔たった大峰山頂では、すでに新しい修法作

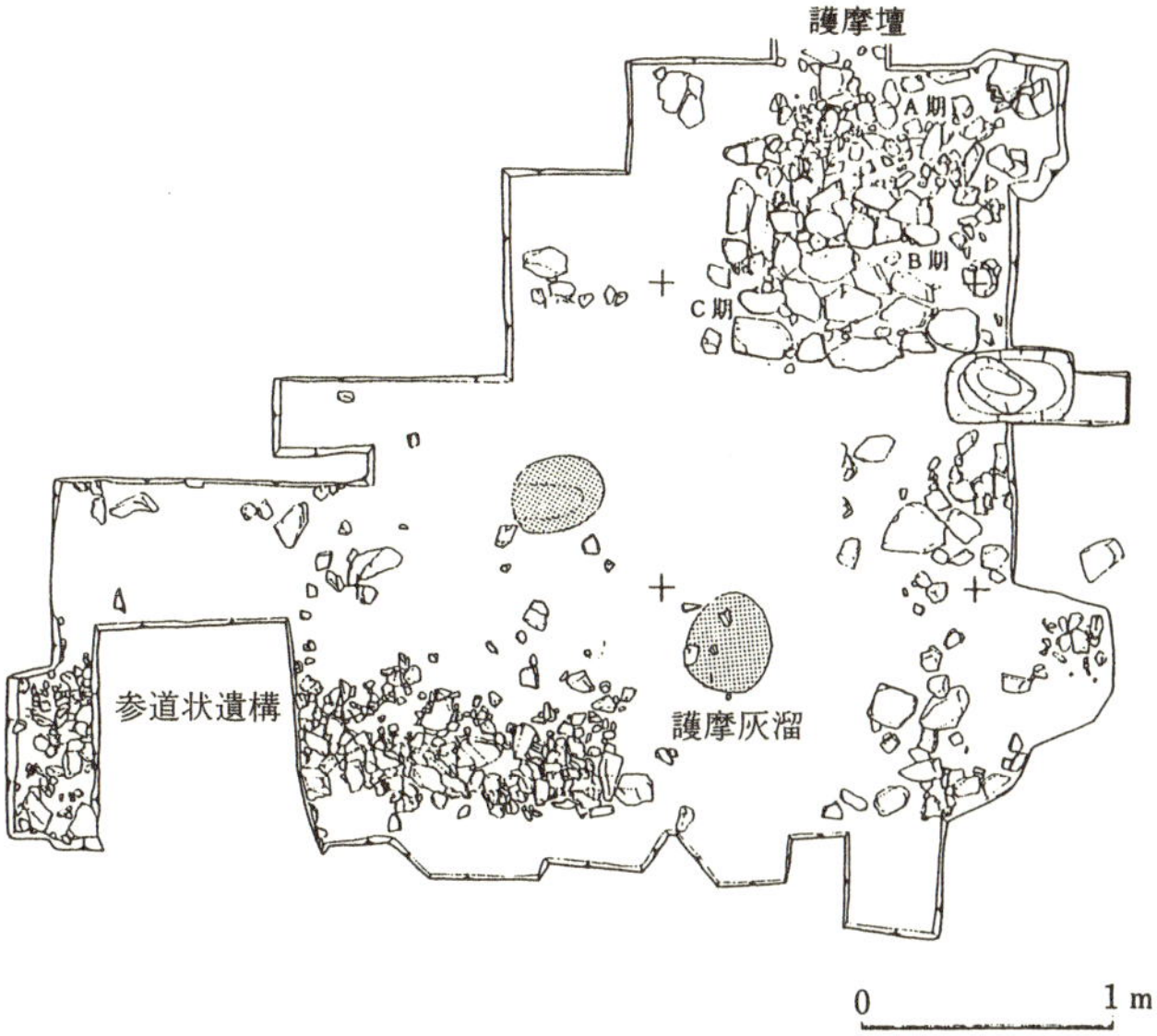

第5図　大峰山頂遺跡の護摩壇
（奈良文化財保存事務所編 1986）

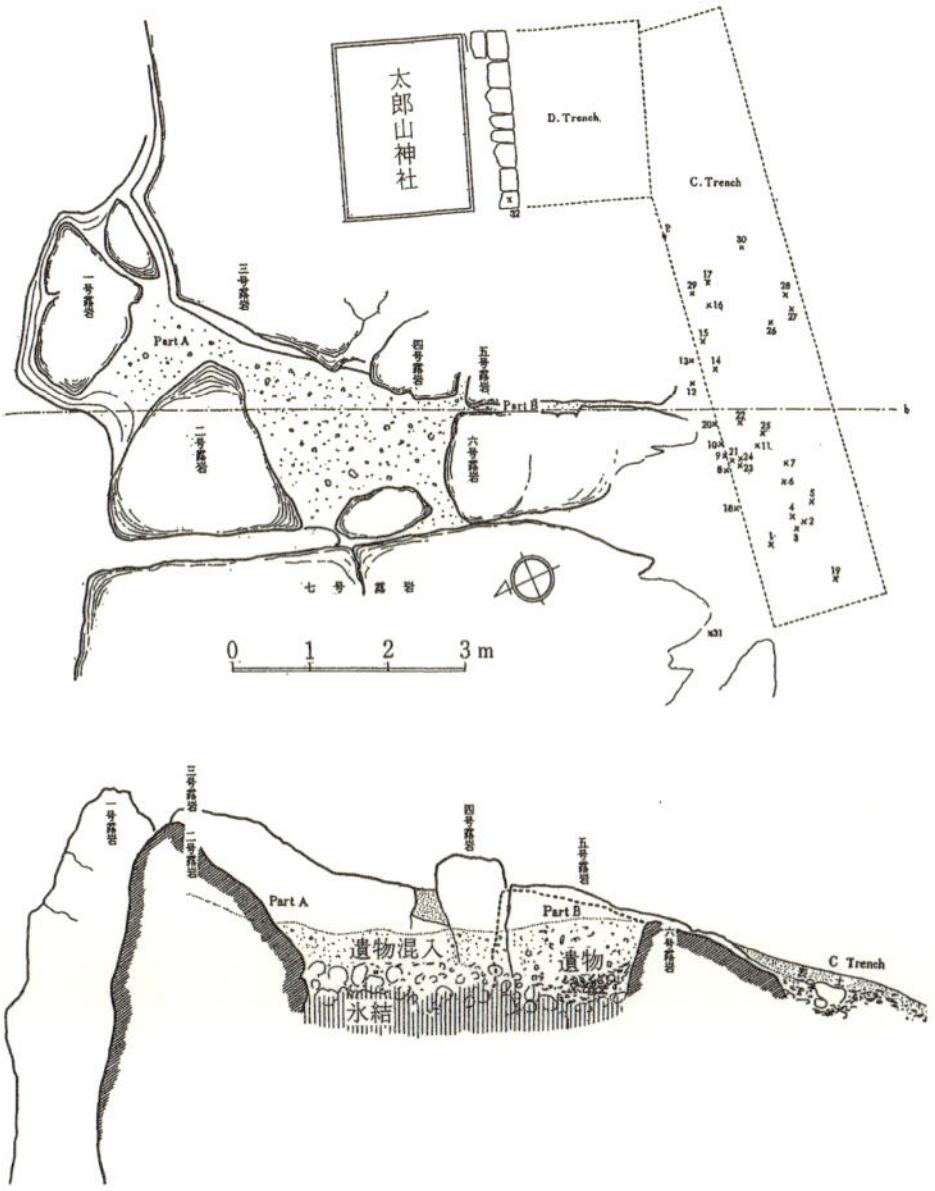

第6図　日光男体山頂遺跡（日光二荒山神社編 1963）

法が普及した一〇世紀になっても、依然古密教（雑密）的な修法がおこなわれていたことを意味している。

栃木県日光男体山頂遺跡では旧火口壁に臨む岩裂から仏具・経筒・経軸頭・仏像・武器・武具・馬具・禅定札《ぜんじょう》・農工具・銅鏡・火打鎌・銅印・銭貨・馬形品・土器・陶器などが発見されており（第6図）、八世紀末から修法がおこなわれていたことが知られるが、岩裂を中心に営まれていることは大峰山頂遺跡と共通している。これらの山頂遺跡は当初山林仏教の徒によって開かれたとみられ、山岳宗教の遺跡には違いないが、修験道遺跡そのものではないと考えられる。しかし、修験道の成立過程を知るためには山頂遺跡について十分な検討を加える必要があり、山林仏教から修験道への展開過程とその画期をあきらかにすることが重要な課題となろう。

(二)　修験道寺院

山岳修行の拠点には修験道寺院が営まれることが多い。修験道寺院は、行場と院坊を擁する山岳寺院を基本とするが、里修験に至っては本堂と庫裏《くり》だけの小規模なものがほとんどである。

長野県の戸隠《とがくし》山は宝光院・中院・奥院《おくいん》の三院で構成され、それぞれが多数の院坊を擁して、全体で一山を形成していた。奥院の背後には戸隠山がそびえ、山腹には三十三窟と呼ばれる修行窟が営まれ、多くの行場が設けられていた。奥院には、上部に講堂があり、隣接して東泉院が営まれ、金輪院・妙行院・妙観院などが参道に沿って配されていた。講堂は自然石の礎石を用いた建物で、南側と東側に階段を設けており、南面か東面していたと考えられ、後者とすれば九間×五間の一般的な建物となるが、前者とすれば五間×九間で前後両殿に分かれた特殊な構造をもつ建物であったことになる。部分的な発掘の結果、現基壇下から小規模な礎石建物が検出され、しかも焼土の堆積がみられたところから、古い建物が焼失して新たに基壇を整地した上に規模を大きくした建物が再建されたことがあきらかになった。院坊は随神門より内側の左手の参道沿いに計画的に配され（第7図）、いずれも屋敷内に庫裏・持仏堂・庭園などをもつ独立性の高いものであるが、それは神仏分離による廃絶時の状況であり、それ以前の実態を知るためには発掘調査が必要となってこよう。

石川県と富山県にまたがる石動山では、山頂を中心とした地域に開山堂・籠堂《こもりどう》・五重塔・大師堂・講堂などの堂塔を営み、その下に広がる緩傾斜地に顕実坊・中央院・華王院などの院坊を配するという構成がみられる。院坊跡は石垣などで区画された平坦地に庫裏・庭園などをもつもので、現存する旧観坊の建築は田の字型間取りで、その形状は一般の民家とほとんど変わらない。もっともそれは近世の院坊のあり方で、中世の院坊の様相はいまだあきらかにされていない。三蔵院跡では近世の遺構の下に中世の礎石建物跡があることが部分的発掘調査によって確認されており、今後発掘によって実態があきらかにされることが期待される。修験道寺院の多くは神仏分離時に廃絶

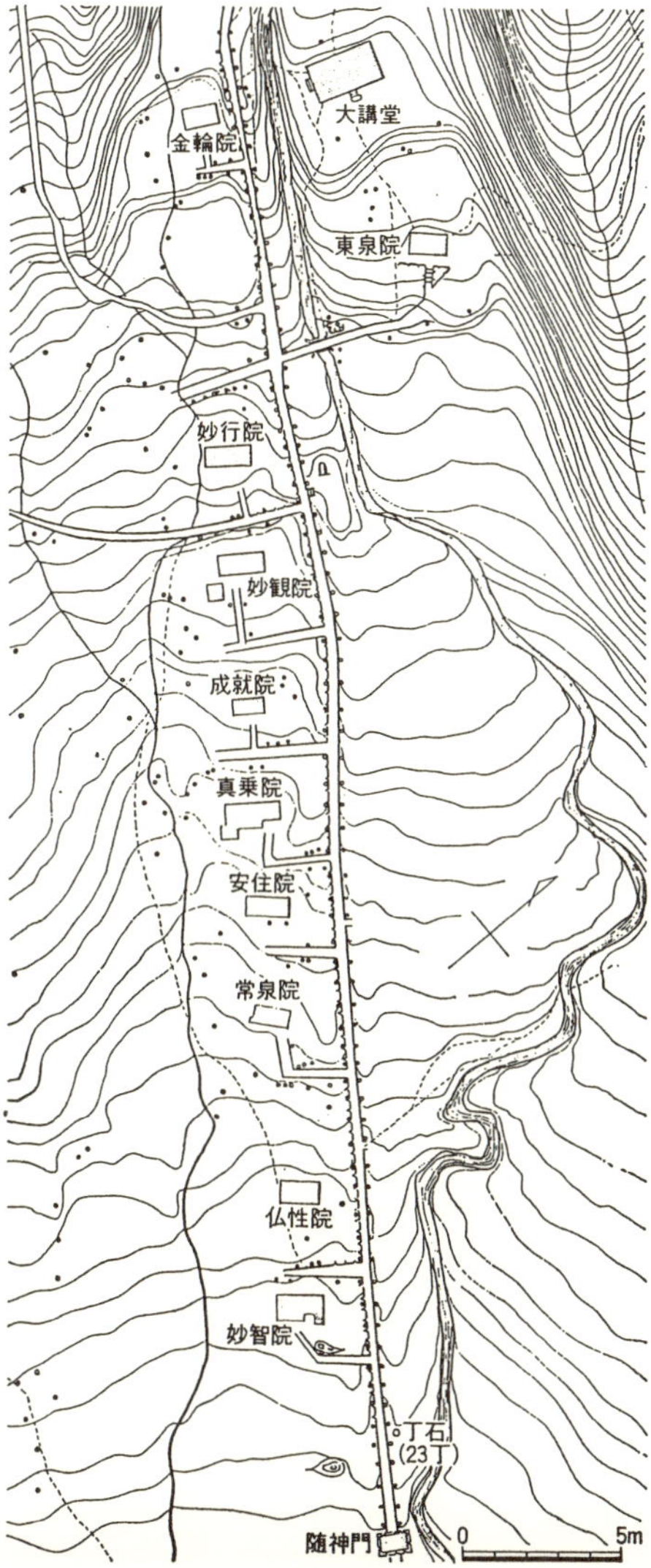

第7図　戸隠山奥社院坊跡（桐原 1982）

しており、羽黒山・立山《たてやま》・白山《はくさん》・大峰山・求菩提山《くぼてさん》など各地の修験道の霊山には多くの院坊跡が残されており、調査が待たれている。

里修験の寺院跡の調査はほとんどおこなわれていないが、埼玉県富士見市下南畑《なんばた》の十玉院跡では南北に細長く延びる掘立柱建物・井戸・溝などが検出されており、里修験の寺院の一端をうかがわせてくれる。群馬県吾妻郡吾妻町の潜龍院跡は南側を石垣で区画し、内部に庫裏や井戸などをもっており、隣接して墓地が営まれている。里修験の寺院のあり方は山岳寺院の一つの院坊の様相に似ており、両者の関係について検討を加える必要があるが、そのためにはより多くの資料の蓄積がなされなければならない。近年「山の考古学研究会」が結成され、修験道の考古学的研究の機運が高まっているが、修験道を山地利用などのより広い観点から検討するとともに、里における修験道のあり方を追究することが今後重要な課題となってこよう。

二　修験道考古学の対象

近年における修験道再評価の高まりのなかで、その歴史的研究も盛んにおこなわれるようになったが、決定的な史料の不足から、いまだに解明されていないことがあまりにも多い。そこで、そうした史料の不足からくる研究の行き詰まりを打開するために、数多く残されている修験道の遺跡・遺物を資料として活用することによって、従来不明なまま残されていた修験道史の諸問題にアプローチする方法の有効性が指摘されている。

修験道の遺跡・遺物の個別的研究は、三輪善之助の修験道板碑（三輪一九二九）、大場磐雄の山頂遺跡・鏡ケ池・塚（大場一九四三）、石田茂作の笈《おい》・碑伝など（石田一九五六）、早くからおこなわれてきたが、それらの成果にもとづいて、修験道考古学の体系化の方向が探られるようになったのは、ごく最近のことであり、とくに、宮家準の一連の労作は、修験道の考古学の今後の方向性を示したものとして注目される（宮家一九七三・一九七六）。

修験道は、山岳信仰の一形態としての側面と、山岳修行によって験力を得た修験者に対する帰依信仰としての側面から構成されており、日本の民俗宗教・民族宗教のなかで重要な位置を占めてきた宗教である。修験道は、一〇世紀から一二世紀に至る間に、権門寺社と深く関わりつつ、山岳信仰と仏教・道教などの外来宗教が融合して誕生したもので、それは中世的世界の宗教として発展する。一四世紀以降、本山派・当山派などの教団形成が進み、宗教的権門の枠内に組み込まれ、修験者が政治的・軍事的活動にも従事するに至った。一六世紀には、修験者の地域社会への定着が進み、末派修験の組織化が図られた。幕藩体制下では民衆生活に密着した展開を遂げるが、明治初年の神仏分離、それに続く修験道廃止令によって大きな打撃を蒙った。しかし、その後復活して、現在に至っている。

修験道の遺跡・遺物にはどのようなものがあるだろうか。つぎに具体的にみていくことにしたい。

(二) 修験道の遺跡

修行窟は、一般に、洞窟や岩陰を利用し、内部に崇拝対象（金銅仏・懸仏・陽刻像など）・供養施設（炉・祭壇など）を設け、供養のための遺物（花瓶・六器など）が出土するなどの特徴を有しており、大峰山・英彦山・求菩提山・富士山・戸隠山・草津白根山など各地で知られている。たとえば、山形県鶴岡市の藤沢岩屋は、岩陰の雨落ち線に沿って、長一六・〇m、幅約一・五m、高約一・〇mの積石を築いたもので、岩陰内部から碑伝・懸仏・銭貨などが検出され、奥壁から人名・月日などの陰刻銘が発見されており、中世に使用された修行窟を近世初頭に改造したものと考えられている（第8図）。修行窟は、晦日山伏の冬季参籠の場として営まれたものと推定される。

修験道寺院は、基本的には行場に近い宿坊をもつ山岳寺院であり、大峰山・羽黒山・立山・白山・石動山・戸隠山・三徳山・英彦山・求菩提山などに典型的にみられるが、末派修験に至っては他宗の寺院となんら変わるところのないものが多い。

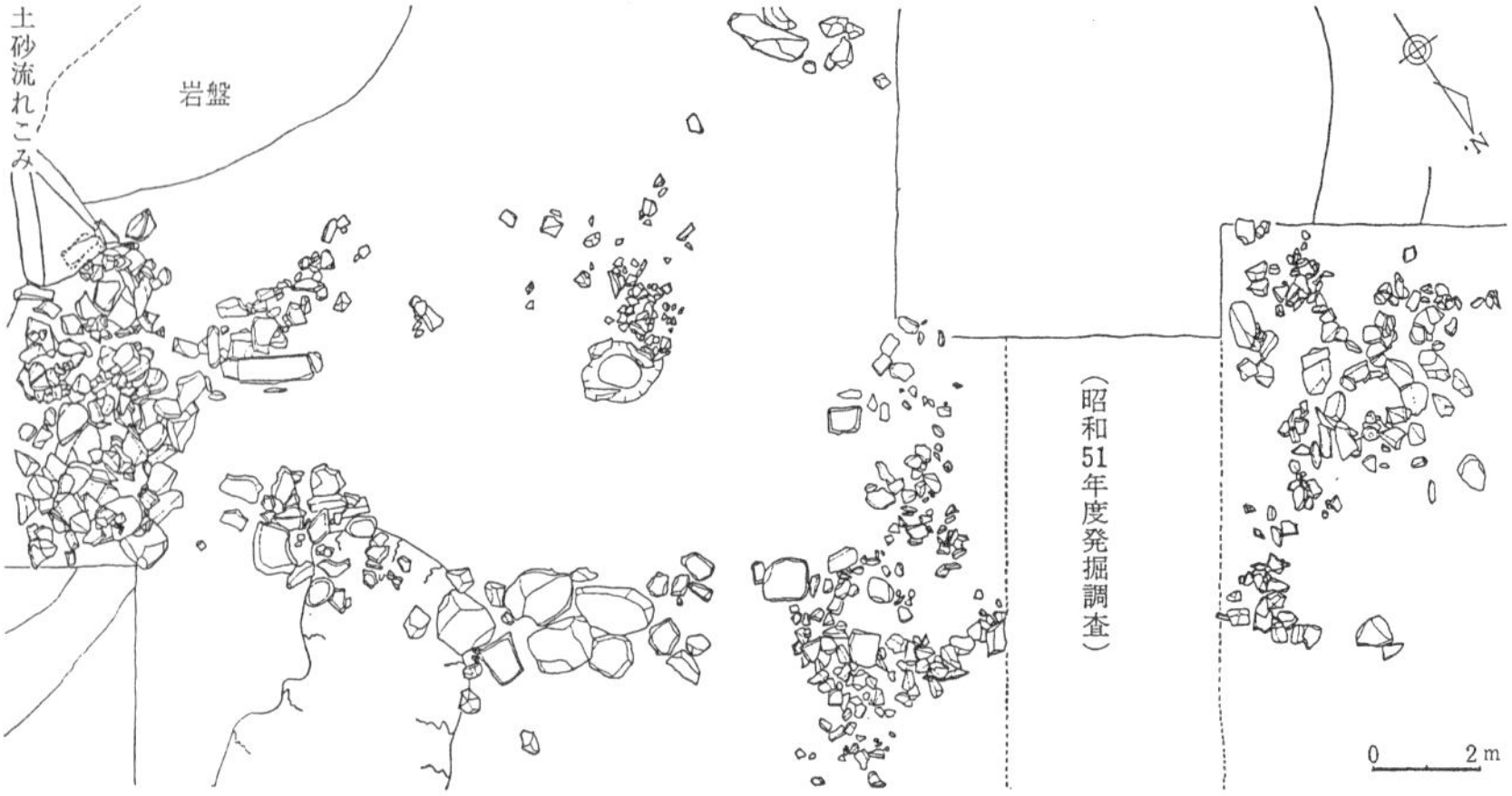

第８図　藤沢岩屋遺跡の修行窟（鶴岡市教育委員会 1981）

修法遺跡は、加持祈祷を修した痕跡で、修法壇跡・山頂遺跡・閼伽井跡などがある。修法壇には大壇（那智山）・護摩壇（金華山など）・五壇（藤沢岩屋）などがあり、山岳の例は山頂遺跡と、里の例は塚と深い関係にある。山頂遺跡は山頂に鏡・仏具・銭貨・土器などを投供・埋納したもので、日光男体山・剣岳・大山など各地で知られている。閼伽井は仏に水を供える閼伽作法に不可欠であるが、石川県羽咋市福水ヤシキダ遺跡では、閼伽井跡の周囲から銅鋺・銅鉢・銅三鈷鐃《さんこにょう》・銅錫杖《しゃくじょう》が発見されている。

鏡ケ池は、池中納鏡儀礼の遺跡で、羽黒山鏡ケ池・赤城山小沼などがある。御正体埋納遺跡は御正体（鏡像・懸仏）を岩陰などの聖地に埋納したもので、金峯山・神倉山・熊野阿須賀神社などの例がある。

塚は、人工的な丘状の盛土で、山伏塚・行人塚・十三塚・七人塚・三山塚・富士塚など、修験者や聖が関与した祭壇と考えられるものが知られている。経塚も塚のひとつであるが、金峯山・那智山・羽黒山・立山・英彦山・求菩提山など、修験諸山に営まれた例がある。修験者の墳墓も塚をなすものがあり、入定塚のほか、島根県松江市檜山で、銅錫杖・銅鉢・袈裟金具・法螺などの副葬品をともなう、盛土のある土坑墓群が知られている。

(二) 修験道の遺物

仏像では、修験道独自の崇拝対象である蔵王権現像（鏡像・懸仏・木彫仏など）をはじめ、役小角像や修験諸山の開祖像のほか、曼荼羅、そして小金銅仏・磨崖仏・立木仏・鉈彫仏などが知られている。

修験道ではとくに所依《しょえ》の経典を定めていないが、儀礼のなかでは修験懺法・錫杖経・不動経・般若心経などが使用され、古い経典を所蔵している修験諸山も多い。また、古い符呪も、修験道の救済儀礼の実態を示すものとして注目される。

碑伝は入峰記念に造立されたもので、頭部に冠を作り、身部を削り、入峰の日時・度数・入峰者名などを記して、山中の宿などに立てたものであり、木製のもの（葛川《かつらがわ》明王院・森本坊・八菅《はすげ》山など、第9図）と石製のもの（藤沢岩屋・宝満山《ほうまんざん》など）が知られている。修験道板碑は供養塔として造立されたもので、倶利迦羅《くりから》不動板碑（埼玉県春日部市）・補陀落《ふだらく》渡海板碑（熊本県玉名市）など、特色あるものが知られている。

修験道の仏具・法具は独自なものが多く、頭巾《ときん》・班蓋《あやいがさ》・鈴懸《すずかけ》・結袈裟《ゆいげさ》・法螺《ほら》・最多角《いらたか》数珠・錫杖・笈・肩箱・金剛杖・引敷《ひっぴき》・脚絆《きゃはん》・檜扇《ひおうぎ》・柴打《しばうち》・走縄《はしりなわ》・八目草鞋《わらじ》・肘比《ひじころ》・小打木・閼伽桶・檐木《たんぎ》・柱源《はしらもと》・乳木《にゅうもく》などがあり、修験諸山に古いものが残されている。

以上、修験道の遺跡・遺物について触れ

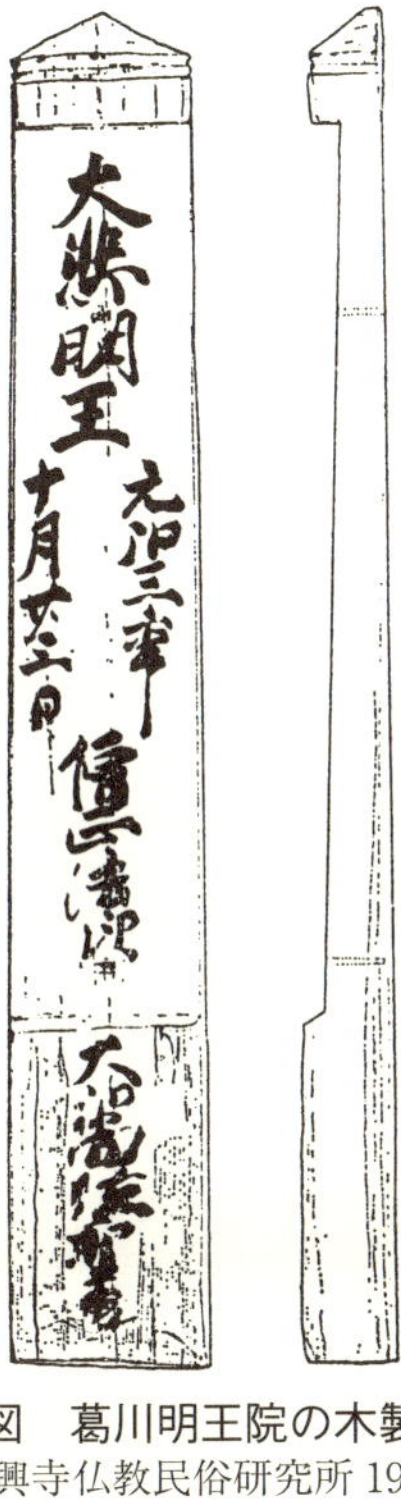

第9図　葛川明王院の木製碑伝
（元興寺仏教民俗研究所 1976）

てきたが、二・三を除いては、まだ研究がなされていない。実際、修験道遺跡の多くは、未調査のままであり、また遺物の型式学的・編年的研究も不十分である。そうした資料研究をふまえたうえで、物質資料を活用し、ふくらみのある修験道史を描くことが期待される。

三　修験道遺跡・遺物の変遷

修験道は、宗教学者の宮家準によれば、「我が国古来の山岳信仰が、北方シャーマニズム、仏教とくに密教、道教などの外来宗教の影響のもとに、古代末に一つの宗教体系を形成したもので」、「山岳修行によって他界になぞらえた山岳の神霊の力を体得し、さらにそれを操作する験力を得、その験力を用いて呪術宗教的な活動をする修験者（山伏）を中心とした」宗教である（宮家一九九六）。

ここで注意しなければいけないのは、修験道が一一世紀頃に成立した新しい宗教であり、それ以前の山岳仏教などと区分される存在であるという点である。ともすると、山岳から出土した遺物、あるいはその遺跡は修験道の所産であると短絡的に考えがちであるが、実はそう単純なものではないのである。

しかも、修験道は時代とともに大きく変化しており、遺跡・遺物のあり方も時代ごとに整理して理解しなければならない。

ここでは、宮家にならって、修験道の歴史的展開を八世紀から一二世紀までの成立期、一三世紀から一六世紀までの確立期、一七世紀から一九世紀までの展開期に区分して（宮家一九九六）、成立期と確立期に重点を置いて遺跡・遺物の様相を示し、最後に展開期への展望を示すことによって、修験道考古学の概要を紹介したいと思う（第10図）。

（一）山岳仏教と修験道

まず、修験道成立期の遺跡・遺物の様相をみておこう。

山岳を祭祀対象とする祭祀遺跡は、奈良県三輪山の山麓に点在する祭祀遺跡群に典型的に示されるように、古墳時代には山麓もしくは山腹に営まれていた。ところが、八世紀後半になると、日光男体山頂遺跡に代表されるような高山の山頂に祭祀遺跡が形成されるようになる。「山麓祭祀」から「山頂祭祀」への大きな転換である。

この転換が仏教徒によってもたらされたであろうことは、日光男体山頂遺跡出土の遺物のなかに三鈷鐃・憤怒形三鈷杵《さんこしょ》・錫杖・塔鋺《とうまり》・盤などの仏具がみられることから容易に推測される（日光二荒山神社編一九六三）。しかも、そのなかに三鈷鐃など古密教系のものが含まれていることに注目すれば、古密教系の山林仏教徒が山頂祭祀の担い手として浮かんでくる。

山頂遺跡出土の仏具は仏教遺物として認識できるもので、修験道独自のものはまったく見出せないところから、修験道以前の遺跡・遺物であると考えるのが妥当である。その使用者とみられる山林仏教徒が修験道の成立に大きな役割を果たしたことは疑いないが、彼らはあくまでも山岳仏教の僧侶であって、修験者、山伏ではない。

「山麓祭祀」と「山頂祭祀」を比較すると、前者が聖地である山岳の周縁で祭祀をおこない、聖地内部への立ち入りを禁じていたと推測されるのに対して、後者は聖地である山岳の内部に踏み込み、その中心部で祭祀をおこなった点で大きな違いが認められる。つまり、聖地への立ち入りの禁忌を破ってはじめて、「山頂祭祀」が生み出されたと考えられるのであり、そこには新しい神観念の形成が予測されるのである。

おそらく、前者では山麓に神を招き下ろして斎き祀ったのに対し、後者では宗教者が自ら山中へ分け入って神仏に近づき、神仏を感得しようとしたのであろう。神仏に接近しようとする志向性が、やがて神仏の験力を体得しようとする思想に展開したとき、修験道が成立することになるのである。その意味で「山頂祭祀」の成立は修験道発生の前提条件であったといえよう。

「山頂祭祀」の実態を示す資料はきわめて限られているが、そのなかで、奈良県大峰山頂遺跡で発掘された護摩壇跡は、「山頂祭祀」の具体的な儀礼を知りうる例として貴重である（菅谷ほか一九八六）。大峰山頂では、八世紀後半から岩裂周辺で護摩が焚かれるようになり、一〇世紀になって固定した護摩壇が設けられた。護摩壇跡は一辺一・二mほどの方形の石組で、周辺には厚い灰の堆積がみられ、そのなかから銭貨・法具・籾・金箔・黒色土器などが検出された。金属製品のなかには高温で溶解したものが含まれ、これらの遺物が燃え盛る火中に投じられたことが知られるが、そのような儀礼は今日の護摩作法にはみられず、古密教的な修法であったことが推測される。すでに空海によって純密が伝えられたのちであるにもかかわらず、大峰山のような山中では八世紀以来の伝統的な古密教の修法が、相変わらずおこなわれていたと考えざるをえない。

また、大峰山脈の大普賢岳の支峰である文殊岳の中腹にある笙ノ窟では、九世紀に遡る可能性をもつ灰釉《かいゆう》陶器、一一世紀の黒色土器垸、一二〜一三世紀の瓦器垸・銅鏡・火打鎌・小玉、一三世紀の仏像片・金銅金具・水晶五輪塔・御正体などが出土しており、九〜一〇世紀に修行窟としての利用が開始され、一一〜一二世紀には多くの修行者が参籠するところとなった可能性が高い（笙ノ窟発掘調査団一九九五）。笙ノ窟での参籠行については『法華験記』や『扶桑略記』などの文献にみえ、一〇世紀頃から山岳修行者の行場として広く知られていたことがうかがえる。『金峯山草創記』によれば、笙ノ窟での修行は「笙巌冬籠」といって、九月九日から翌年三月三日までの間窟内に参籠する難行であった。参籠行の実態については詳しく知りえないが、山中に長期間参籠することによって神仏の超能力を体得し、行者自身の験力を高めようとする修行であったとすれば、参籠行の成立時点で修験道が生まれたと考えることも可能であり、参籠行が修験道の成立に大きな役割を果たした可能性がある。

菅谷文則によれば、大峰山脈では平安時代の土器が笙ノ窟以外にも吉野・大峰山（山上ケ岳《さんじょうがたけ》）・小篠《おざさ》・大普賢岳・弥山・前鬼などで採集されており、それらの場所が平安時代に行者の滞在地であったことが推測されている（菅谷一九九五）。おそらく一二世紀までには大峰山中の要所に行者の滞在可能な宿泊施設が設置され、そこを拠点とした

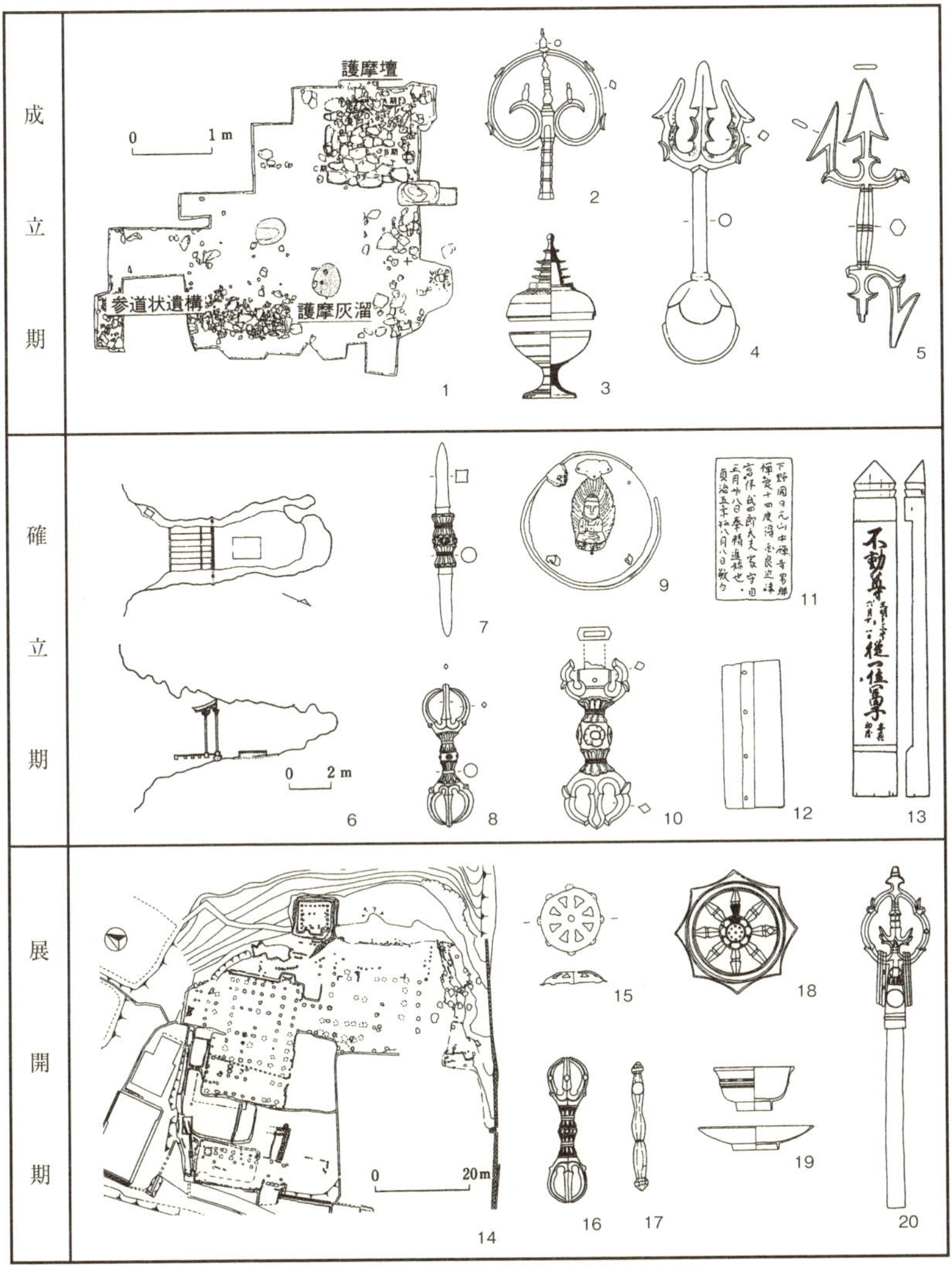

第10図　修験道の遺跡・遺物の変遷

1:護摩壇跡、2:錫杖、3:塔鋺、4:三鈷鐃、5:憤怒型三鈷杵、6:修行窟、7:独鈷杵、8・16:三鈷杵、9:懸仏、10:三鈷柄剣、11:禅定札、12:経筒、13:碑伝、14:院坊跡、15:袈裟金具、17:金牌、18:輪宝、19:六器、20:手錫杖（1:大峰山頂遺跡、2〜5・7〜12:日光男体山頂遺跡、6:大分県山国町龍、13:葛川明王院、14・15:石動山大宮坊跡、16・19・20:求菩提山、17・18 英彦山）（縮尺:不同）

（出典　1:菅谷ほか 1986、2〜5・7〜12:大和久ほか 1986、6:花村 1981、13:元興寺仏教民俗研究所 1976、14・15:鹿島町教育委員会 1995、16〜20:北九州市立歴史博物館 1979）

修行がおこなわれていたとみられ、吉野・大峰・熊野を結ぶ入峰道の整備も着々と進められていたのであろう。しかし、その実態を考古資料から語るにはいまだ資料的に充分とはいえず、今後の調査・研究に待つところが大きい。

（二）中世修験の遺跡・遺物

ついで、修験道確立期の遺跡・遺物について整理しておこう。

古代に成立した「山頂祭祀」は一二世紀末を画期としてその様相を一変させる（時枝一九九二）。日光男体山頂遺跡では、一一～一二世紀には銅鏡を主体とする遺物群がみられるが、一三世紀になると懸仏や仏具など仏教的色彩の濃い遺物群が支配的になる。しかも、男体山周辺の女峰山・太郎山・小真名子《こまなご》山で新たに「山頂祭祀」が開始され、日光三所権現の聖地をめぐる回峰行が成立したと考えられる。同様な変化は白山周辺でもみられ、白山御前峰《ごぜんがみね》山頂遺跡では一二世紀を画期として遺物相が仏教的色彩の濃いものに変化し、また笈ケ岳《おいずるがたけ》山頂遺跡や三方岩岳山頂遺跡など新たな遺跡が出現し、修行形態が山岳登拝から山岳練行へと発展したことが推測される。

また、一三世紀になると、修験道独自のものである碑伝、あるいは入峰斧・三鈷柄《さんこつか》剣などの修験道法具が出現する。

碑伝は、行者の名前・造立年月日・入峰度数などを記し、行場に造立する入峰修行の記念碑で、石田茂作は碑伝をその形態から切碑伝・丸木《まき》碑伝・板碑伝に分類している（石田一九五六）。切碑伝は立木の幹を削って銘を刻んだもの、丸木碑伝は枝などの自然木を利用したもの、板碑伝は製材した板を用いたもので、いずれも木製であった。そのため現存するものは少ないが、滋賀県葛川《かつらがわ》明王院の板碑伝には元久元年（一二〇四）、大峰山脈の前鬼で発見された丸木碑伝には永仁三年（一二九五）の紀年銘があり、一三世紀に製作されていたことは確実である。前者は葛川明王院参籠、後者は修行窟での冬籠りを成就した証として造立されたことが知られ、いずれも山中での修行の記念碑としての性格を示している。しかも、前者では因明坊俊重の二〇度を最高に権大僧都法眼和尚位成円一四度・阿闍梨最延九度・供仏坊行雲四度・香樹房永尊三度・真浄房実命二度など参籠回数が記され、後者では長盛慈聖房の冬籠りが四度目であることを明記しており、修行の度数が重視される傾向にあったことがわかる。それは苦行を積めば積むほど験力が増すとする修験道の考え方に由来するものとみられる。

入峰斧は日光山輪王寺や岐阜県長滝白山神社の伝世品、あるいは大峰山脈の弥山山頂遺跡の出土品が一三世紀に遡ると考えられ、伝世品がいずれも儀礼用具としての性格が強いとみられるのに対して、出土品は実用品として十分に機能できるものであるという相違が認められる。おそらく本来山林を切り払うための用具であったものが、入峰道の整備とともに形式化し、集団入峰の際に先頭に掲げられる象徴と化したのであろう。

三鈷柄剣は修験者が降魔調伏の儀礼に用いたといわれるもので、日光男体山頂遺跡から出土しているところから山頂での儀礼にも用いられたとみられ、修験道法具としてさまざまな用途があった可能性がある。鞍馬寺の伝世品は正応六年（一二九三）銘をもち、一三世紀末に遡る遺品であることが知られるが、大阪府金剛寺・奈良県長谷寺・日光二荒山神社の伝世品など一四世紀に下るものが多い。

このように、入峰斧や三鈷柄剣が出現した一三世紀は、修験道独自の法具を編み出したという点で画期的な時代であった。残念ながら、研究の立ち遅れからいつ出現したのか確定できない修験道法具が多いが、一三世紀に出現し、一四世紀から一五世紀にかけて整備されたものが多く含まれるであろうことが予測される。一三世紀が修験道法具の展開の起点である可能性が高いのではなかろうか。今後の修験道法具の研究の進展に期待したい。

いうまでもなく、碑伝や修験道法具の出現は、修験道が独自の宗教として自立し、修験道儀礼が整備されたことを意味する。それは山頂遺跡の変質とも密接に関わる動きであり、石川県石動山のような多数の院坊を擁する修験道の山岳寺院の出現とも関連する事象にほかならない。修験道の確立によって修験者の教団が形成され、羽黒山や戸隠山・あるいは英彦山や求菩提山など各地に修験者による一山組織が生まれ、修験道は中世の宗教として新たな歩みを始めたのである。

(三) 近世修験研究への展望

近世修験は中世修験のような漂泊性を失い、地域社会に定住し、修験道寺院を拠点に宗教活動をおこなった。修験道寺院には霊山やその山麓に営まれた大規模なものと村や町の「里修験」のものがある。

前者の例である石動山では、一山を統括した大宮坊跡の発掘調査がおこなわれ、庭園をともなう大規模な屋敷跡が検出されている（鹿島町教育委員会一九九五）。その建物配置をみると、東側の山沿いに向拝をもつ神社とみられる小さな建物を置き、その西側に囲炉裏・井戸・竈・炊事場・上便所をもつ柱間一三間半×七間半の巨大建物、南側に推定七間×五間の向拝をもつ仏堂を配し、巨大建物と仏堂を廊下でつないでいる。仏堂が本堂、巨大建物が庫裏と考えられ、屋敷の東から南にかけて聖なる空間が広がり、北から西にかけて日常的な生活空間が配されている状況を読み取ることができよう。また、巨大建物の北西には厠が設けられ、仏堂の南側には庭園が配され、聖俗を基準とした屋敷の空間構成の原理が貫徹されていることがうかがえる。このような建物配置が石動山で一般的にみられるものなのかどうか、より下層の修験者の院坊跡の調査をふまえて、今後あきらかにしていく必要があろう。

英彦山では山本義孝を中心に大河辺山伏墓地の調査がおこなわれ、近世修験の墳墓に階層差があることが指摘されており（添田町教育委員会一九九六）、修験道寺院のあり方も階層による規制を受けている可能性が高い。

後者の「里修験」の寺院の考古学的調査は、埼玉県富士見市の本山派修験十玉院跡などでおこなわれているものの、その例は少ない。それは近世の修験道寺院の大部分が現在の集落のなかに営まれ、現在もそこが生活の場となっているために、考古学的調査の実施が困難なことが多いことに起因している。もっとも、「里修験」の墳墓の調査は各地でおこなわれており、たとえば群馬県前橋市茂木の西小路遺跡では輪宝形の袈裟金具などをともなう修験者のものとみられる近世墓が一六基確認されている（大胡町教育委員会一九九四）。こうした事例を集積するなかで「里修験」の一端に迫る研究が可能となるに違いない。

四　中世修験の遺跡

修験道は「験力」の宗教である。高山に登拝し、重畳たる山岳を踏破し、あるいは山中の洞窟に参籠するなどの修行をおこなうことによって、神仏と同化し、強大な「験力」を獲得しようとする宗教である。中世の修験者は各地の霊山を抖擻《とそう》し、諸国を遍歴して生活していたが、それも修行を重ねれば重ねるほど「験力」が強まると信じられていたからである。また、彼らは多くの人々から信仰されたが、それも彼らが「験力」をもっていたからにほかならない。ここでは、「験力」の宗教としての中世修験の実態を、山頂遺跡と修験道寺院を通してうかがってみたいと思う。

（一）中世の山頂遺跡

古代に出現した山頂遺跡は中世に入ると大きな様相の変化をみせる。

栃木県日光男体山頂遺跡は八世紀に出現し、一〇世紀に至るまで断続的に営まれてきた遺跡であるが、一二世紀を画期として遺物の様相が一変することが知られている（日光二荒山神社編一九六三）。平安時代後期には、八稜鏡を主体とする一六四面以上の銅鏡のほか、火打鎌・鉄鏃・短刀・刀子・刀装具・陶器・土器などの遺物群がみられるが、鎌倉時代になると銅鏡が姿を消し、懸仏・密教法具・経筒・種子札《しゅうじ》・禅定札《ぜんじょう》・火打鎌・鉄鉾・鉄剣・鉄鏃・大刀・短刀・陶器・土器など仏教的色彩の濃い遺物群に変わる（大和久一九九〇）。それらのうち、懸仏はおもに日光三所権現を表したもので、山頂に営まれた小祠の本尊として祀られていたと推測される。また、密教法具の存在は、懸仏を本尊とする小祠の前で密教的な修法がおこなわれたことを物語るものであろう。さらに、経筒の存在は、山頂に登拝して納経する者がいたことを示している。

第11図　日光女峰山頂遺跡

経筒や禅定札の銘文には「日光禅定」（元亨三年銘経筒）や「男躰禅定」（貞治三年銘禅定札）ということばがみえており、山頂へ登拝して修法や納経をおこなうことを「禅定」と呼んでいたことが知られる。「禅定」の担い手を銘文から検討してみると、日光山の僧侶や近津宮（現宇都宮市徳次郎町所在）の社家など専門的宗教家に限られていることが指摘できるが、とりわけ貞治五年（一三六六）に一四度目の「男躰禅定」をおこなった伴家守《とものいえもり》のように何回も修行することによって験力を高めようとする者が中心的な担い手であったと考えられる（時枝一九九一）。

男体山周辺の女峰山・太郎山・小真名子山にも中世の山頂遺跡がある。女峰山頂遺跡（第11図）からは銅鋺・火打鎌・短刀・古銭・釘・陶器・土器、太郎山頂遺跡からは火打鎌・短刀・刀子・古銭・飾金具・陶器、小真名子山頂遺跡からは陶器・土器が発見されている（日光市史編さん委員会一九八六）。そのうち、太郎山頂遺跡では一二世紀の銅鏡・経筒・陶器が確認されており、すでに一二世紀に山頂遺跡が形成され始めていたことが知られるが、ほかの二遺跡では一三世紀以前に遡る遺物があきらかでない。このことは、一二世紀から一三世紀にかけての時期に、女峰山・太郎山・小真名子山に山頂遺跡が出現した可能性が高いことを示していよう。また、遺物の種類をみると火打鎌・短刀・陶器など共通するものが多く、それらの山頂遺跡が同様な性格をもつことが推測される。おそらく、男体山で「禅定」をおこなっていた行者たちのなかから、日光三所権現の聖地である女峰山や太郎山に登拝する者が出てきた結果、日光連山の山頂遺跡が形成されたのであろう。

石川県の白山御前峰山頂遺跡は遅くとも一〇世紀初頭に出現し、以後一九世紀まで断続的に形成された遺跡であるが、一二世紀を画期として遺物の様相が変化する（國學院大學考古学資料館白山山頂学術調査団一九八八）。一〇世紀から一一世紀にかけてはほとんど陶器と土器のみであるが、一二世紀になると独鈷杵・水滴などがみられるようになり、一三世紀には懸仏・銅製五輪塔・三鈷柄剣・銅鈴・鐘鈴・火打鎌・鉄剣・刀子・古銭などさまざまな遺物が登場する。同様な変化は同じ白山系の別山山頂遺跡でもみられ、そこでは一〇世紀に灰釉花瓶などが現れ、一二世紀に朱書経・経筒・刀子などが出現する。

ところで、白山系の山岳でも、笈ケ岳山頂遺跡や三方岩岳山頂遺跡では一二世紀に遡る遺物が発見されておらず、一三世紀以降に遺跡の形成が開始されたとみられる。笈ケ岳山頂遺跡からは懸仏・仏像・経筒・銅鏡・鉄剣・鉄刀・鉄槍・鉄鏃などが発見されているが、時期的には一四・一五世紀のものが主体を占めており、三方岩岳山頂遺跡出土の青磁水注も一四世紀のものとみられる。このことは、白山系の山岳のうち中心部にある御前峰・別山への登拝行がおこなわれるようになったことを物語っていよう。この場合、「白山禅定」と呼ばれたのは御前峰や別山への登拝行であり、笈ケ岳や三方岩岳への登拝は尾根沿いに縦走する回峰行の一環としておこなわれた可能性が高い。つまり、一〇世紀に開始された山岳登拝は、一三世紀から一四世紀にかけて回峰する山岳練行へと発展したとみられるのである。

（二）修験道寺院の構成

山岳修行の拠点である修験道寺院の構成を近年調査が進んだ石川県中能登町の石動山を例にみておこう（鹿島町史編纂専門委員会一九八六）。

中世から近世にかけて石動修験の拠点として栄えた石動山には大規模な修験道寺院が残されている。それは石動山の主峰大御前の山頂から山腹にかけて営まれた主要堂塔跡、その麓の緩傾斜地を中心に広がる院坊跡、周辺の山中に点在する行場や拝所などから構成されている（第12図）。主要堂塔のある寺院中心部は山頂・その西南の尾根・

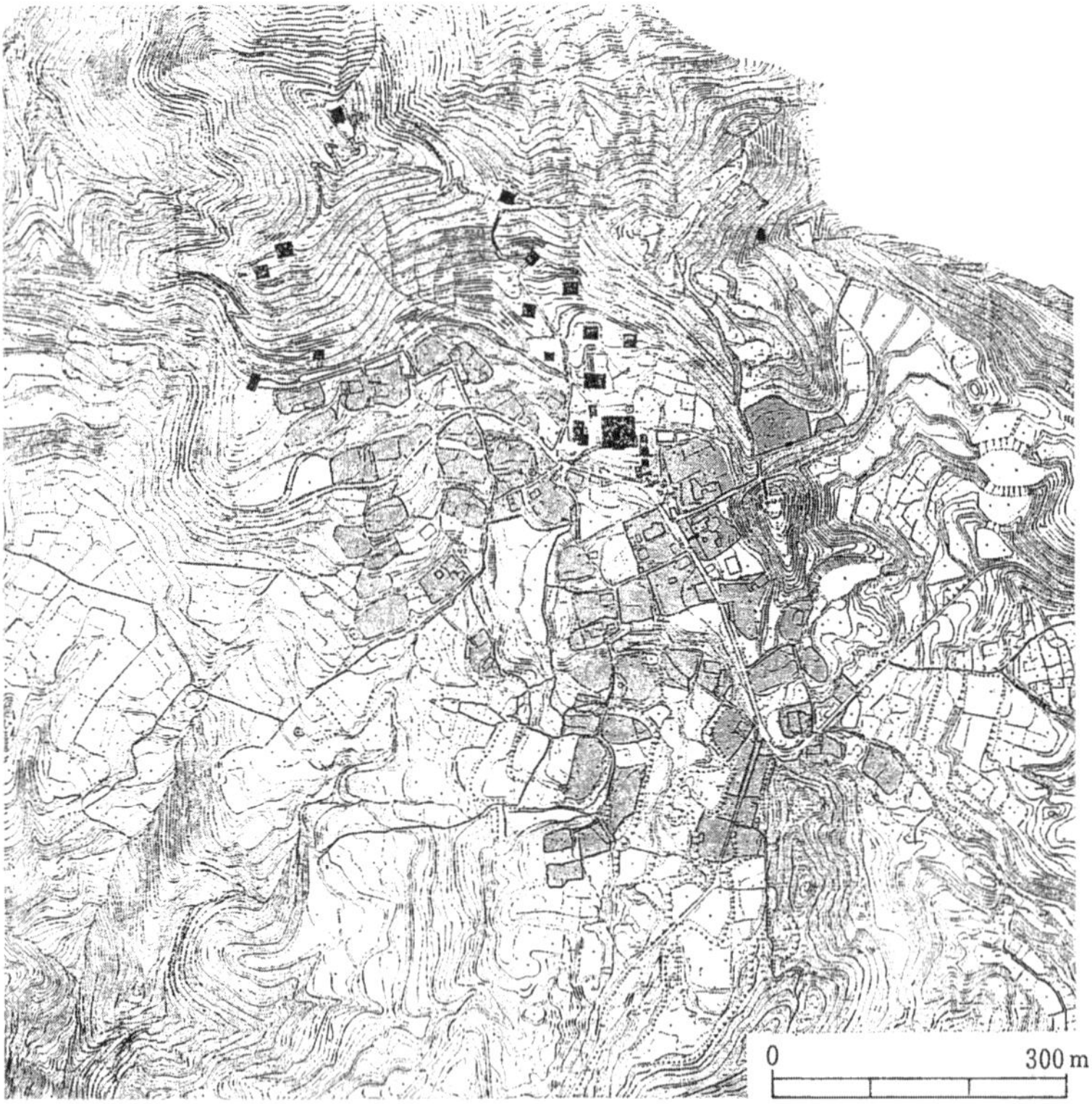

第12図　石動山の修験道寺院跡（黒ぬりが堂塔跡、網掛けが院坊跡）
（鹿島町史編纂専門委員会 1986 より作成）

東南の山腹の三地区に大別できる。山頂には五社権現大宮の社殿を営むのみで、ほかの建物はなく、山内でも重要な聖地として位置づけられていたことがうかがえる。西南の尾根には五社権現のうち火宮・剣宮を祀り、開山堂・籠堂・多宝塔・五重塔・大師堂・経蔵・鐘楼・講堂などの堂塔を営んでいる。

　堂塔の配置は地形に応じておこなわれたもので、規則性を見出すことは難しいが、大宮への参道を基準として配置された可能性が高い。五重塔や講堂の発掘調査では、炭化材・焼土層・焼けた礎石などが検出されており、記録にみえるように天正十年（一五八二）の火災で堂塔が焼失したことが判明した。このことから、堂塔が少なくとも天正十年以前には整備されていたことが知られるが、堂塔の建立時期については出土遺物などによっても特定することができない。しかし、永仁三年（一二九五）三月二十六日付権少僧都相助奏状には「能登国石動山五社」とあり、すでに五社権現の社殿が建てられていたとみられる。おそらく、一三世紀から一四世紀にかけて、堂塔の整備がなされたのであろう。

院坊跡はほぼ方形の屋敷地をもつが、その配置は地形に応じてなされているため、不規則である。かつて三六〇余坊を数えたといわれるだけあって、緩傾斜地に密集して営まれており、屋敷地も広狭さまざまである。講堂のすぐ南側にある仏蔵坊跡の発掘調査では、近世の遺構の下に三層の焼土層の存在が確認され、焼失後に盛土して整地している状況があきらかになった。しかも、最下層から礎石建物が検出されており、一四世紀頃から数度にわたる建て替えを経ていることが確認された。また、行者堂に近い三蔵坊跡の発掘調査では、一四世紀の珠洲《すず》焼水注をともなう礎石建物の存在が確認されている。いずれも調査面積が狭いために建物の全貌を知りえないが、寺院中心部に隣接するところでは院坊の建設が一四世紀に遡ることが判明する。行場や拝所の遺跡は八大山《せん》の修行窟など多数あるが、詳細は不明である。

このように、石動山の場合、仏地としての堂塔、僧地としての院坊、山岳修行の場である行場などがセットになって一山を形成していることが知られる。それらの堂塔・院坊・行場などは機能的に分かれているのみでなく、空間的なまとまりをみせており、高所に堂塔を設け、その前面の低所に院坊を配置するという構成をとっている。堂塔と院坊はいわゆる修験道集落を構成しており、そこから離れた山中に行場が設けられ、集落と行場は入峰道でつながっている。このようなあり方は、たとえば山形県羽黒山で山頂を中心として堂塔が営まれ、その山麓に院坊が建ち並び、行場は奥深い山中に散在するというように、各地の修験道寺院でみられる。しかし、こうした修験道寺院のあり方がいつ頃成立したのか、石動山の例でみる限り一四世紀頃の可能性が考えられるものの、明確な解答は得られておらず、今後の調査の進展が期待される。

五　山岳修行の遺跡

日本における山岳宗教の展開は実に複雑な様相をみせているが、なかでも修験道の成立と展開のすがたは、いまだに不明なことがあまりにも多く、その過程を実証的にあとづけられるまでには至っていない。修験道は、山岳での入峰修行と、それによって獲得した験力によっておこなう呪術宗教的活動によって構成される宗教であり、中世には前者に重点が置かれ、壮絶な山岳抖擻がおこなわれていたが、近世になると重点が後者に移り、地域社会における加持祈祷がおもな活動となった。ここでは、山岳修験と呼ぶにふさわしい中世修験に焦点をしぼり、その山岳修行の実態を遺跡・遺物にもとづいて具体的にあきらかにしたいと思う。

(一)　修行窟の様相

山岳修行の実態を具体的に示す遺跡に修行窟がある。修行窟は八世紀に出現し、以後一九世紀まで継続的に営まれるが、とくに一三世紀から一六世紀にかけて盛んに造営されたことが知られている（時枝一九八五）。修行窟は自然の洞窟や岩陰を利用したものと人工的に製作したものに大別され、それぞれさらに細別が可能であり、その様相は変化に富んでいる。付属施設として建築・祭壇・本尊・炉・貯水施設などを設けたものもみられ、そのあり方は安易な類型化を許さない。それは、修行窟が自然環境に強く規制された立地をとるためであり、造営者が立地条件に適応した形態を採用したことによるものと考えられる。

奈良県吉野郡上北山村天ヶ瀬にある笙ノ窟は、大普賢岳の中腹に開口した間口約一二m、高約四m、奥行約八mを測る岩陰を利用した修行窟で、遺物や文献から窟修行の実態が具体的に知られる貴重な事例である。

『大日本国法華経験記』中巻「叡山西塔宝幢院陽勝仙人伝」に、陽勝が大峰山で修行していた延喜年間（九〇一

〜九二三）に笙ノ窟に参籠していた僧に出会ったことを載せているのが、笙ノ窟の初見であるが、陽勝伝は伝説的な部分が多く、そのまますべてを信じることはできないけれども、同書が編纂された長久年間（一〇四〇〜四四）以前に笙ノ窟が験者《げんざ》の行場として知られていたことは十分に推定できる。また、『扶桑略記』天慶四年（九四一）条所引の「道賢上人冥途記」は、道賢上人が金峯山の一洞窟で修行していた折に体験したことを記したものであるが、建長三年（一二五一）に成立した『十訓抄《じゅっきんしょう》』以来、その洞窟を笙ノ窟に比定する説が普及している。「道賢上人冥途記」によれば、道賢は洞窟に参籠して三七日目に気息絶えて、金峯山浄土・大政威徳天の居城・地獄などを遍歴したのち、蘇生したという。もとより行者の幻想ではあるが、シャーマニズムと深く関わるようなかたちで、参籠行がおこなわれていたことを思わせるものがある。

このように、笙ノ窟での修行はすでに一〇世紀頃から験者によっておこなわれていたことが推定されるが、笙ノ窟が修行窟として整備され、窟修行の方法が定まってくるのは一三世紀になってからであると考えられる。笙ノ窟内部には、現在小祠が祀られているのみであるが、戦前まで銅造不動明王立像が安置されていた。像は像高六二cmの小型のもので、台座に「敬銘　奉鋳笙巌崛本尊／三尺不動明王／像一躰／右依故／征夷／大将軍／右大臣／家嚢日御願／敬造立之／奉資彼／御菩提／如件于時／寛喜二二季三月／日勧進大先達法印弁覚」の刻銘があり（奈良国立博物館一九八五）、源実朝の生前の願をうけて、その菩提に資すべく、貞永元年（一二三二）に勧進僧弁覚によって笙ノ窟の本尊として造立されたものであることが知られ、その頃に笙ノ窟が修行窟として整備されたことが推定できる。

笙ノ窟での代表的な修行は冬籠といって、『金峯山草創記』によれば、九月九日から翌年の三月三日まで笙ノ窟に参籠する過酷なものであった。おそらく、窟内部に祀られた本尊の不動明王と長時間にわたって交歓することによって、本尊の超能力を自己のものとする修行であったと思われるが、詳細な方法は不明である。

群馬県吾妻郡嬬恋村大字門貝字鳴尾の熊野神社奥の院修行窟は、草津白根山の山麓にある間口二・三m、高三・二m、奥行二・〇mを測る岩陰を加工して造営したもので、修行窟の壁に紀年銘をもつ数少ない例である（尾崎一九六五）。奥壁には幅一・七m、高〇・四m、奥行〇・六mの壇が設けられており、かつてはその上部に種子バン（金剛界大日如来）が陰刻されていた。左右の壁には種子カーンマーン（不動明王）が陰刻され、入口右側には種子バク（釈迦如来）など、右壁に「太郎」など、左壁に「□保大才己未年□月上旬」・「天下」などの文字や記号が刻まれている。□保は干支から文保に比定され、この修行窟が文保三年（一三一九）か、それ以前に造営されたことが知られる。そこでおこなわれた修行を復元することは困難であるが、岩陰を利用し、内部に本尊を祀るなど、笙ノ窟と共通する点が多く、やはり同様な参籠行がおこなわれたのではないかと推測される。さらに想像をたくましくすれば、同所が熊野神社の奥の院であることから、熊野や大峰で修行した修験者の手によって、修行窟とそこでの修行の方法が伝えられたことが考えられる。

山形県鶴岡市大字藤沢字荒沢の藤沢岩屋は、金峰山《きんぼうざん》の中腹にある間口一六・〇m、高一・七m、奥行一〇・〇mを測る岩陰を利用したもので、雨落ち線の外側に長一三・二、高〇・七m、幅一・五mの積石を築いている（鶴岡市教育委員会一九八二）。内部中央には集積遺構があり、火を焚いた痕跡が認められるが、積石よりも古いものと考えられている。奥壁には、「賢秀大財（弐）」「□村宮三郎」などの人名、「十月」などのことば、記号が陰刻されており、熊野神社奥の院修行窟と同様な現象をみることができる。内部からは金銅菩薩形懸仏・石製碑伝・経筒片・古銭などが発見されている。懸仏は一三世紀のもので、尊名をあきらかにできないが、本尊として祀られたものであろう。碑伝は一三～一四世紀のもので、修行成就の証として造立されたものと考えられ、前鬼の金剛界窟から丸木碑伝が発見されていることと共通する。ここでも、やはり参籠行がおこなわれたことが推測され、積石が冬季の修行を可能とするための施設であると考えられるとすれば、笙ノ窟と同じような冬籠がおこなわれたことが推測できる。しかし、碑伝には「九月」の文字が認められ、碑伝が一定の修行を成就したのちに造立されるものであることから考えて、九月に入峰し、三月に出峰するという修行形態であったかどうかは疑問であろう。むしろ、冬季の積雪量を考慮すれば、笙ノ窟よりも早い季節に参籠行がおこなわれたことを想定したほうが無理のないように思われる。いずれにしろ、藤沢岩屋の造営主体は山形県の金峰山の修験者であると考えられ、その山名から奈良県の金峯山と密接な関係にあることが推測され、ここでの窟修行も畿内から伝播したものである可能性が指摘できよう。

修行窟が窟修行の行場としての性格をもつものである以上、窟修行をおこなう行者によって造営されたことはあきらかであり、修行窟の伝播は行者の移動によってもたらされたと考えられる。熊野神社奥の院修行窟や藤沢岩屋において、岩陰の利用・内部への本尊の安置・碑伝の造立など笙ノ窟と共通する現象が認められるのは、その背後に畿内から関東・東北への行者の移動があったためと考えられ、定形化した窟修行が彼らによって伝播された結果であろうと考えられる。もっとも、修行窟のすべてが畿内からの一元的伝播によって説明できるものではなく、九州の英彦山や求菩提山にみられるものは群集して存在していることなど大峰山とは異なった様相をみせており、修行窟が多元的な伝播によって各地に造営されるようになったことが推測される。しかし、修行窟の伝播の実態はあきらかでなく、各地の修行窟の地道な調査に立脚した解明が期待される。

(二)　行場遺跡の構成

修験道の入峰修行は、窟修行のような参籠行の形態をとるものよりも、重畳たる山岳を踏破し、練行する山岳抖擻の形態をとるもののほうが一般的である。

七世紀までの山岳信仰は山麓に設けた祭場に神霊を招いて祀ることを基本としていたが、八世紀になると山林仏教の徒によって祭場が山頂へ移され、そこへ登拝して祭祀がおこなわれるようになった(亀井一九六七)。日光男体山・弥山・大峰山・英彦山などで発見されている山頂遺跡がその祭場の痕跡である。山頂の祭場への登拝は、秀麗な高山の山頂が好んで祭場に選ばれたこともあり、きわめて苦しいものであったため、登拝という行為を修行として目的化する風潮が生じた。さらに、山岳が連なって存在しているところでは、それら複数の山岳を踏破することを試みる者が現れ、やがて山岳抖擻の形態が整えられたと推定される。

山岳抖擻のための行場は、単独で存在することはなく、入峰道と呼ばれる修行のコースに沿って一定の秩序にもとづいて配されることを特色としている。入峰道の起点と終点には拠点としての修験道集落が営まれ、入峰道の途中には、数多くの行場とともに、宿泊のできる行場である宿が配される（長野一九八二）。宿は、寺社を利用する場合も少なくないが、修行窟をあてる例が比較的多くみられることは注目される。入峰修行が形式化する以前には、山岳抖擻と参籠行を複合させた、過酷な修行がおこなわれていた可能性があろう。

大峰山の入峰道は吉野から熊野に至る約一五〇㎞にも及ぶ長大なものであるが、そこには数多くの行場が設けられており、長承二年（一一三三）書写の『金峯山本縁起』には八一箇所、一三世紀の『諸山縁起』には七八箇所、室町時代の『証菩提山等縁起』には一二一箇所が掲げられているが、近世になって七五箇所に整理され、七十五靡《なびき》と呼ばれるようになった（宮家一九八五）。行場には岩・窟・滝・川・池など、山岳の自然をそのまま利用したものが多く、堂や寺社が設けられているものは少ない。岩を中心とした行場としては、覗《のぞき》・胎内潜り・平等岩・蟻の戸渡りなどがみられ、それぞれ特色ある修行がおこなわれたことが知られている。また、行場には経塚・石塔・鳥居・墓地・仏像埋納地などが営まれたことが縁起にみえており、実際に山上ヶ岳からは経筒・経箱・経典・鏡像・懸仏・鏡・磬《けい》・錫杖・柄香炉・三鈷杵・鈴・六器・刀・鉾・塔・青白磁合子・銭貨・金銅仏・金仏など豊富な遺物が、弥山からは憤怒形三鈷杵・三鈷杵・華鬘《けまん》・斧・火打鎌などが発見されており、縁起の記載がかならずしも虚構ではないことを示している。とくに、弥山からは有孔の入峰斧が発見されており、その時期が一四世紀と考えられるところから、中世に弥山が行場となっており、そこに入峰斧を奉納したことが考古学的に実証できることは注目される。入峰斧は集団入峰を象徴するものであり、入峰に際しては斧役が設けられていたほどであるから、弥山に入峰斧を残した修験者は集団で大峰山奥駈《おくがけ》修行をおこなった者であったと考えて大過ないであろう。

長野県の戸隠山の行場は奥社から一不動までの表行場と一不動から高妻山までの裏行場からなっており、入峰道に沿って多数の行場が設けられていて、『阿娑婆抄《あさばしょう》』には一六箇所の石屋、『戸隠山顕光寺流記《るき》』には三三箇所の霊窟がみえるが、それらは修行窟のことと考えられ、宿として利用されたと推定される。そのひとつである西窟からは一二世紀から一四世紀にかけての金銅仏・懸仏・花瓶・六器が発見されており（戸隠総合学術調査団一九七一）、すでに一二世紀から行場として使用されていたことを知ることができる。行場には、修行窟のほか、岩・滝などを利用したものがみられるが、堂や寺社を設けたものは奥社・九頭龍《くずりゅう》社のみである。岩を中心とした行場のなかには蟻の戸渡りがみられ、大峰山と同様な山岳修行がおこなわれていたことを知ることができる。しかし、修行窟を中心とした行場の構成は英彦山に近似しており、大永四年（一五二四）に英彦山と縁の深い阿吸房即伝《あきゅうぼうそくでん》を迎えて衰退した法流の再興を図ったという寺伝を思わせるものがあり、英彦山との関係について十分に検討を加える必要がある。

神奈川県愛川町の八菅《はすげ》山の入峰道は、八菅山を起点とし大山《おおやま》を終点とするもので、その間に三〇箇所の行場を配している（福島一九七八）。行場には岩・窟・滝などを利用したものがみられ、そのうちの七箇所が宿とされており、七日間の入峰修行に際しての宿泊場所となっている。堂や寺社が設けられているものは少なく、修行窟も二箇所ほど知られるのみである。行場には経塚・墓・小祠などが営まれたと伝えられており、実際に、八菅山からは経筒・一石経・陶瓶・仏像・鏡・刀子など、大山からは経筒・甕・鏡、幣山と空鉢嶽からは陶瓶が発見されている。八菅山と幣山の例はいずれも近世のものであるが、大山と空鉢嶽の例は一二世紀頃のものであり、中世初頭にすでに山岳信仰の対象となっていたことが知られる。八菅神社に残されている碑伝には「秋峯者松田僧／先達　小野余流　両山四国遍路抖擻　余伽三密行人　金剛仏子阿闍梨　長喜八度／正応四年辛卯九月七日／小野滝山千日籠　熊

野本宮長床執行　竹重寺別当　生年八十一　法印権大僧都顕秀　初度」とあり（石田一九五六）、正応四年（一二八一）にはすでに入峰修行がおこなわれていたことが知られ、しかも熊野からの入峰者があったことが確認される。八菅山の行場には空鉢嶽・五大尊嶽・多和宿・平持宿など大峰山と同様な名称をもつものが含まれており、大峰修験が八菅山の入峰修行に影響を与えたことを物語っている。

このように、行場遺跡は、山岳の自然環境に応じて多様なあり方をみせているが、岩や滝を中心とした行場と窟を利用した宿を入峰道に沿って配列し、重要な行場には経塚などの宗教施設を営むなど、その構成には共通点が多く認められる。遠く離れた行場遺跡にそうした共通点がみられるのは、行者の広域にわたる活動によって行場の形態が伝達された結果とも考えられるが、行場遺跡の調査が不十分なためあきらかでない。今後、各地の行場遺跡の実態を、実地踏査にもとづいて解明していく必要があろう。

第三章 「霊場の考古学」の現状と課題

はじめに

近年、おもに中世寺院や経塚などの調査にもとづいて、「霊場の考古学」が提唱され（東北中世考古学会編二〇〇六、日本考古学協会二〇〇九年度山形大会実行委員会編二〇〇九など）、地域における史跡の保存や活用と絡んで、従来にない活況をみせている。日本考古学会においても、平成二十九年（二〇〇九）十一月二十八日に開催した例会でこの問題を取り上げ、荒木志伸氏に山形県山形市山寺立石寺《りっしゃくじ》の事例研究を報告していただいたところである。その際、荒木報告をより大きな文脈に位置づけるべく、解説的な役割のもとに発表したのが表記の課題であるが、その後の動向も加えて「霊場の考古学」の諸問題について改めて検討したいと思う。

そもそも「霊場の考古学」という発想は、中世史家の問題提起に始まるもので、考古学者の自省から出たものではないため、考古学者の霊場概念や霊場遺跡の捉え方に混乱がみられた。極端な事例では、宗教遺跡をそのまま霊場遺跡とみなすような見解もあり、聖地と霊場の区分さえ正確になされることは稀であった。そうした現状は、現在でも十分に改善されているとはいえず、不十分な理解や誤解をもとに「霊場の考古学」が一人歩きしている傾向がみられる。

そこで、まず霊場の概念について整理し、ついで研究動向を概観し、最後に問題点と課題に言及し、現時点における「霊場の考古学」の実態と展望を示したいと思う。

一　霊場とはなにか

『広辞苑』では「霊場」は「霊地に同じ」とするのみで、「霊地」は「神社・仏閣などのある神聖な地」とあり、「霊場」のほか「霊境」「霊区」が同義語として掲げられている。「神聖な地」であれば、聖地も同じことになるわけであるが、同義語には聖地は含まれていない。なにか宗教的な場を指す空間概念であることは理解できるが、厳密に使用しようとするには不十分な説明であり、そのまま採用することはできない。国語辞典は、どれをひいても大同小異の説明しかなく、こと霊場に関する限りあまり役に立たない。

そこで、『日本民俗大辞典』をひくと、霊場は「宗教的聖地・霊地や霊験あらたかな寺社の中で遠方から数多くの参詣者を集めるもの、また宗教的巡礼の目的地となるようなもの」であり、庶民にとっての霊場はおもに近世以降に発達したものであるとみえる。この説明によれば、霊場の特色は、聖地や寺社の存在も重要な要素ではあるが、なによりも多くの参詣者にある。「宗教的巡礼の目的地」となるような「宗教的聖地・霊地や霊験あらたかな寺社」が霊場なのである。「宗教的聖地・霊地や霊験あらたかな寺社」であっても、多くの参詣者がいないようでは、霊場と呼ぶに値しないのである。多くの参詣者が訪れるようになるためには、顕著な霊性の発信と受容、広域にわたる信仰圏の成立、安全に参詣できるような交通の発達などさまざまな条件が整わなければならない。そうした条件は、ある歴史的段階にならなければ整わないはずで、霊場の概念が歴史的な内容を含んでいることがわかる。つまり、霊場は歴史的な概念であり、その使用に際してはさまざまな条件を考慮して判断しなければならないのである。

では、聖地とどう違うのかを確認するために、改めて『日本民俗大辞典』をひくと、聖地は「宗教伝承と結びついて神聖視されている一定区画の土地」と規定されている。土地に関わる概念であることは共通するが、聖地は神聖視する人々がいれば成立するもので、参詣者の有無は関係ないのである。聖地は、なにによって神聖とみなすかという宗教伝承の内容に注意する必要はあるものの、霊場のように歴史的条件によって規制されるものではない。聖地の宗教伝承の担い手は、個人から国家まであるであろうし、国家連合のようなネットワークさえ想定可能である。キリスト教の聖地もあれば、仏教のそれもあり、民俗宗教の小祠も一種の聖地である。つまり、聖地は、霊場よりも遥かに一般的な用語であって、その適用範囲は広い。

このように、霊場と聖地は別の概念であって、両者を混用することは避けねばならない。外部から遮断され、一部の司祭のみが祭祀に携わるような場所は、聖地であっても、決して霊場ではないのである。聖地は閉ざされることがあるが、霊場は開かれた存在でなければ、霊場とはいえないのである。

すでに指摘したように霊場は歴史的概念であるので、成立の条件が整って初めて成立するものであり、条件の成熟度によって成立時期が異なることになる。

ヨーロッパのカトリック世界の巡礼は、四～五世紀に聖人崇拝・聖遺物信仰・奇跡が複合したものとして始まり、一一～一三世紀に奇跡や病気治癒などの民間信仰をともなって隆盛し、聖遺物などの移動によって多数の新たな霊場が創出されたという（関一九九九）。その後、一六世紀には、聖人信仰にもとづく伝統的な巡礼が衰退し、新たにマリア信仰によるマリアゆかりの聖地への巡礼が盛んになった。さらに、一八世紀になると、啓蒙思想によって否定的価値を付与された巡礼であったが、一九世紀にはロマン主義の台頭を背景に復活した事実が知られている。

日本では、一一世紀に金峯山《きんぷせん》（奈良県）への御嶽詣《みたけもうで》などの参詣が始まり、一二世紀に高野山（和歌山県）をはじめとする霊場が本格的に形成される。高野山では、奥之院を中心とする弘法大師信仰と結び付いて霊場が形成され、一三世紀には高野聖を介した納骨習俗がみられるようになる。熊野三山（和歌山県）など、一二世紀を画期に霊場が本格的に形成される事例が圧倒的に多く、一二世紀は霊場の時代であったといっても過言でない（佐藤二〇〇三）。一三世紀には西国巡礼や坂東巡礼の霊場などが生まれ、一六世紀には全国を遊行《ゆぎょう》して納経する廻国納経聖が活躍したが、四国遍路が整備されたのは一七世紀のことである。その頃には、全国に在地霊場が生まれ、社寺参詣の習俗が民衆の間にまで行き渡った。

日欧を比較するだけでも膨大な労力を要するであろうが、共通点と相違点が存在することは疑いなく、地域ごとに霊場形成の実態が微妙に異なっていたことが想定できるのである。その共通点と相違点が、どのような歴史性・地域性から生まれたのかを考察することは興味深いが、今は検討作業を後回しにして、霊場が歴史的な存在であることを指摘するのみに留めて議論を先に進めよう。

ここまでに述べてきたことをまとめて、霊場を定義すれば、「霊場とは、宗教家によって由緒や霊験が説かれた神仏が祀られ、多くの信者が自由に参詣できる聖地である」とすることができよう。これは、あくまでも私見であって、過不足を議論する余地はあろう。しかし、個人的には、この定義で、基本的に問題ないと考えている。補足的な説明をすれば、霊場の成立には宗教家が関わっており、彼らが意識的に由緒や霊験を説くのが、霊場形成の特色であることを見落としてはならない点である。

近代の事例で適切ではないかもしれないが、フランスのルルドの形成過程は、霊場の形成に果たす宗教家の役割を示すものとして注目される（関一九九三）。第一段階は、ベルナデットが「『聖母』と此岸を結ぶ媒介者の役割」を果たし、彼女による「『聖母』の体験過程」として位置づけられる。第二段階は、ベルナデットの体験に関心をもつ人々の群れが形成され、ロザリオの祈りを捧げる祭祀空間が発生した段階である。第三段階は、泉が発見され、祭祀空間が成立した段階で、第二段階から継続する「『聖母』の発見・受容過程」として位置づけられる。第四段階は、献灯・行列・像などで祭祀空間が展開した段階で、教会による「『聖母』の承認過程」である。個人的な体験によって発見された聖地が、人々の群れる場所となり、やがて教会によってお墨付きを得るという過程を辿って霊場が成立するが、その過程でまずは既存の教団の周縁に位置するベルナデット、最終的には教団の中心である教会が大きな役割を演じていることに注目したい。

さて、ここまで民俗学や宗教学の成果を援用しながら霊場とはなにかを考えてきたが、「霊場の考古学」が扱うのは当然考古資料である。となると、霊場遺跡をどう認識するのかが、つぎの問題となる。霊場の概念に則った遺跡とは、一体どのようなもので、それはどのようなあり方をみせるのか。それがわからなければ、考古学で霊場を研究すること自体が不可能になり、一歩も前進しないことは間違いない。ところが、この問題も、一筋縄ではいかない複雑さを帯びている。以下、簡単に説明しておこう。

遺跡は、遺構と遺物が本来の出土状態のままパックされた状態の考古資料であるが、霊場遺跡ではさまざまな遺跡が複合した遺跡群として立ち現れることが多い。霊場遺跡は、寺院・仏堂・講堂・神社・小祠・経塚・磐座《いわくら》・修行窟・行場・納骨遺構・宿坊《しゅくぼう》・居館・墓地・巡礼路などの遺跡から構成されるが、相互に関連する遺跡群としてまとまり、全体として霊場という宗教的な空間を構成する。個々の遺跡のみでは霊場遺跡と呼ぶことはできず、それら性格を異にする遺跡同士が化合して、独特な宗教的空間を創出したときに、初めて霊場遺跡と呼ぶことができるのである。

もっとも、霊場遺跡かどうかを知るための指標となる遺跡として、経塚や納骨遺構が挙げられることはいうまでもない。大切なのは、それらが霊場遺跡のなかでどのような位置を占め、どのような役割を担っていたかを見極めることである。経塚の場合、モニュメントとして造立された象徴的な存在なのか、それとも参詣者によって繰り返し納経行為がおこなわれた結果残されたものなのかをあきらかにし、霊場形成に果たした役割の違いを識別することである。

霊場遺跡からの出土遺物は、各地からの参詣者によって請来されたものを含むため、生産地が区々であることが多い。稀には、銭弘俶塔《せんこうしゅく》のような外国産の珍奇な遺物が発見されることもあり、参詣者の居住地の広狭によって、その霊場をめぐる信仰圏の実態を知ることができる。遺物を手がかりに、どこから霊場にやってきたのかを解明し、それを整理することで信仰の実態に迫ることが期待されるのである。いずれにせよ、霊場遺跡の出土遺物には、霊場を中心とした人々の交通のあり方が投影されていると考えられるのである。

二　中世史からの問題提起

最初に霊場遺跡に関心をもった研究者は、考古学者ではなく、中世史家であった。それも、地方で荘園史の研究に取り組むなかで、中世史料の少なさを補うために考古資料に注目したという側面があった。新潟県で中世史の研究に携わっていた中野豈任《やすひで》は、地域における文献史料・考古資料・民俗資料の統一的把握のうえに立ち、後に「在地霊場論」と呼ばれることになる地域社会論としての霊場研究を展開した（中野一九八八）。中野は、新潟県五頭《ごず》山麓の出湯における大規模な中世墓や粟島の板碑が浄土信仰と深く関わることをあきらかにし、五頭山や弥彦《やひこ》山の山岳信仰の性格に迫った。考古資料の取り扱いは雑なものであったが、中世の忘れられた霊場を板碑や骨壺などの文献外資料を駆使して解明した研究として高い評価を受けた。

中野の研究を解説した藤木久志は、「この本で、著者が『忘れられた霊場』といい、『中世の在地霊場』と呼んでいるのは、このように名もなく埋もれた、地方の『信仰の場』のことである。著者は、たとえ文字一つない出土品でも、これを『信仰遺物』と呼んで大切にし、その背後にある『宗教的な環境』ともあわせて、こまやかに目をそそぐ。それを、その土地に刻まれた古い地名や、いまにのこる伝承などとも総合して、文献には皆無にひとしい、中世荘園の人々の信仰生活の様子を、みごとに蘇らせ復元してみせる」と述べている（藤木一九八八）が、中野に対する中世史家の高い評価を要約したものといえる。

それまで、荘園制や在地領主制など支配の枠組の解明に専らであった中世史研究者にとって、折から流行しつつあった社会史の影響もあって、地域社会に根ざした霊場のあり方は新鮮なものとして受け止められた。もっとも、藤木が図らずも「たとえ文字一つない出土品でも、これを『信仰遺物』と呼んで大切にし」と本音を吐露しているように、あくまでも文献史学に立脚した評価であった。本来ならば、「文字一つない出土品」によって歴史を叙述することを専門とする考古学が、ここで中世史家の要望に応えるべきであった。しかし、当時の考古学は、中世の考古資料を評価できるだけの力量がなく、十分な対応をおこなうことができなかった。

ついで、なぜか東北地方を中心とした地域における霊場の解明が進み、考古学者と連携しつつ、中世史の立場からの研究が積極的に推進された。入間田宣夫・大石直正は、宮城県松島町松島や山寺立石《りっしゃく》寺など、東北地方各地の代表的な霊場の研究を集約し、一般向けの著書を編んだ（入間田・大石一九九二）。そこで顕著にみられるのは、中世史の立場を堅持しながらも、考古学の研究成果を大きく取り入れたことである。その姿勢は、中野の指向性を継承したものであるが、中野が考古学者との連携まで至らなかったのに比べると、専門家による精緻な考古資料の記述をともなった点で、あきらかに一歩「霊場の考古学」の成立に近づいた。その背景には、入間田が若き日に考古学を志した経歴をもっていたこともあろうが、中野が研究活動に従事した一九七〇年代から一九八〇年代前半に比べて、一九八〇年代後半に中世考古学の研究が進んだことがあるとみられる。考古資料による霊場研究のためには、考古学の方法に習熟した研究者の関与が不可欠であったが、この頃まで考古学者の側に霊場への関心が欠如していたために、中世史家の問題意識を共有することができなかったのである。

その後、本格的に霊場論を展開したのも東北地方の研究者であり、東北地方はこと霊場研究に関する限り、他地域よりも一歩先を進んでいた。佐藤弘夫は、中世宗教史の立場から霊場の問題に迫ったが、そのなかで霊場概念を緻密化し、霊場を空間的に把握することを試みた（佐藤二〇〇三）。さらに、佐藤は、聖の棲家としての霊場のあり方に注目し、霊場の担い手論を展開した。特に、一二世紀を画期として日本全国で成立した霊場が、聖たちの活躍と深く連動することが解明されたことの意義は大きい。佐藤は、自覚的ではなかったかもしれないが、この研究によって霊場遺跡を理解するための枠組が提供され、「霊場の考古学」の可能性が拓かれたのである。それを受けて、霊場遺跡をテーマとしたシンポジウムが開催されるなど、考古学者側からの動きが生まれたが、それについては後述する。

佐藤は、その後も霊場への関心を持ち続け、霊場と死者の霊魂の関係に踏み込み、霊場を中心に据えた日本人の精神文化論をまとめた（佐藤二〇〇八）。そこでは、納骨や石塔を手がかりに死者供養の実態があきらかにされ、霊場の歴史的変化について考察が加えられた。その研究は、壮大な構想のもとに組み立てられたものであるが、霊場論はその重要な柱と位置づけられ、日本人の他界観の形成と深く関わる歴史的事実として把握された。また、佐藤は、ヒトガミ（人神）信仰の系譜を論じるなかでも霊場に言及し、霊場の霊性を創出したカリスマ的な聖の位置づけを論じた（佐藤二〇一二）。佐藤は、考古学の成果を踏まえながら、宗教史の立場からの研究を推進したと評してよかろう。

三　「霊場の考古学」の提唱と実践

すでに昭和六十三年（一九八八）には中世史からの問題提起が出されていたにも関わらず、考古学が本格的に応える動きを始めたのは、二一世紀に入ってからのことであった。それも、中央の考古学者が応えたのではなく、霊場研究を主導してきた東北地方の研究者が、中世史家と連携して行動を起こしたのである。平成十七年九月二十四・二十五日の二日間にわたって、宮城県多賀城市の東北歴史博物館で開催された東北中世考古学会第一一回研究大会は、「霊地・霊場・聖地」をテーマに掲げ、「東北地方各地の霊場的な遺跡などについて、各分野の研究者とともにその様相を整理し、中世史の中に位置付けること」を目指した（東北中世考古学会宮城大会実行委員会編二〇〇五）。東北各地の研究者から松島、名取熊野、岩切東光寺と青葉山、平泉、北上川流域、出羽の事例報告があった後、佐藤の講演がおこなわれ、その後霊場や霊場遺跡について議論がおこなわれた。研究大会の資料集には、東北地方各地の多数の「霊場的な遺跡」について「紙上報告」が収録され、研究の基礎となる資料が提供された（東北中世考古学会宮城大会実行委員会編二〇〇五）。

研究大会の内容は、翌年には研究書として刊行され、広く学会に共有されることになった（東北中世考古学会編二〇〇六）。成書にあたって、「寺社と聖地、権力と霊場」「板碑と経塚、霊場の風景」の二部立てとなったが、研究大会に集った研究者の関心の所在のあり方をよく示しているといえよう。つまり、霊場の概念が曖昧なまま、支配や景観という中世史家の関心に強く影響されていることがうかがえる。報告者や執筆者には多くの考古学者が参加しているが、霊場研究の方向性を握っているのは中世史家で、考古学者は問題を十分に咀嚼しきれないまま流されている傾向がある。

しかし、そうした限界にも関わらず、この研究大会によって「霊場の考古学」は広く認知されるに至った。考古学にとって、初めての霊場をめぐるシンポジウムであり、多くの課題が残ったのは当然であった。研究大会の成果を一書に編むにあたって、霊場と聖地を併記しなければならなかったところに、霊場概念の曖昧さや聖地理解の不十分さがあったことは疑いない。

平成十九年、山口博之は、中世寺院の事例として山寺立石寺を取り上げ、考古学的な視点から論じたが、そのなかで立石寺を「中世霊場信仰」の場と位置づけた（山口二〇〇七）。また、その歴史的な変遷について検討し、「1期　露岩に対する自然信仰を天台宗が獲得した段階」「2期　慈覚大師の入定伝承が形成された段階」「3期　寺僧を中心とする墓所が形成された段階」「4期　庶民層の納骨の開始段階」に区分し、1期を「9世紀～10世紀段階」、2期を「11世紀～13世紀段階」、3期を「13世紀～14世紀段階」、4期を「15世紀～16世紀段階」としたが、この四期のうち霊場の成立はいつなのか明示されておらず、課題を残した。

山口の関心は、山形県の研究者にある程度共有されていたらしく、二年後の平成二十一年には、八月八日から十月十九日にかけて山形県立博物館で「特別展山寺―歴史と祈り―」、十月十七・十八日には東北芸術工科大学を会場とした日本考古学協会山形大会の分科会Ⅲとして「霊地・霊場の考古学―山寺立石寺とその周辺―」と題したシンポジウムが開催された。シンポジウムは、中世史・考古学・美術史からの報告をもとに総合討論をおこなうというスタイルで進められ、立石寺の考古学的研究について、須藤英之が調査の現状、川崎利夫が石造物、山口が景観について報告した（日本考古学協会二〇〇九年度山形大会実行委員会編二〇〇九）。しかし、総合討論では、中世史の入間田宣夫の発表を中心に、立石寺の創建から中世前期までに議論が集中したため、考古学者の発言する機会は少なかった。しかし、「霊地・霊場の考古学」と題したことによって、考古学者にこの分野の存在を強く印象づけた意義は大きい。

東北地方における一連の研究の進展は、「霊場の考古学」の確立に大きな役割を果たしたと考えられるが、地域的な偏り、霊場概念が共有されていない状況、研究方法の問題など多くの問題点を残したまま展開したことも確かである。その後、荒木による立石寺の調査が実施され、立石寺の研究は新たな段階を迎えた。

平成二十三年八月二十日には、福岡県小郡市の九州歴史資料館で、「北部九州の山岳霊場遺跡―近年の調査事例と研究視点―」と題した第一回九州山岳霊場遺跡研究会の研究集会が開催された。森弘子の総括的な講演の後、首羅山《しゅら》・宝満山《ほうまんざん》・油山などの発掘調査事例が紹介され、ついで歴史学・美術史・民俗学・考古学からの研究視点について報告がなされた（九州山岳霊場遺跡研究会・九州歴史資料館二〇一一）。ここでも、「霊地・霊場の考古学―山寺立石寺とその周辺―」と同様に学際的な議論が目指されたが、山岳霊場遺跡の文化財としての保護と活用が意図されている点で違いがある。ここでは、首羅山と宝満山、あるいは英彦山《ひこさん》の史跡指定を射程に収め、文化財関係者が結集したところに特色がある。

しかし、「山岳霊場遺跡」という概念は厳密なものとは思えず、霊場に山岳という限定を付けたようにみえながら、実際には山岳宗教遺跡と霊場の区分を曖昧にしてしまった。ここでも、霊場の概念を明確にしないまま、包括的な用語として使用したために、霊場論としての深みを欠くことになったといえよう。そうしたネガティブな側面はあるものの、研究集会は二回・三回と繰り返しおこなわれ、それまで見向きもされなかった「山岳霊場遺跡」への関心を高めたことは高く評価できる。「霊場の考古学」としてよりも、文化財保護の面において大きな効果を発揮したわけであるが、そのことによって研究の前提が整えられたことの意味は大きい。

このように、考古学者の中世史家への回答は、その多くがシンポジウムというスタイルでなされることが多かったが、地道な発掘調査の実践も確実に進捗したことを見落としてはならない。個々の事例について詳述するための紙幅をもたないが、ごく掻い摘んで紹介しておこう。東北地方では、山形県山形市立石寺や寒河江《さがえ》市慈恩寺、宮城県松島町松島や名取市大門山遺跡、福島県伊達市霊山《りょうぜん》などで調査が進んだ。関東地方では、埼玉県ときがわ町慈光寺、神奈川県箱根町箱根山などの実態が解明されたが、研究はあまり活発でない。中部地方では、長野県長野市善光寺や飯山市小菅山、富山県上市町黒川遺跡群や立山町立山、石川・福井・岐阜の三県にまたがる白山関係の遺跡群、静岡・山梨の二県にまたがる富士山関係の遺跡群など、多数の霊場遺跡の調査がおこなわれた。近畿地方では、奈良県吉野町吉野山や天川村大峰山、和歌山県田辺市熊野本宮や高野町高野山、兵庫県姫路市書写山円教寺をはじめ、著名な霊場の調査が実施されているが、小規模な霊場の調査状況についてはかならずしも情報が周知されていない憾みがある。中国地方では、鳥取県三朝《みささ》町三徳山《みとくさん》や大山町伯耆大山《ほうきだいせん》、広島県廿日市市宮島などの調査が顕著な成果を挙げている。四国地方では、四国遍路関係寺院の調査が進んでいるが、発掘調査は小規模なものに留まっている。九州地方では、福岡県太宰府市と筑紫野市にまたがる宝満山、添田町などの英彦山、豊前市求菩提《くぼて》山、久山町首羅山、大分県国東半島の六郷満山など、北部九州を中心に多数の事例が知られる。これら以外にも、山寺を中心とした数多くの事例を挙げることができるかもしれないが、今は顕著なもののみに留めておく。

こうした事例をみると、分布に偏りがみられるが、それを実際の遺跡数の反映とみるのは早計で、地域による関心の持ち方の差が投影されている点に注意すべきである。とりわけ、地方において顕著なのは、史跡指定絡みの地域おこしが関係しているからである。「霊場の考古学」が、東北地方や九州地方で活発なのは、こうした社会的な動向と密接な関係にあるかもしれない。また、シンポジウムなどのイベントが顕著なことも、地域おこしとの関連で理解できよう。

いずれにせよ、霊場遺跡の発掘調査は、「霊場の考古学」が整備される以前に、すでに本格的に始動しているのである。発掘調査が先行し、理論や体系化が遅れるのはごく普通にみられることではあるが、「霊場の考古学」においてもそうした状況が進行していることは疑いなかろう。霊場概念の共有化や調査方法の整備など、理論面の確立を、早急に推し進める必要があろう。

四　「霊場の考古学」の課題

「霊場の考古学」の第一の課題は、霊場や霊場遺跡の概念の共有が必要なことであるが、この点に関してはすでに「一　霊場とはなにか」において論じたので、ここでは再論しない。もっとも、筆者の定義がそのまま定着することはあり得ず、今後継続的な議論が必要となろう。概念の共有化のためには、シンポジウムなどの場において意見交換が活発におこなわれることが望ましく、九州山岳霊場遺跡研究会などにおける生産的な議論に期待したい。

以下、それ以外のおもな課題を掲げ、若干の見解を述べることにしよう。

第二の課題として、霊場の空間の解明が挙げられよう。具体的には、霊場における個々の施設の機能をあきらかにし、それらが互いにどのように関連しあいながら、霊場としての性格を支えたのかを研究することである。そこでは、宗教施設としての霊場のあり方を解明するだけではなく、それらが機能するために必要なインフラ、たとえば参詣道や宿泊施設の実態の解明が大きな課題となろう。また、霊場に付与された象徴的な意味を解読し、霊場における中心と周縁などを議論することが求められよう。社寺参詣曼荼羅などに描かれた景観が、実際の遺跡のあり方とどのような関係にあるのかなど、歴史学や美術史などとの協業が必要である。

第三の課題として、霊場の変遷を整理し、霊場を歴史的に位置づける作業がある。霊場の成立と展開の様相を具体的な考古資料に立脚して整理し、霊場の歴史の画期をあきらかにすることは、霊場の歴史研究そのものにほかならない。中世日本の霊場では、経塚・行場・納骨遺構の登場が霊場成立の指標となり得る可能性が高いが、近世の霊場では異なった指標が必要であろうし、地域によって異なることも考えられる。正確に画期を設定できる指標を発見し、明確な時期区分をおこない、霊場の歴史的展開の様相を捉えることが必要である。霊場の歴史は、霊場をめぐる交通や経済のあり方と密接な関係にあるであろうし、権力とも不可分な関係があったであろう。霊場外のさまざまな社会的条件を勘案しながら、霊場の歴史をより大きな文脈のなかに位置づける仕事は、考古学だけで達成することは困難であるに違いない。

第四の課題として、霊場を地域史のなかで理解する研究を進める必要性が指摘できる。中野以来の在地霊場論（中野一九八八）を踏まえつつ、地域社会に根ざした霊場論を構築し、霊場を微視的に捉える作業が求められる。そのなかで、霊場に関与した領主や権門の実態が炙り出され、遠方からやってくる参詣者を受け入れる地域社会の論理に迫ることが可能になろう。そのためには、考古資料・文献史料・民俗資料をはじめ美術工芸品や地名など、あらゆる地域の文化財を調査し、地域史の全体像を描き出す地道な努力が必要である。

第五の課題として、霊場遺跡を史跡として保護し、後世に伝える作業がある。これは研究活動よりも、行政的な施策との関連が強いが、地域史研究と不可分な関係にあることはいうまでもない。熊野や高野山などの紀伊半島の霊場や富士山においては、霊場遺跡が世界遺産を構成する資産と認定され、人類の未来に継承せねばならない文化遺産とされている。信仰や芸術に普遍的な価値を見出す立場からすれば、霊場遺跡を調査研究することは、その継承・発展を支える仕事でなければならないとさえいうことができる。

第六の課題として、そのこととも深く関わるのであるが、「霊場の比較考古学」の可能性を探ることが必要であろう。実際には、サンチャゴ・コンポステーラなどヨーロッパの霊場については情報が豊富であるが、東アジアにおける霊場の実態は不明なことが多い。たとえば、中国の五臺山などは日本からも巡礼者が行くほど広域な信仰圏をもっていたことが知られているにも関わらず、ほとんど調査されていないのが現状ではなかろうか。高知県高知市の五台山竹林寺などは、中国の本場からの写しであると伝えており、著名な霊場については本家からの伝播と受容のあり方を究明する作業が課題となる。

そして、最後の課題として、方法論的な課題がある。学際的と口でいうことは易しいが、実際に実践するとなるとさまざまな問題に直面することになる。ここでも、歴史学や民俗学などと概念を共有することが前提となり、考古学だけで凝り固まっていては前進が望めない。具体的な共同作業をおこない、事実関係を共有し、お互いの立場を尊重しながら研究を進めることが大切であることはいうまでもない。考古資料のような見えるものから、民俗学や宗教史が好んで扱うような見えないものへ、どのように迫っていくかが、今後の「霊場の考古学」の成否を左右することになろう。

おわりに

本章では、「霊場の考古学」の現状を報告し、最後に課題を整理したが、所詮粗雑な素描に過ぎない。近年の「霊場の考古学」は納骨の霊場に関する論文が多い。誤解のないように付言しておくが、霊場には納骨をともなうものとともなわないものがあり、たとえば奈良県天川村大峰山などは基本的に行場であって納骨の場ではない。三重県伊勢市の神宮など、死穢を忌み嫌う例もあることを指摘するだけで、誤解を防ぐことができよう。

第Ⅱ部
山岳宗教の考古学

羽黒山　斎館の入口、旧院坊（第四章第 17 図）

第四章　考古学からみた羽黒修験

はじめに

遺跡や遺物を手がかりに歴史を考える学問である考古学にとって、修験道のような物質的なかたちのみでは捉えきれないものは、もっとも扱いにくい存在である。

まして、修験道には口伝が多く、物質的なかたちをもつものはごく一部に過ぎない。先達から教えを受け、自分自身で体験しても、そうやすやすと理解できないものが、はたして考古学的な方法になじむのだろうかと疑問に思うのも当然である。

幸い山形県羽黒山をはじめとする出羽三山には、羽黒山の院坊跡などの遺跡や羽黒鏡をはじめとする豊富な遺物が残されており、考古学的な方法で修験道の歴史に迫るための手がかりにはこと欠かない。

しかし、一枚の鏡から修験道がみえてくるかといえば、そう思い通りにことが運ぶわけではない。一つ一つの遺跡・遺物の観察にはじまり、それらが作られた時代などを考察したうえで、ようやく背後に隠された修験道のすがたを垣間見ることができるに過ぎない。遺跡・遺物から修験道の歴史を読み込むためには、遺跡・遺物に精通するとともに、修験道についても多少は知らなくてはならない。

ここでは、そのことを承知で、羽黒修験の成立と展開の様相を、考古学の方法によって描いてみたいと思う。もとより素描の域を出るものではないが、従来の文献による歴史とどこか異なるところがみえてくれば、ひとまず成功ということにしておこう。

一　御手洗池の羽黒鏡

羽黒山の山頂は全体が大きな遺跡で、山頂の各所から遺物が発見されているが、遺跡の性格はいまひとつはっきりしない。祭祀遺跡や経塚、寺院跡や神社跡など、さまざまな遺跡が複合して存在している可能性が高い（第13図）。もっとも古い遺物は、一〇～一一世紀の在地産土師器の破片で、平安時代中期に山頂で祭祀がおこなわれたことを物語っている。祭祀の内容は不明であるが、土師器に供物を盛り、神仏に供えたものである可能性が高い（第14図）。

周知のように、古代には、山は神聖な空間で、猥りに人が立ち入ることのできない場所であった。たとえば、奈良県桜井市の三輪山では、山内は禁足地とされ、山麓に大神神社が鎮座しているが、すぐ近くには馬場山の神遺跡など古墳時代の祭祀遺跡が存在し、山麓での祭祀が古墳時代にまで遡ることが知られている。神を山から招いて里で祀るのが古代の祭祀のあり方であった。

それを大きく変えたのが山林修行の僧侶たちで、奈良時代末期以降各地の山岳への登攀を試み、山岳修行の霊場を切り拓いていった。日光男体山、立山《たちやま》、白山《はくさん》、大峰山、英彦山《ひこさん》など、各地に山岳宗教の霊山が生み出されていったが、そこで活発になった山林仏教が修験道の母体となったことはいうまでもない。

羽黒山で山頂祭祀が確認できる一〇～一一世紀は、山林で修行した験者《げんざ》が盛んに活動した時代で、修験道が形成される前夜にあたっている。山林仏教の僧侶が羽黒山に登拝し、山頂祭祀をおこなうことで、それまで猥りに人が立ち入れなかった羽黒山が、限定された条件のもとではあったろうが、人々に開放されたと推測できる。

山頂で採集された小さな土師器の破片は、羽黒山が山岳宗教の霊場として開拓された頃を偲ぶ手がかりを、われわれに提供してくれる。

さて、羽黒山頂遺跡でもっとも著名な遺物は、なんといっても御手洗池（第15図）から発見された羽黒鏡である。

羽黒鏡は明治時代末期から昭和時代初期におこなわれた数度にわたる池の改修工事に際して発見されたもので、その総数は六〇〇面を越えるといわれている。いずれも、秋草や蝶鳥など和風の意匠をあしらった小型の和鏡が主体で、薄い鏡胎と独自の黒ずんだ色合いが特色となっている（第16図）。

前田洋子によれば、羽黒鏡には地域色がみられず、京都周辺で製作されたものと考えられるという（前田一九八四）。京都で製作された羽黒鏡が、はるばる出羽国まで運搬され、羽黒山にもたらされたことになる。羽黒鏡は京都と出羽国の意外に密接な関係を証明している。

前田は日本海の海運を利用して京都製の羽黒鏡が商品として流通していた可能性を示唆しているが、羽黒山以

第13図　文政十三年「羽黒山絵図」
羽黒山頂の「御本社」

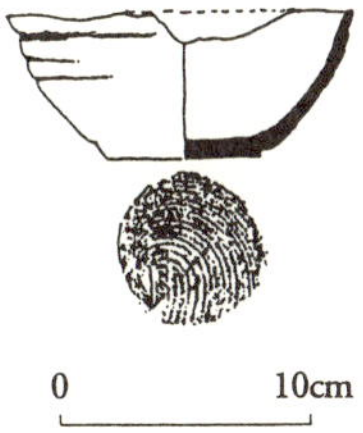

第14図　羽黒山頂遺跡出土の土師器
（神林 1933）

第15図　三神合祭殿と御手洗池

第16図　羽黒鏡

外での大量の出土はみられず、一般的に流通していたと考えることは難しい。しかも、羽黒鏡は型式的な変化に乏しく、大きさや意匠も共通する面が多いことから、同一工房ないしは密接な関係にあった工房で限られた時期に大量に製作された可能性が高い。羽黒鏡は一二世紀に出現し、一三世紀までみられるが、一四世紀にならないうちに衰退する。そのことは、羽黒鏡が広範に流通していたものではなく、特別に注文生産された製品である可能性さえあることを示しているが、生産の事情は定かではない。

前田は、京都から羽黒山まで羽黒鏡を運搬した担い手として、大峰山などで修行した修験者を想定している。京都の平安貴族の依頼を受けた修験者がはるばると運んだというのである。羽黒鏡に対する信仰の内容は不明であるが、前田は鏡に穢れを移し、それを浄化するために池中に投入したと推測している。

鏡が湖沼から発見される事例は各地で知られており、大場磐雄は池中の神霊に鏡を納めたものとし、湖沼に鏡を投入する儀礼がおこなわれたと考えた（大場一九七〇）。赤城山頂にある小沼では、羽黒鏡よりも古い時期に製作された八稜鏡が多数出土しており、一〇～一一世紀に鏡が投入されたことが知られている。火口湖である小沼の畔には堂宇などを建設する余地はなく、山麓から小沼まで登拝して鏡を投入したと考えられ、池中納鏡儀礼が山岳信仰と密接な関係にあったことがうかがえる。直接的な証拠はないが、一〇～一一世紀に赤城山などでおこなわれた儀礼が、一二世紀に羽黒山で盛んになった可能性は否定できない。山岳修行者の間での広範な情報の共有が進んでいたことが推測できるのである。

しかし、こうした考え方に否定的な立場の研究者は、御手洗池の羽黒鏡はもともと山頂にあった堂宇に奉納されていたもので、それを後に池中に廃棄したものとみる（松崎二〇〇〇）。その理由は、羽黒鏡の表面にみられる黒色の薄い層が、長年護摩の煙に燻された結果形成されたものであり、羽黒鏡が護摩を焚くような堂宇内にあったことを示すというものである。もっとも、前田も堂内で燻されたと考え、一定期間の伝世を想定しているが、むしろ修験道儀礼の変化と関連して池中への投入を意味付けていると理解できよう。

残念ながら、羽黒鏡の黒色の層は有機質のものではなく、銅の腐蝕によって生じたものと考えられ、長年酸素の乏しい池底に埋もれていたことに起因する可能性が高い。したがって、護摩を焚く堂宇内にあったと考える必要はなく、地上での伝世の後に廃棄されたとする見解も成立しないと考える。羽黒山頂遺跡の御手洗池以外の地点から出土している銅鏡が、一二世紀のものでも緑青に覆われていて黒色を呈することはなく、御手洗池発見の羽黒鏡と容易に識別することができることも、黒色層が護摩に起因するものではないことを物語っている。黒色層が全面に均質に形成されていることも、一方から流れる護摩の煙ではなく、別の物理的・化学的な要因によることを示している。

このように、御手洗池の羽黒鏡については未解決な問題も多いが、一二世紀に羽黒山への鏡の奉納が始まったことはまず間違いない。一〇～一一世紀には在地産の土師器のみであったのが、一二世紀に突如として京都産の優れた製品が出現したわけで、その較差は大きい。それまで在地の霊場であった羽黒山は、なんらかの契機によって一躍全国的に著名な霊場になり、京都の貴族からも奉納物が届くまでになったと考えられる。その変化がどのような性質のものであったのか、いまひとつ不明であるが、一二世紀が羽黒山にとって大きな画期であったことは疑いない。『義経記』では、弁慶をして羽黒山伏を名乗らせているが、その背後には羽黒修験の験力《げんりき》に対する高い評判があったに違いないのである。『義経記』の成立は一四世紀以降のことかもしれないが、その根拠となるような史実があり、熊野と羽黒の交流の説話などが生み出されたのであろうと思う。その時期は、考古資料による限り、一二世紀であったと考えられるのである。

二　山岳寺院としての羽黒山

現在、羽黒山の主要部分は出羽三山神社の境内に含まれているが、五重塔の存在からもわかるように、本来は仏教寺院であった。もっとも、平地にある寺院のように整然とした伽藍をもっていたわけではなく、堂塔は地形に即して配されており、堂のみでなく神社や小祠が山内に点在する山岳寺院であった。

参道の途中にたくさん残されている院坊跡は、僧房に由来するもので、僧侶が日常的に生活する場であった。山頂の斎館が往時を偲ぶことのできる唯一の遺構である（第17・18図）が、本尊を供養する部屋と参詣者の宿泊に供する部屋に大きく分かれており、多くの信者が参詣することをあらかじめ予想した建築であるといえる。そうした建築がいつ頃成立したものか検討する必要があるが、社寺参詣が広範に流行したのが近世であることからすれば、中世には宗教的機能がより強く打ち出された建物が営まれていた可能性が高い。

多くの院坊跡は、緩い傾斜面を利用して造成された長方形の平坦地で、周囲を石垣で区画したなかに自然石の礎石のみが残っている。りっぱな庭園をもつものもあり、院坊ごとに個性を見出すことができるが、そのことは院坊がある程度の自立性をもった単位であったことを示している。比較的広い平坦面が確保できるところでは、院坊群は密集して存在しており、南谷などそれらの院坊群が大きなまとまりをみせている場所もある。密集する院坊群は宗教都市を思わせるもので、羽黒山がひとつの都市的な場として機能し、寺社勢力の基盤をなしていたことが推測できるのである。

かつてそれらの院坊には清僧が居住し、山麓の手向《とうげ》の宿坊集落が妻帯者であったのと対照的なあり方をみせており、現在随神門になっている仁王門を境に聖俗が区分されていた。見方をかえれば、居住者が清僧か否かを問わなければ、山内から山麓まで僧侶の居住域が広がっていたということでもある。

第17図　斎館の入口、旧院坊

第18図　斎館内に祀られた興屋聖

両脇に院坊跡が残る長い参道を登りきると、山頂の伽藍主要部に至るが、そこには羽黒山三神合祭殿を中心として神社・仏堂・鐘楼などさまざまな宗教施設が一見無秩序に配されている。それが地形の状況に応じて任意に建物を配した山岳寺院特有の景観であることは松崎照明によってすでに指摘されている通りである（松崎二〇〇〇）。

伽藍の中心をなす羽黒山三神合祭殿は、松崎によれば、現存の遺構は江戸時代後期の文化・文政期の建築であるが、その平面構成は慶長年間に遡り、中世の様式を踏襲したものである可能性が高いという。しかも、本殿が「御深秘」と呼ばれる岩上に営まれていることから、当初の位置を保っているとし、御神体の

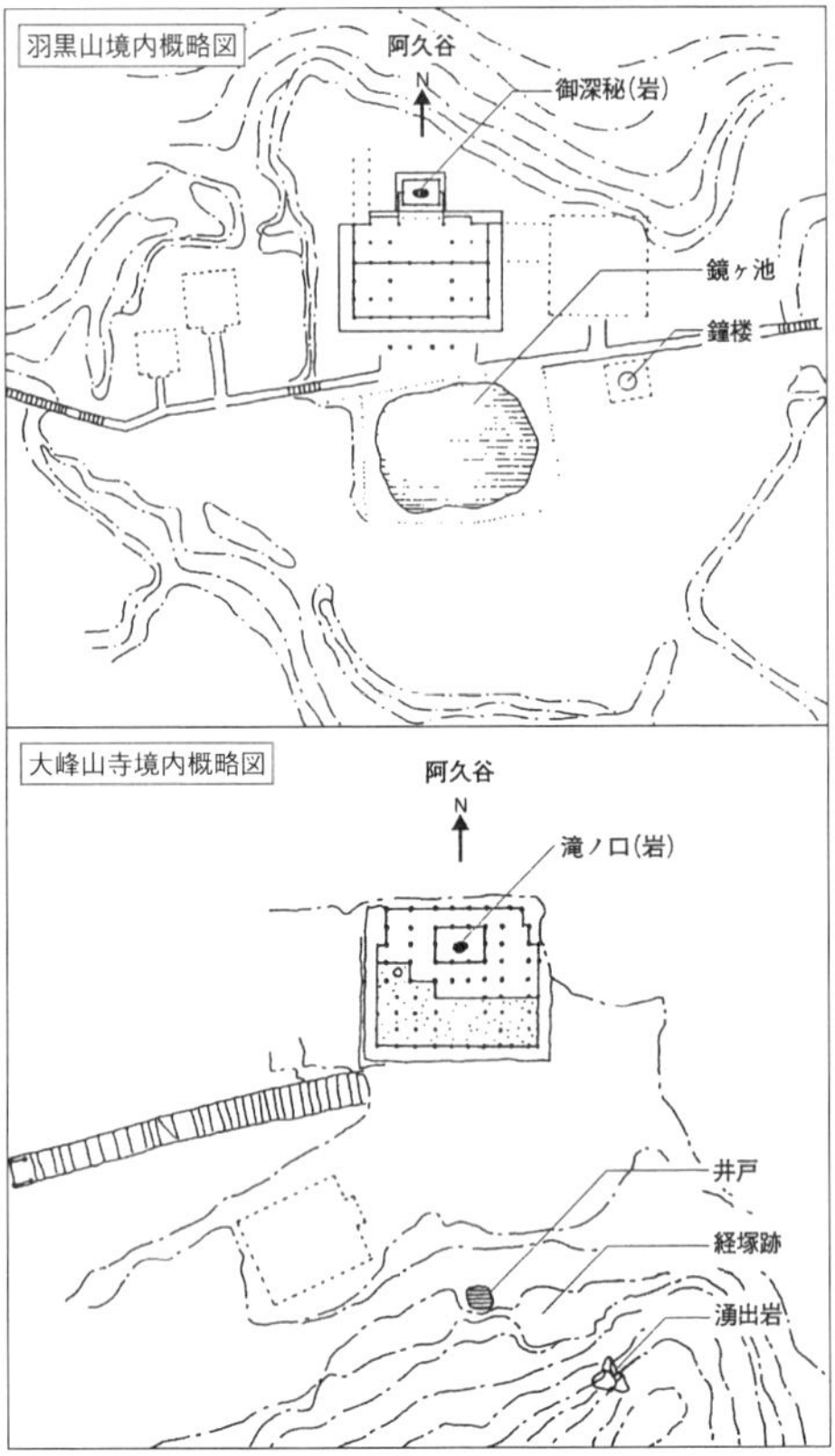

第19図　羽黒山と大峰山寺の比較（松崎2000）

岩を中心とする信仰の存在を指摘した。さらに、そのあり方は平安時代初期に遡ることが発掘調査によって確認された奈良県天川村の山上ヶ岳《さんじょうがたけ》山頂にある大峰山寺の空間構成に類似するとして、様式的には羽黒山三神合祭殿の創建が平安時代初期に遡ると主張する（第19図、松崎二〇〇〇）。

しかし、羽黒山では平安時代初期に遡る考古資料は未発見で、平安時代初期まで遡るという判断はとりあえず保留しておくのが無難であろう。ここでは中世の様式を踏襲しているという点を重視したい。松崎は、羽黒山三神合祭殿の巨大さが、多くの修行者が一所に集う山岳修行の形態に由来するものであるとしているが、まさにその点こそが修験道の建築としての特色を示すものといわねばならない。熊野などに存在した長床は、吹き放しの床張りの拝殿であったが、そこに多くの修験者がたむろしたことから彼らは長床衆《ながとこしゅう》と呼ばれた。その長床と同様な機能を羽黒山三神合祭殿がもっていたことになる。そうした建物が必要になった時期は、修験者が集団で修行するようになった鎌倉時代から室町時代のことと推測され、羽黒山三神合祭殿もその頃の規格を反映したものである可能性が高い（第20図）。

また、山頂には「羽黒山寂光寺」の名がみえる建治元年（一二七五）の梵鐘が現存しており、一三世紀には伽藍としての整備がなされていたと考えられるが、発掘調査がおこなわれていないためその実態は不明な点が多い。一四世紀になってからも、羽黒山の勢力は衰えず、正和二年（一三一三）創建と棟札にみえる五重塔、文和元年（一三五二）銘の銅灯籠竿などの存在から、相変わらず堂塔の整備が活発におこなわれていたとみてよい。檀那からの寄進などによって潤っていた羽黒山のすがたが垣間見えるようである。

ところで、羽黒山頂には経塚が営まれており、建長四年（一二五二）銘と文保三年（一三一九）銘の銅製経筒が出土している（第21図）。また、銅製経筒を保護する外容器とみられる一三世紀初頭の珠《す》洲《ず》系中世須恵器が確認できることから、一三世紀から一四世紀にかけて経塚が造営されたことが知られる。経塚は、末法で仏教が滅びてしまい、五六億七千万年後に弥勒如来が現れて再び仏法を説く日のために、経典を保存しようという一種のタイムカプセルであるが、実際には現世利益や往生祈願と密接に結び付いた動機によって造営された。建長四年銘の経筒を埋納した阿念房は修験者と推測され、羽黒山頂経塚の造営に修験者が関与していたことを示しているが、修験者自身の発意によるものであるかは疑問である。というのは、文保三年銘の経筒に、佐渡国の檀那である七郎入道沙弥暁忍と佐渡国の住人であった聖人の越中房蓮祐が連名で刻まれており、檀那が発願して、僧侶が供養したことが推測できるからである。しかも、その場合、越中房は佐渡からわざわざ羽黒山まで埋経のために来訪した可能性が高く、羽黒信仰の広範な流行が経塚造営の背後にあることをうかがうことができる。阿念房の場合も、名前こそ刻まれていないものの、背後に檀那の意思があったことを否定することはできない。檀那は聖地である羽黒山頂に埋経

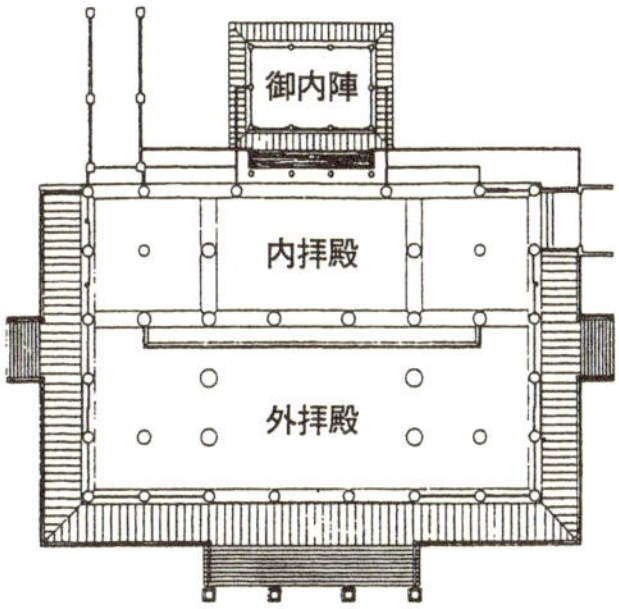

第20図　三神合祭殿平面図
（松崎 2000）

することでなにがしかの所願を成就させようとした可能性が高いのである。

羽黒山頂経塚には副納品として懸仏・銅鏡・古銭などがともなうが、そのうち懸仏は大部分が観音菩薩で、羽黒山の本尊である観音菩薩を示すものとみられる（第21図）。近世には羽黒山が観音菩薩、月山が阿弥陀如来、湯殿山が大日如来を本地仏とするとされたが、その観念の成立が少なくとも羽黒山については一三世紀に遡ることをそれらの懸仏は示している。羽黒山における経塚の造営は、神仏習合を土壌としたものであったと考えられ、羽黒山を観音菩薩の霊場とする観念が存在したことがうかがえる。その観念は、近世の羽黒修験道に連綿と受け継がれており、一三世紀以降の宗教的伝統が近世まで継続したことが判明する。

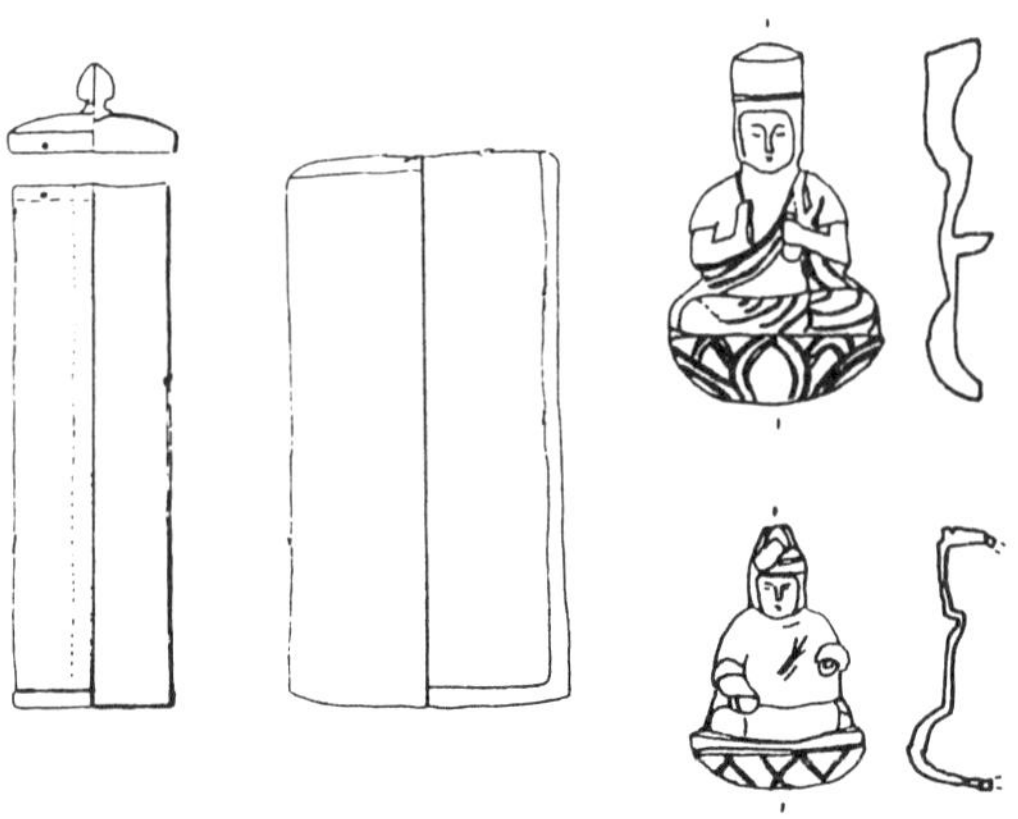

第21図　経筒と懸仏（山形県総合学術調査会編 1975）
（経筒：縮尺4分の1、懸仏：縮尺2分の1）

羽黒山では、山頂よりも奥まった場所に吹越《ふきごえ》や荒沢の聖地があり、それぞれ修行の拠点となる施設が営まれている。吹越には修行を成就したことを示す中世後期の石製碑伝《ひで》があり、そこが中世にはすでに修行の拠点であったことを裏付けている。水がこんこんと湧き出る荒沢に営まれていた常火堂は、現在では礎石などが残るのみであるが、そこに佇むと聖地である実感がこみあげてくる。さらに月山に向かえば、さまざまな行場が点在しているが、そこはすでに山岳寺院の外側である。

このように、山岳寺院としての羽黒山は、山頂に主要堂宇、そこより奥に行場、下に院坊を配するという空間構成になっていた。平地伽藍では、塔や金堂からなる仏地、僧房を主体とする僧地、政所など寺院経営の拠点が営まれる俗地という空間区分があり、仏地の背後に僧地、その外側に俗地という空間構成が一般的である。ところが、羽黒山の場合、仏地にあたる施設が山頂に営まれ、その手前に僧地が配されている。それは山頂よりも奥に月山をはじめとする聖地を控えており、修行の拠点となる施設や行場が存在していたためであり、山岳宗教の霊場ゆえの特質を示す空間構成であるといえる。しかも、山麓には山内よりも世俗的な性格の強い宿坊街が形成されており、月山山頂方向に聖のベクトル、山麓方向に世俗のベクトルが働いていることがわかる。羽黒山の宗教世界が巧妙に計画された象徴的な空間であったことは遺跡のあり方からもうかがえるのである。

三　行場遺跡の語り

修験道は山岳修行によって獲得した験力で、さまざまな宗教活動をおこなう宗教であるから、修験道の拠点にはかならず行場がともなう。行場は山中の険しい場所に営まれることが多く、自然をそのまま利用するため人工的な施設をともなわないことが多く、遺構や遺物が発見されることは稀である。

ところが、出羽三山では、羽黒修験の秘所である三鈷沢《さんこざわ》や湯殿山から遺物が出土しており、行場を考古学の立場から具体的にとらえることができる。遺構は明瞭ではないが、遺物が発見された行場を行場遺跡と呼ぼう。

三鈷沢は月山中腹にある聖地で、現在でも羽黒修験の行場となっており、猥りに立ち入ることはできない。毎年おこなわれる羽黒修験の秋の峰では、三鈷沢への抖擻《とそう》が試みられるが、雨量が多い時には到達することができない難所である。そこの崖の中腹に洞窟があり、かつては修験者の代表が宙吊りになって参拝したというが、現在では崖の崩壊のために参拝することができず、尾根から遥拝するばかりである（第22図）。その洞窟はかつて内部に人骨が散乱していたと伝える不気味な場所であるが、そこから多数の刀身が発見されており、現在は出羽三山歴史博

第22図　三鈷沢の秘所を遥拝する山伏

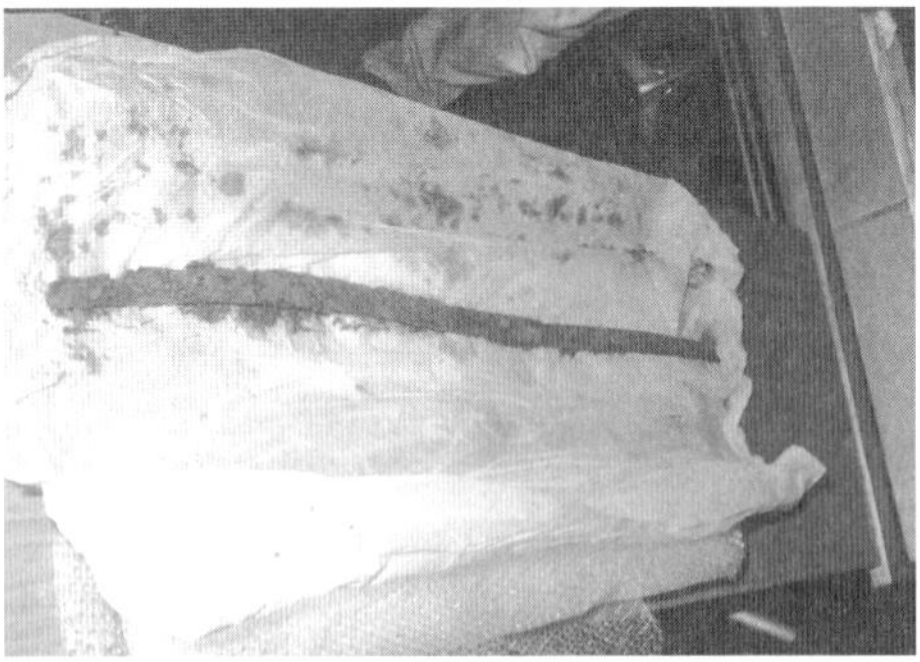

第23図　三鈷沢出土の刀身
（出羽三山歴史博物館蔵）

物館に保管されている（第23図）。刀身はいずれも反りをもつ日本刀であり、一二世紀以降のものであることは確実で、厳密な製作時期を特定することは難しいが、中世のものとみて大過ない。最古のものは鎌倉時代まで遡る可能性がある。

それらの日本刀は広義の奉納品としてとらえられ、洞窟内に祀られていた本尊に捧げられたものとみられるが、羽黒修験の秘所である三鈷沢の洞窟に日本刀を奉納できた人物が羽黒修験以外に考えられないことはいうまでもない。洞窟は修行窟として使用された可能性もあり、そこでなんらかの儀礼が執行されたことも考えられるが、その内容は不明である。発見されているのは刀身のみで、刀装具が確認されていないことから、刀身のみを奉納した可能性が考えられる。布などに包んで運搬したのであろうか。

山岳の聖地への武器の奉納は、白山連峰の別山や笈ケ岳《おいずるがたけ》、あるいは日光男体山など各地に類例がみられ、一三世紀以降盛んになったことが知られている。日光男体山では刀装具がわずかに発見されているが、白山などではまったく見つかっておらず、刀身のみが奉納された可能性が高いと考えられる。笈ケ岳では剣・小柄・鏃など多彩な武器類が確認されており、武器を奉納することに意味があり、なかでも日本刀がもっとも象徴的な存在と意識されていたことが推測できる。中世の日本刀は、武器を保有できる階層の象徴であり、近世の武士のような限定された身分ではなかったにせよ、一般農民とは区別される階層の所持物であったとみてよい。つまり、奉納主体はある程度限定できるのであり、修験者は彼らに代わって実際に行場へ奉納した可能性が高いのである。しかも、日本刀が武士の精神的な象徴物であったことを考慮すれば、祈願に際してもっとも重要な品物を奉納することで神意を得ようとしたのであろう。

いずれにしても、そのような奉納物である日本刀が三鈷沢から発見されたことは、少なくとも中世の段階で三鈷沢が羽黒修験の聖地となっていたことを実証する。早ければ一三世紀には、三鈷沢が羽黒修験の行場となり、山岳修行が活発におこなわれていたと考えられるのである。洞窟内に参籠し、内部に祀った本尊との一体化を図る修行がおこなわれていたとすれば、現在の峰中修行に繋がるものであったといわねばならない。

また、湯殿山の御宝前からは銅鏡と古銭が発見されており、銅鏡は踏み返しのため時期を限定できないが、中世のものである可能性が高く、古銭も中世に流通していた宋銭であり、御宝前の祭祀が中世に遡ることは疑いない。御宝前は神聖な御神体そのものであり、行場とみることは適切でないが、山中の奥深い場所に所在する点では、山岳修行がおこなわれていたことを想定するのに十分な証拠となる。しかも、三鈷沢が月山東麓、湯殿山が月山西麓にあることから、月山を越えた入峰道が存在したことを推測する根拠とすることもできる。月山の中腹の登山道周辺では、宋銭を採集することができ、近世になってもたらされたものかもしれないが、あるいは中世の山岳修行を物語る遺物かもしれない。

月山の山頂では今のところ中世に遡る遺構・遺物は確認されていないが、山頂の社殿を囲む石垣を修理した際に近世の一石経塚が発見されている。法華経とみられる経文を墨書した経石を、一八〜一九世紀に製作された大宝寺焼の甕二個に納めたもので、庄内地方では月山山頂に祖霊が集まると信じられており、その供養のために埋納され

第24図　吹越の石製碑伝

たものと戸川安章は考えている（戸川一九九三）。

おそらく、羽黒修験の組織化にともなって儀礼が整備され、集団による峰入りがおこなわれるようになった結果、これらの遺跡が残されたのに違いない。今日の羽黒修験道の峰中修行は、宿での参籠行が主体をなしているが、三鈷沢や湯殿山の行場遺跡が中世まで遡ることからすれば、中世には山岳抖擻が盛んにおこなわれた可能性が高いといえよう。

そうした修行の記念碑として造立された石製碑伝が、すでに言及したように、吹越の峰《ぶ》中堂《ちゅうどう》の脇に残されている（第24図）。そのなかの一基に文禄五年（一五九六）の紀年銘が見え、それが原位置を保っているとすれば、少なくとも一六世紀までには宿を利用した参籠行が開始されていたと考えることができる。碑伝は本来木製のものであり、あえて恒久性の高い石製の碑伝を残した背景に、どうしても記念しておきたい出来事があったと推測することができよう。あるいは峰中堂の新築に関連するものであろうか。

近世になると、出羽三山への一般人の登拝が可能となり、月山八方七口の山岳宗教集落が成立する。そのうち、中世に存在したのは手向と岩根沢のみで、本道寺・大井沢・大網・七五三掛《しめかけ》・肘折は近世に新たに成立した集落である（岩鼻一九九二）。そうした集落が成立した背景には、交通条件が改善され、各地からの遠隔地参詣が可能となった結果、登山口における宿泊施設の整備が必要になったという事情があったであろう。また、中世には修験者の行場であった出羽三山が、近世になると一般庶民の登拝できる霊山として開放されたということもあったはずである。いずれにしても、近世における羽黒修験を取り巻く状況は、中世とは異なったものになったと考えられ、羽黒山の近世考古学については稿を改めて叙述したほうがよかろう。

おわりに

羽黒修験を考古資料にもとづいて検討しようという試みが、はたして成功したかどうかははなはだこころもとないが、考古資料のような物質にも修験道の精神が多少なりとも投影されている可能性が高いことがあきらかになったように思う。物を使った人の心が物に投影されているらしいのである。

羽黒修験のような精神的な奥深さをもつ宗教について、考古学の立場からあきらかにできることは限られているが、羽黒修験に秘められた歴史的な深みがほのかにみえてきたように感じる。羽黒鏡を納めた御手洗池、神仏習合色の強い羽黒山頂の諸施設、月山に抱かれた行場のいずれも、現在の羽黒修験にとって重要なものばかりである。それらの多くの考古資料は、羽黒修験が出羽三山の自然と歴史によって育まれた宗教であることを、なによりも雄弁に語っているといえよう。

沈黙の考古資料から修験道の歴史を読み解く作業はまだ始まったばかりである。

第五章　日光男体山頂遺跡出土遺物の性格
—新資料を中心として—

はじめに

栃木県日光市の男体山頂遺跡は高山における祭祀遺跡の典型として広く知られており、すでに大正十三年（一九二四）と昭和三十四年（一九五九）の二回にわたって発掘調査がおこなわれ、その後も多くの研究者によってさまざまな角度から論じられてきた。(1) 遺跡は標高二四八四・四mの山頂付近にあり、太郎山神社西側の岩裂とその南側の斜面にかけて広がっているが、高山のきびしい気象の影響もあって遺物は雑然とした状態で重なり合って発見されたという。遺物の種類は銅鏡・銅印・錫杖《しゃくじょう》・法具・柄香炉・経筒・経軸端・銅製容器・火打鎌・懸仏・鰐口・鉄鐸・禅定《ぜんじょう》札・種子《しゅうじ》札・鉄製利器・兜・馬具・農工具・飾金具・玉類・銅銭・陶器・土器などきわめて豊富であり、総数約四〇〇〇点を数える。それらの遺物のうち、発掘調査によって出土したものについてはすでに詳細な報告があるが、発掘調査以後に偶然採集されたものについてはいまだ紹介されていないものが少なくない。そこで、ここでは、未報告資料中、今回調査することができた日光二荒山神社蔵の八点の遺物を報告するとともに、その性格について二、三考えてみたいと思う。

一　新資料の紹介

瑞花鴛鴦八稜鏡（第25図1）表面径一二・〇cm、背面径一一・三cm、縁厚〇・五cm、縁幅〇・八〜〇・九cm、重量

二六一g。銅鋳製。縁は蒲鉾式中縁。鏡背文様はへ字式界圏で内外区を画し、内区は花座截頭円錐鈕を中心に瑞花と鴛鴦《おしどり》を交互に配しており、外区は草花文と飛雲文を交互に置いている。鋳上りはあまり良くなく、鏡背文様に不明な部分がみられ、とりわけ外区の文様は不鮮明である。内区の瑞花文と外区の縁際に鋳型の崩れによると思われる傷が認められ、内区の一部に鋳型の補修痕かと思われる痕跡を二箇所みることができる。鏡胎はあまり良くない。表面に三箇所、背面に三箇所ほど窠《す》が入っている。削り仕上げは粗く、縁にはきさげの痕跡が明瞭に残されたままである。なお、鏡の左三分の一ほどの部分は表裏ともにやや褐色に変化しており、その部分を地上に出した状態で、長期間にわたって地中に埋もれていたことがうかがわれる。

瑞花鴛鴦八稜鏡（第25図2）表面径一一・五cm、背面径一〇・五cm、縁厚〇・四～〇・五cm、縁幅〇・五～〇・七cm、重量一九〇g。銅鋳製。縁は蒲鉾式中縁。鏡背文様は階段式八花形界圏で内外区を画し、内区は花座截頭円錐鈕を中心に瑞花と鴛鴦を交互に配し、外区は草花文・飛雲文を置くが、きわめて不鮮明である。踏み返し鏡であろうか。外区には鋳型の崩れによると思われる乱れがあり、草花文・飛雲文はほとんど形を知り得ない状態である。界圏の一部には縞状の傷が認められるが、二次的なものではなく、鋳型の傷と考えられる。鏡胎は悪く、全体に青銹を生じている。表面に三箇所ほど窠が入っている。むかって右下、鴛鴦と瑞花の間の部分に一・六cmの間隔で孔を二箇あけ、懸垂できるようになっており、外区の一部にみられるわずかな変形は、かつて懸垂されていたものが落下した際に生じたものである可能性が高い。

松枝蝶鳥方鏡（第25図3）現長一一・〇cm、現幅五・六cm、縁厚〇・四cm、縁幅〇・七cm、重量一〇五g。白銅鋳製。縁に沿った部分の小破片である。縁は蒲鉾式低縁。鏡背文様は一部を知り得るのみであるが、破片の上部に鳥の頭部と翼が認められ、その下に五葉松の枝を配する。松枝の右方にわずかに痕跡を残しているのは蝶の触角と羽根である。鋳上りはきわめて良く、鏡背文様は鮮明であり、鏡胎も白銅質の優れたものである。銹はほとんど生じていない。

和鏡破片（第25図4）現長二・三cm、現幅三・〇cm、縁厚〇・二cm、縁幅〇・三cm。銅鋳製。瑞花八稜鏡と思われる小破片である。縁は蒲鉾式細縁。鏡背文様はわずかな部分を知り得るのみであるが、へ字式界圏で内外区を画し、内区に瑞花を配し、外区に草花文と思われる文様を描いている。表面に一箇所窠が入っている。鏡胎はあまり良質

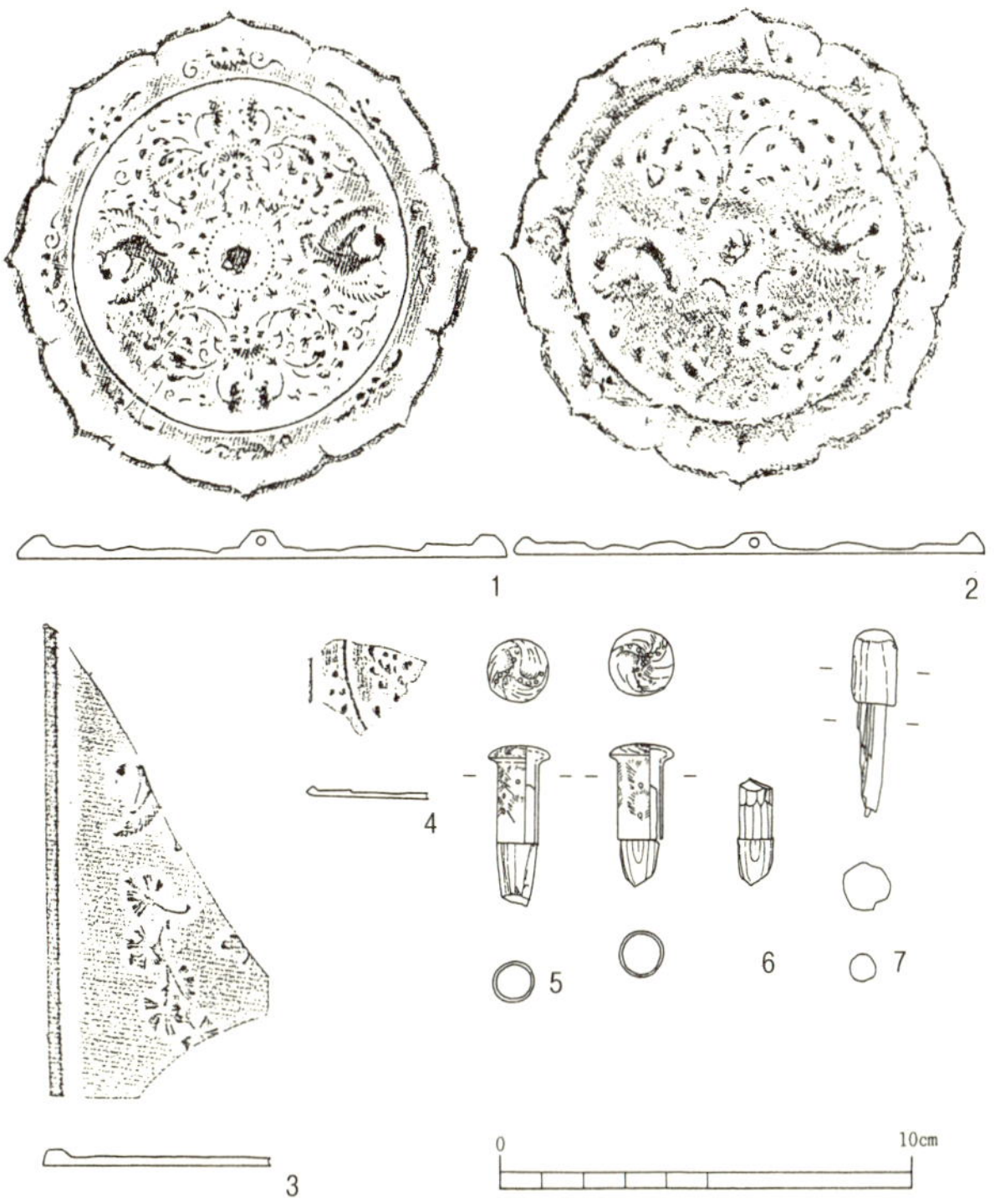

第25図　男体山頂遺跡出土遺物実測図（1）

ではなく、きわめて薄く、鋳上りも鮮明さに欠ける。色調はえび茶色を呈している。

錫杖遊鐶（第26図12・13）鉄製。二点ある。12は外径六・三～七・五cm、鐶幅〇・五～〇・七cm、鐶厚〇・五cm。断面は卵形を呈する。鐶の一部に二次的な圧力が加わり、大きく変形しているが、もとは円形をなしていたとみられる。13は約半分を失っているが、外径六・二cmと推定され、鐶幅〇・四～〇・五cm、鐶厚〇・四cmを測る。断面は菱形を呈する。

経筒（第26図10）口径五・六cm、底径五・六cm、高一四・〇cm、厚〇・〇二cm。経筒の身部で、蓋は失われている。一枚の銅板を円筒形に巻き、接合部は約〇・八cm重

ねて、四箇所を径〇・二～〇・四cmの鋲で留めている。底部はのせ底で、側板の先端を内側に折り曲げ、円形に切り抜いた底板をのせている。底板は厚〇・〇二cmの薄い銅板で、現在、全体の約五分の一を欠失しており、触れればすぐにはずれてしまう状態になっている。銅板の銅質は側板・底板ともに不良で、全体に銹化が進行し、とりわけ口縁部付近の腐蝕は著しい。

経軸端（第25図5～7）金銅製のもの一点、木製のもの一点、計三点ある。5は長二・三cm、上部径一・五cm、下部径一・〇cm、厚〇・一cmを測る円形のもので、下部の一部を欠失する。頂部に瑞花文と思われる回旋文様を毛彫で描き、花蕊《かずい》にあたる部分に魚々子《ななこ》を蒔いている。筒部には二段の花弁文を毛彫で表現し、上段の花弁の中心に一つ、花弁と花弁の間に三つの丸を魚々子鏨で打つ。文様を施したのち鍍金する。筒部内には木製の経軸の一部が残存している。6は長二・三cm、上部径一・六cm、下部径一・一cm、厚〇・一cmを測る円形のもので、完形である。文様は5とほぼ同じであるが、筒部に魚々子鏨で打った丸が花弁の基部で、花弁間には打っていない点のみ、わずかに意匠が異なっている。文様を施したのち鍍金している点も5と同様である。筒部内には木製の経軸の一部が残存しており、先端から一・四cmのところに段を設け、そこから先を経軸端の筒部の内径にあわせて一段細く削り、経軸端が固定しやすいように加工した痕跡が観察される。なお、経軸の先端は三方から刀子で削り、低い三角錐形に整えている。7は木製の経軸端で、現長四・四cm、端部長一・七cm、端部径一・一cm、軸部径〇・六cmを測り、端部と軸部を同じ木材から彫出したものである。金属製の経軸端を端部に被せたことも考えられるが、端部の径が軸部の径の二倍近くあることから、その可能性は低い。あるいは漆を塗って外観を美しく仕上げていたのかもしれない。

火打鎌（第26図14～17）鉄鍛製。四点ある。14は現長六・六cm、幅二・三cm、最大厚〇・六cmを測り、一部欠けているが、ほぼ全形を留めている。両端が上部に反る形態で、山形の中央に小孔を穿っている。15は現長七・〇cm、幅二・一cm、最大厚〇・四cmを測り、一部破損し、銹化のために変形している部分がみられる。両端は鋭角をなしているようであり、山形の頂部が欠失しているため、孔の有無は定かでない。16は現長五・九cm、現幅二・七cm、最大厚〇・四cmを測り、二つに割れており、一方の端部は欠失している。両端はわずかに上部に反り、山形の中央に小孔を穿っている。17は現長五・六cm、現幅二・六cm、最大厚〇・五cmを測り、銹化が激しい。山形の頂部付近には突出した箇所もみられるが、欠失した部分が多く、どれだけ原形を留めているのかあきらかでない。山形の頂部が欠失しているため孔の有無も確認できない。

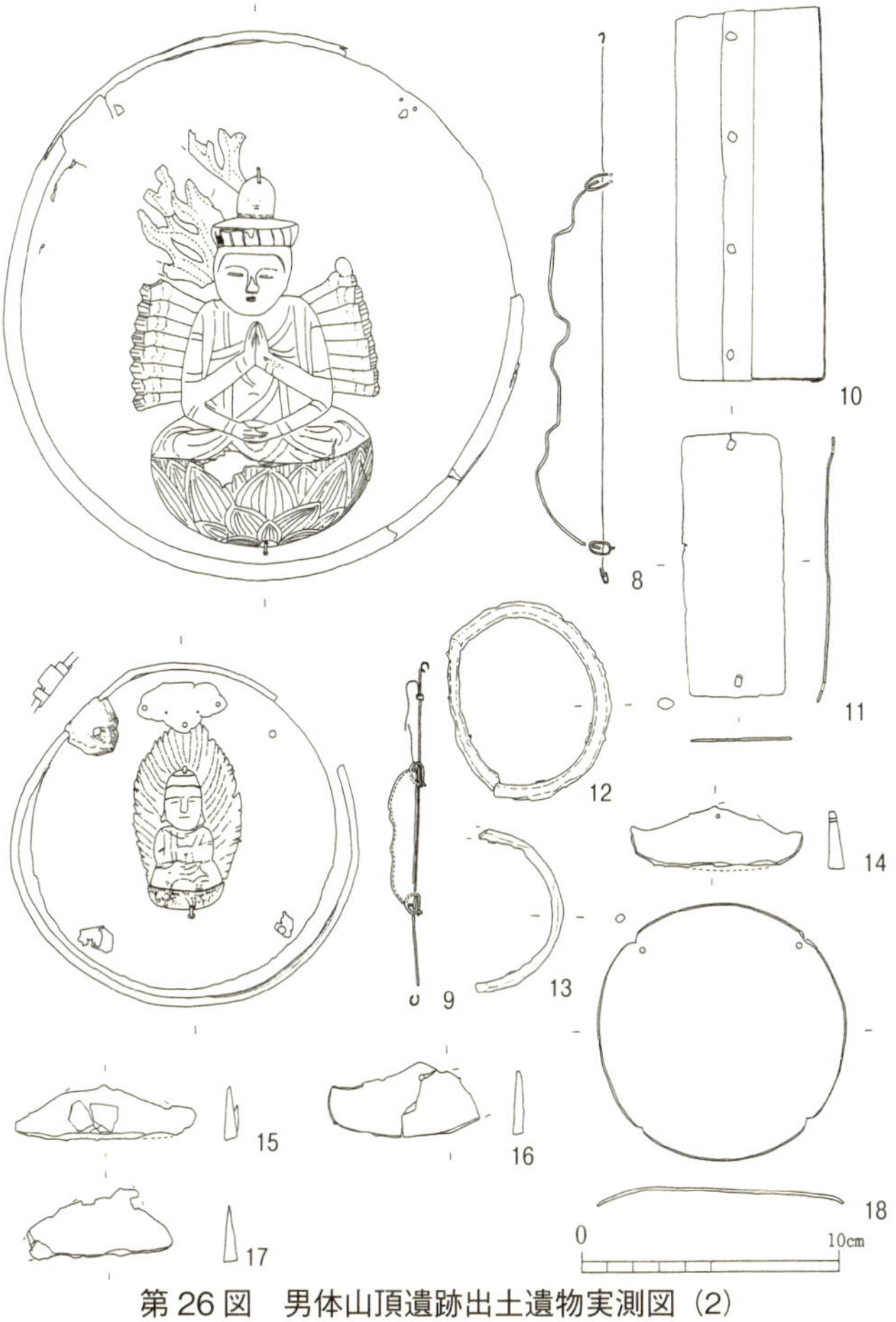

第26図　男体山頂遺跡出土遺物実測図（2）

千手観音懸仏（第26図8）鏡板径一九・八cm、覆輪幅〇・六cm、覆輪厚〇・二cm。円形の鏡板の中央に光背を負った千手観音像をとりつけたものである。鏡板は厚〇・〇五cmの薄い銅板を円形に切り抜き、周縁に鍍金した薄い銅板製の覆輪をめぐらし、上部二箇所に鐶座をつけるための孔を穿つ。覆輪は上半部が破損しており、鐶座は失われている。鐶座とりつけ孔は径〇・三〜〇・四cmの大きなものと径〇・一cmの小さなものがあり、両者が組み合わされて鐶座を固定することができるようになっていたとみられるが、むかって左側の孔は鐶座がとれた時の衝撃で変形している。像は金銅鋳製で、身部と蓮華座をあわせた高一三・八cm、像高一〇・八cmを測る。鋳上りは良好で、厚さも全体に均一（〇・一cm）であり、銅質も比較的良い。千手観音は二手を胸前で合掌し、腹前で二手を組み合わせ、鉢をのせているようである。像身の左右にはそれぞれ八手ずつ計一六手を表わし、最上部の手に日月を持つが、右手の持物は欠失している。一六手の指や関節は毛彫で表現し、残りの四手は鋳出による沈線に必要に応じて鏨を入れており、衣文・臂釧《ひせん》・腕釧《わんせん》・髪なども同様である。蓮弁はずらせ彫で表現している。膝部の衣文の一部にもずらせ彫が使用されている。像は、鏨による細部の調整ののち、表面に鍍金を施されている。髪・鼻・腕・膝・蓮華座の一部に欠失した部分が認められる。像の上部と下部にそれぞれ小さな孔をあけ、銅線で鏡板に固定しているが、現在は銅線が破損して像が鏡板から遊離している。いずれも表面から穿孔されており、裏面では孔の周縁がめくれている。銅線は裏面で一ひねりして、像と鏡板を固定し、余分な部分を切断したとみられる。光背はきわめて薄い銅板を鏨で切断し、火炎形に仕上げたものであるが、大部分が失われている。光背は外形を整えたのち、簡単な透彫をおこない、さらに蹴彫を施して、より装飾的なものに仕上げている。表面は鍍金している。鏡板へは、孔を穿って像とともに固定していたものとみられるが、破損が著しいため定かでない。

如来形懸仏（第26図9）鏡板径一一・〇cm、覆輪幅〇・四cm、覆輪厚〇・三cm。円形の鏡板の中央に舟形光背を負った如来形の像をとりつけ、上部に天蓋、左右に花瓶を配したものである。鏡板は厚〇・〇七cmの薄い銅板を円形に切断し、周縁に銅板製の細い覆輪をめぐらし（現在、一部欠失し、大半が鏡板から遊離している）、上部二箇所に懸垂するための鐶座をつける。但し、むかって右側の鐶座はすでに失われ、とりつけるための計〇・二五cmの孔が残るのみである。鐶座は、鋲で固定するとともに、鐶座自体に設けた爪で覆輪にかませている。表面には毛彫で文様を描き、鍍金を施しているが、文様は不鮮明である。像は金銅鋳製で、総高（光背から台座）六・九cm、像高四・六cmを測る。鋳上りはやや悪く、不鮮明な部分がみられるが、銅質は良い。像は如来形を示す坐像であり、膝の上で両手を組んでいるようであるが、印相は明確でない。おそらく阿弥陀如来であろうが断定はできない。頭部や顔面の沈線は鋳出による線に鏨を入れており、口はずらせ彫を使用して表現している。衣文は毛彫で描き、蓮華座は蓮弁を毛彫で刻んだのちに、魚々子を空白部分に蒔いている。光背は薄い銅板を鏨で舟形に切断し、周縁部を火炎状に刻んだのちに、内部に蹴彫の筋を入れている。像と光背はいずれも鍍金を施している。鏡板への固定は、小さな孔を像の上下に各一箇、光背の上部に二箇、鏡板の上下にそれぞれ二箇ずつ穿ち、銅線を通しておこなっている。銅線は一回ひねって固定するという技法を用いており、その技法は千手観音懸仏の固定に使用されている技法と同じである。天蓋は薄い銅板を切断して作られ、三箇の稜の先端に径〇・二cmの孔をあけており、そこから瓔珞を下げていたと推定される。一本の鋲で鏡板に固定されている。花瓶は大半が欠失しているが、薄い銅板を切り抜いて成形し、鋲で鏡板に固定したものである。

禅定札（第26図11）長一〇・〇cm、幅三・九cm、厚〇・〇四cm。薄い銅板を長方形に切断したもので、上下に方形の釘穴を穿っており、建物などに打ちつけたものとみられる。表面にはなにも刻まれておらず、禅定札と判断するには疑問も残るが、たぶん墨書されていたのであろう。

飾金具（第26図18）径九・六〜九・七cm、厚〇・一cm。銅鋳製。四隅に切り込みを入れ、四花形に作り、上部の切り込み部二箇所に径〇・二五cmの孔を穿つ。周縁部は裏面にわずかに反っており、端部は斜めに削られているが、なにに用いられたものか判然としない。上部に孔が穿たれていることからすれば、懸垂したものであろうが、表面は平滑に磨かれているが、裏面には挽物仕上げの痕跡が明瞭に残されており、裏面が人の目に触れない状態で使用されたことがうかがわれる。なお、むかって左半分は二次的な圧力で変形しており、上部右端の切り込みは欠けている。

二　新資料の検討

（一）製作時期

これらの新資料の製作時期について検討し、ついで新資料を男体山頂遺跡出土遺物全体の中に位置づけ、これらの遺物の性格について若干の考察を加えたいと思う。

瑞花鴛鴦八稜鏡のうち、第25図1は昭和三十四年発掘遺物中に同工のものがみられるが、第25図2は従来本遺跡で知られているものとは、界圏を八花形に作っている点で意匠を異にしている。いずれも、和様化の進んだ唐式鏡で、平安時代後期（一二世紀）のものと考えられる。松枝蝶鳥方鏡は本遺跡では初見のもので、和鏡特有の優雅な文様をみせており、しかも白銅質の優れたものである点注目される。この鏡は、破片のため、厳密には方鏡か長方鏡かあきらかでないが、いずれにせよ類例の少ないものである。方鏡や長方鏡で純和鏡の鏡背文様をもつものとしては、保延五年（一一三九）を下限とする大阪府和泉市槇尾山経塚出土の花卉双鳥方鏡（久保惣記念美術館一九八三）、平治元年（一一五九）に徴証される三重県伊勢市朝熊山経塚出土の磯馴《いそなじみ》双鳥長方鏡（石田一九六一・六五、奥村一九六九）などが時期を知り得るものとして広く知られており、この鏡が槇尾山経塚出土例ほどの硬さを感じさせないことからすれば、一二世紀中葉から後葉にかけて製作されたものと推定して大過あるまい。なお、和鏡破片については小破片のため詳しいことを知り得ないが、鏡胎の薄さなどから判断して、一二世紀のものとみてよかろう。

錫杖遊鐶は鉄製であり、鉄錫杖にともなうものと考えがちであるが、本遺跡では銅錫杖にも鉄製の遊鐶が使用されており、いずれに使用されたものか決め難い。もっとも、本遺跡出土の錫杖頭は三四点確認できるが、いずれも奈良時代から平安時代前期に製作されたものと考えられており、この遊鐶もその時期のものと判断される。

経筒は小形のもので、銅板を鋲留して製作しているが、ほぼ同じ型式をもつものがすでに本遺跡で発見されている。それらの中には承久三年（一二二一）・安貞三年（一二二九）・元応元年（一三一一）の紀年銘をもつものがあり(2)、この経筒を鎌倉時代のものであると考えることができるが、それ以上に時期を絞り込むことは難しい。

経軸端《はな》は金銅製と木製のものがあり、金銅製のものは同工のものがすでに本遺跡で多数発見されているが、その時期についてはあきらかにされていない。金銅製の経軸端は側面撥形の形態をみせており、頂部の瑞花文風の文様や筒部の花弁文を毛彫と魚々子打の技法を巧に組み合わせて表現していることなどからみて、平安時代後期から鎌倉時代にかけての時期のものと考えてよかろう。

火打鎌は形態に時代的特色が表れにくいため製作時期の判断が難しいが、端部がわずかに上部に反った形態のものはすでに平安時代に出現していることが住居跡や経塚からの出土例によって知られており(3)、新資料のうち第26図14と16は平安時代のものである可能性が高い。

千手観音懸仏は、覆輪をめぐらした鏡板に像をとりつけ、上部に鐶座をつけて懸垂する完成された懸仏の形式を示しているが、天蓋や花瓶などの装飾もなく、簡素な作りのものである。細幅の覆輪や像の作風から鎌倉時代の製作にかかるものと考えられる。如来形懸仏は小形の懸仏であるが、天蓋と花瓶をとりつけている点、千手観音懸仏よりも装飾化が一歩進んだ形式であるといえる。しかし、細幅の覆輪や銅線による像のとりつけ方などに千手観音懸仏と共通するところがみられ、文様を毛彫した花形鐶座の形式などから、鎌倉時代のものと考えてよかろう。

禅定札は長方形の銅板で、上下を釘で打ちつけたとみられるものであり、同形式のものがすでに本遺跡出土遺物中に知られている。その禅定札は延文四年（一三五九）の紀年銘が刻まれており、[4] 新資料がほぼ同じ時期のものであることが推測できるが、単純な形式であるためある程度の時間幅を考慮する必要があろう。なお、飾金具は一二世紀以降のものと思われるが、製作時期を特定できない。

さて、新資料を製作時期ごとに整理すれば、奈良時代〜平安時代前期に錫杖遊鐶、平安時代後期に瑞花鴛鴦八稜鏡・松枝蝶鳥方鏡・和鏡破片など、鎌倉時代に経筒・千手観音懸仏・如来形懸仏など、南北朝時代に禅定札となろう。

（二）奈良時代〜平安時代前期の遺物の性格

奈良時代〜平安時代前期の遺物は錫杖遊鐶のみであるが、この時期の遺物として知られているものには銅鏡・銅印・錫杖・三鈷杵《さんこしょ》・三鈷鐃《さんこにょう》・塔形合子・銅鉢・銅鋺・銅盤・馬形模造品・石製巡方などがあり、量的には仏具が主体をしめている。仏具はその性格から僧具である錫杖、密教法具である三鈷杵・三鈷鐃、供養具である塔形合子・銅鉢・銅鋺・銅盤に大別することが可能で、僧侶による修法・飲食《おんじき》供養が山頂でおこなわれたことを示している。しかも、密教法具は憤怒形三鈷杵や三鈷鐃のような古密教（雑密《ぞうみつ》）系のものであり、山頂でおこなわれた修法が古密教と深く関わるものであったことを示している。『遍照発揮性霊集』所引の「沙門勝道歴山水瑩玄珠碑并序」によれば、天応二年（七八二）に男体山頂の登拝に成功した勝道が、大同二年（八〇七）の旱魃《かんばつ》の際に「州司」の依頼によって「則上補陀洛山祈禱、応時甘雨露霈、百穀豊登」なる効験をあらわしたという。勝道の祈雨の修法がどのようなものであったのか不明であるが、古密教の修法であった可能性も考えられ、本遺跡出土の奈良時代〜平安時代前期の遺物の性格を考えるうえできわめて注目される史料である。この時期の本遺跡出土の遺物と同様な組成を示す遺物を出土した遺跡に石川県羽咋市福水町の福水ヤシキダ遺跡があるが、そこでは谷頭部に営まれた井戸状遺構の周辺から三鈷鐃・錫杖頭・銅鋺・土器が出土している（桜井一九八三・九〇）。山頂遺跡ではないが、井戸状遺構の存在から、祈雨儀礼にともなう修法跡と考えて大過なかろう。本遺跡と類似する遺物が井戸状遺構の周辺から検出されているという事実は、男体山における祈雨儀礼の実施を伝える史料の存在と相俟って、奈良時代～平安時代前期の本遺跡出土遺物が古密教の祈雨儀礼にともなうものであることを物語っているといえよう。

（三）平安時代後期の遺物の性格

平安時代後期の遺物には瑞花鴛鴦八稜鏡・松枝蝶鳥方鏡・和鏡破片のほか、火打鎌と経軸端があるが、この時期の遺物としてはすでに銅鏡・独鈷杵《とっこしょ》・火打鎌・鉄鏃・短刀・刀子・刀装具・陶器・土器などが知られている。量的には銅鏡・陶器・土器が圧倒的に多く、とくに銅鏡は八稜鏡が大部分をしめており、粗造鏡が多く含まれている点に特色がある。奈良時代～平安時代前期の遺物と比較すると、この時期になると仏具が減少し、なかでも錫杖がみられなくなり、銅鏡・陶器・土器が増加していることが知られる。ここでは、新資料の銅鏡を中心に、本遺跡における銅鏡のあり方について整理しておこう。本遺跡からは一六四面以上の銅鏡が検出されているが、そのほとんどが八稜鏡によってしめられ、藤原鏡は八面ときわめて少ない。そのことは、藤原鏡が広く流行した一二世紀後葉には、すでに男体山頂への納鏡の風習が衰退しつつあったことを物語っていると考えられる。しかも、本遺跡からは鎌倉時代の銅鏡はまったく発見されておらず、納鏡の風習が一三世紀初頭に断絶したと推測される。本遺跡出土の銅鏡の主体は八稜鏡であり、瑞花双鸞八稜鏡・瑞花双鳳八稜鏡・草花双鳳八稜鏡・瑞花鴛鴦八稜鏡・瑞花双鵲八稜鏡・瑞花双雀八稜鏡・瑞花千鳥八稜鏡・唐草蝶鳥八稜鏡・瑞花双蝶八稜鏡・双鳳八稜鏡・瑞花双鳥八稜鏡・瑞花八稜鏡の一二種類が確認できるが[5]、そのうち平安時代前期に遡ることができるのは瑞花双鸞八稜鏡一面であり、他はすべて平安時代後期のものである。新資料の中には二面の瑞花鴛鴦八稜鏡があるが、いずれも鏡胎があまり良くないもので、しかも鋳型に傷や補修痕が認められるものである。同様のことは本遺跡出土八稜鏡の全体について認められることで、すでに指摘されているように[6]、粗造鏡がきわめて多いのである。とりわけ、一二世紀後葉に製作された八稜鏡には、はたして実用に供することができたか疑わしい儀鏡が多数みられる。しかし、一二世紀の銅鏡でも、新資料の松枝蝶鳥方鏡をはじめとして、藤原鏡には鏡胎の良いものがみられる。このことは本遺跡における八稜鏡と藤原鏡のあり方が、時期差と数量差に留まらず、その性格をも異にしていることを予測させる。また、八稜鏡の多くが東国で鋳造された可能性が高いとみられるのに対して、松枝蝶鳥方鏡などは畿内において鋳造されたものと考えたほうがよさそうであり、両者の製作地が異なる可能性がある。このように、一二世紀後葉における銅鏡のあり方の変化はきわめて大きなものであり、一三世紀初頭における山頂への納鏡習俗の断絶を引き起こす要因をうちに秘めた動きであったと考えられる。

ところで、かつて和歌森太郎は本遺跡出土鏡の性格について民俗学的立場から考察を加え、「鏡は太陽のシンボルであり、日の神の依り代として観念されたのであろう。この山に鏡をたずさえて登頂した信仰者の胸のうちには、日輪礼拝を志向するものがあったのではなかろうか」として、日輪に対する信仰の所産として把握した（和歌森一九六九）。もし、和歌森の説が妥当なものであるならば、平安時代後期における銅鏡の増加は日輪信仰の隆盛にともなう現象ということになる。しかし、平安時代後期になって納鏡が盛んになるという現象は、けっして本遺跡だけにみられることではなく、各地の霊山や寺社において確認されることである。群馬県前橋市の赤城山頂小沼では平安時代後期の八稜鏡が主体であり、江戸時代のものを除けば、一一世紀から一二世紀にかけての限定された時期に納鏡がおこなわれたことが知られる（大場一九四三）。山形県鶴岡市羽黒山の御手洗池では平安時代後期の藤原鏡が主体であるが、八稜鏡などの唐式鏡や湖州鏡も含まれており、鎌倉時代以降の和鏡も少なくない（大場一九四二、前田一九八四）。羽黒山頂遺跡の納鏡は一一世紀に開始され、本遺跡での納鏡が衰退しはじめた一二世紀後葉になって隆盛期を迎えており、対極的にみれば東日本における納鏡習俗の推移を本遺跡から羽黒山頂遺跡へと辿ることが可能である。もっとも、平安時代後期における納鏡の盛行は東日本に留まらず、畿内でも確認される。

奈良県の法隆寺西円堂では、平安時代後期に納鏡が開始され、鎌倉時代になって隆盛期を迎えたことがあきらかにされているが、(7)そうした動向は多くの寺社においてもみられるようである。(8)また、経塚における副納品としての銅鏡も、平安時代後期における納鏡習俗との関連で理解できる可能性もあろう。このように納鏡が広くおこなわれていることからすれば、本遺跡における納鏡を日輪信仰という狭い枠内で理解することは、きわめて不十分なものといえよう。それでは本遺跡における納鏡はどのような信仰に裏づけられたものなのであろうか。残念ながら和歌森に代わるだけの明確な説を提示できるまでには至っていないが、本遺跡出土鏡の中には長い髪を巻きつけたものがあったといわれ、(9)基本的には個人的な祈願に用いられた呪物と考えてよいのではなかろうか。納鏡習俗の盛行は、さまざまな祈願をする信者たちの広範な存在と、納鏡を勧めて依頼を受ける宗教家の関与があって、はじめてもたらされた現象であるといえよう。平安時代後期の男体山麓では、おそらく中禅寺などに多くの宗教家が集まり、さまざまな功徳を説きつつ信者に納鏡を勧めて歩いたという情景が想像されるのである。

（四）鎌倉時代の遺物の性格

鎌倉時代の遺物には経筒・千手観音懸仏・如来形懸仏のほか、火打鎌・経軸端の一部と飾金具が属する可能性が高いが、この時期の遺物としてはすでに独鈷杵・三鈷杵・三鈷形柄剣・羯磨・鰐口・鐘鈴・花瓶・経筒・懸仏・種子札・禅定札・火打鎌・鉄剣・鉄鉾・鉄鏃・大刀・短刀・刀子・陶器・土器などが知られている。平安時代後期に多くみられた銅鏡は姿を消し、新たに経筒・懸仏・種子札・禅定札などが出現し、仏具・武器が増加している。新たに出現したもののうち経筒はふつう経塚に納められるものであり、斎藤忠は「岩窟や岩の間隙などを利用して埋納的なことのなされた」ものとして「経塚的要素の存在」を指摘している。(10)しかし、すでに斎藤も言及しているように、本遺跡では経塚とみられる遺構が検出されておらず、出土した経筒に破損の著しいものが多く、しかも他の遺物と混在した状態で発見されていることからすれば、はたして埋納されたものかどうか疑問である。本遺跡出土の最古の経筒である承久三年（一二二一）銘経筒には「奉施入日光山中禅寺如法経／銅筒一口承久三年辛巳五月十一日／藤原包則」と刻まれており、中禅寺において草筆石墨による経典の書写がおこなわれ、その後に山頂に奉納されたことが知られる。また、元亨三年（一三二三）銘経筒には「下野國日光禅定権現御寶殿／奉納法華経一部□天長地久／所願圓満法界衆生平等利／益也　宇都宮中河原住人／七郎大夫藤原宗清／元亨三年癸亥七月廿七日」と刻まれているが、ここで注目したいのは法華経を奉納したのが「権現御寶殿」であることである。「御寶殿」を単なる修辞とみることもできるが、鎌倉時代にはすでに山頂に小祠が営まれていたことが建築金具や懸仏などの遺物から知られ、その小祠を指す文言である可能性が高い。「御寶殿《ほうでん》」の用語は和歌山県那智勝浦町那智経塚の文治三年（一一八七）銘経筒に「熊野那智寶殿」と刻まれている例がみられ、類似の用語としてはたとえば島根県平田市鰐淵寺蔵王窟出土の仁平二年（一一五二）銘銅鏡と仁平三年銘経筒に「蔵王寶窟」と刻まれたものが思い浮かぶ（関編一九八五）。後者の場合、銅鏡・経筒ともに蔵王窟という岩窟から発見されており、単なる修辞ではないことを示している。これらのことからすれば、本遺跡出土の経筒は、山頂の小祠に奉納された可能性が高い。つまり、経筒は権現に奉納されたもので、その行為によってなんらかの利益を期待したものであったとみられるのである。当然のことながら、山頂の小祠へ奉納するためには登頂する必要があり、その登頂という行為が銘文にみえる「日光禅定」として重視されていたのである。そこには経典を弥勒成仏の暁まで保存しようという姿勢はほとんどみられず、むしろ経典を書写し、苦しい登山の末に山頂に納経するという行為に意義を認めるという考え方がみられる。もっとも、禅定と納経の目的がどこにあったのかは明確でなく、往生祈願などが動機となった可能性は考えられる。

　つぎに懸仏をめぐる問題について考えてみよう。本遺跡からはすでに鏡像一面・懸仏一二躯・鏡板五面が発見されているが、そのうち尊名の判明するものは千手観音・阿弥陀・馬頭観音で、それらの三尊を一つの懸仏に表わしたものが一躯みられる。中世末期に成立したと考えられる「日光山御本地」によれば、千手観音は男体、阿弥陀は女体、馬頭観音は太郎大明神の本地仏に比定される（日光市史編さん委員会一九八六）。これらの三尊の組合せ（日光三所権現）は、千手観音を本尊とし、ほかの二尊を脇侍とした懸仏が鎌倉時代の作風を示していることから、すでに鎌倉時代に成立していたことが知られる。もっとも、三尊のそれぞれを独尊で表わしたものは、千手観音が早く建久六年（一一六五）に出現し、ついで阿弥陀が鎌倉時代に製作されるが、馬頭観音が登場するのは室町時代になってからである。馬頭観音はまず「日光三所権現」本地仏懸仏の一尊として出現し、そののちに単独で造像されるようになったわけで、ほかの二尊とは異なっている。かつて和歌森太郎は「日光三所権現」の成立を鎌倉時代後期と推測した（和歌森一九六九）が、以上のような懸仏の様相はその見解が妥当なものであることを裏づけるとともに、馬頭観音（太郎大明神）が新たに加わることによって「日光三所権現」が成立したことを物語っているといえよう。本遺跡出土の懸仏はいずれも「日光三所権現」もしくはその中の一尊を造形したものとみられ、祭祀対象である本尊そのものということができる。懸仏の使われ方に注目してみると、本堂の荘厳や小祠の本尊として使用された場合が多く、絵馬と同じように祈願のための呪物として用いられた例も少なからずみられる（難波一九九〇）。いずれの場合にも懸仏は建物に懸けて用いることが基本であるが、鏡像から懸仏への展開過程がまさに懸垂することを恒常化していく方向で進んできたことを考えれば、しごく当然のことといえる。もっとも、懸仏が経塚などの宗教遺跡から検出されることから、副納品あるいは報賽品としての用途を想定することもできよう。しかし、たとえば那智経塚では経塚に確実にともなう懸仏は確認されておらず、同経塚の代表的な遺物の一つである阿弥陀・薬師・千手観音の鏡像は「那智山瀧本金経門縁起写」に出ている「本寶殿」や「瀧本」に安置された「権現御躰」に比定される可能性が高い（三宅一九八六）。つまり、経塚付近に遺棄される以前は、社殿もしくは小祠に祀られていたことが想定されるのである。本遺跡の場合、建築に用いられたさまざまな金具や釘などが出土しており、鎌倉時代には山頂に小祠が営まれていたと推定されることはすでに述べたが、懸仏はその小祠の本尊であったと考えられる。

（五）「禅定」とその担い手

ところで、鎌倉時代には、太郎山・女峰山・小真名子山など男体山以外の日光の山々の山頂にも、さまざまなものが奉納されている。太郎山頂遺跡からは銅鏡・経筒・火打鎌・短刀・刀子・古銭・飾金具・陶器、女峰山頂遺跡からは銅鋺・短刀・古銭・釘・陶器・土器、小真名子山頂遺跡からは陶器・土器が採集されている（日光市史編さん委員会一九八六）。それらは本遺跡出土遺物と比較すると種類・数量ともに少ないが、経筒・火打鎌・短刀・刀子・古銭・飾金具・釘・陶器・土器など共通するものが多くみられ、本遺跡の鎌倉時代以降の遺物のあり方を考えるうえで注目される。この時期の男体山において「日光禅定」という山岳修行がおこなわれていたことは経筒銘文から知られるが、太郎山などの山々においても山岳登拝がなされていたことを、それらの遺物は示しているとみてよい。「日光禅定」は南北朝時代になると「男躰禅定」とよばれ、何度もくりかえし修行することが尊重されるようになったことが、貞治三年（一三六四）銘の禅定札銘文によって知られるが、「男躰禅定」に変わったのは男体山の名称が成立したことを意味するとともに、他の山々でも「禅定」がおこなわれるようになったことを物語っている。「禅定」は、近世には「禅頂」と書かれるようになるが、それは山頂をきわめることが修行の中心であると考えられるようになったためであり、「禅定」が山岳登拝であって山岳抖擻《とそう》ではなかったことを暗示している。近世における「男躰禅定」は男体山への登拝修行のことであり、それとは別に華供峰・夏峰・冬峰という日光連山を抖擻する回峰行がおこなわれていた。大和久震平は日光連山の山頂遺跡と回峰行の関係の有無を詳細に検討しているが、遺跡のある山と回峰行のルートが一致していないことなどから、両者の関係については否定的な見解を出している（大和久一九八〇a・b）。おそらく、鎌倉時代の日光連山における山岳修行は個々の山岳への登拝が中心で、山々をめぐり歩く山岳抖擻は、まだ完成されていなかったのであろう。回峰行が完成するのは室町時代のことであった可能性が高い。

それでは、「禅定」をおこなった人々とは、いったいどのような人々であったのであろうか。経筒や禅定札の銘文にみえる人名に注目すると「聖人玄長」（安貞三年銘経筒）・「当上人金剛仏子慶祐／懺法衆／覚誉／弁全／果誉／前賢／覚也／円宗／円然」（文永元年銘経筒）・「金剛阿闍梨鏡誉」（延文四年銘禅定札）の僧名と「藤原包則」（承久三年銘経筒）・「藤原宗清」（元応元・元亨三年銘経筒）・「伴家守」（貞治三・同五年銘禅定札）の俗名に大別することができる。僧名の者のうち、「覚誉」らは「懺法衆」であったことが知られ、滅罪信仰にもとづく法華懺法などをおこなう僧侶の集団であったとみられる。おそらく懺法講を結成していた日光山の僧侶たちであろう。ところで、「覚誉」は三一年後の永仁三年（一二九五）五月五日付の滝尾社領寄進状にみえる(11)「覚誉」と同一人物である可能性が高い。もしそうであるとすれば、弘安八年（一二八五）に三昧田として寄進されたものを子細あって改めて滝尾社に寄進した当事者であり、三昧田が常行堂における修行である念仏常行三昧のためのものであると考えられることからして、常行堂を拠点に活動していた僧侶であったと推測される。俗名の者では「藤原宗清」が「宇都宮中河原住人」であること、「伴家守」が「得志良近津宮」の人であることが銘文から判明する。前者は宇都宮城下の中河原町の住人で、宇都宮二荒山神社に程近い所に住んでいたことが知られ、少なくとも日光山の者ではないことがわかる。後者の「得志良」は『日光山志』巻之三の久次良《くじら》村の項に「往古神社を宇都宮へ移し奉るゆゑ、彼土に外久次良といふ地名をも移し、外は外山などの外にして、爰の地は旧地なれば、外へ移し、義にぞありける。夫ゆゑ外久次良とも書きしを、是も後世は転略し、今は徳次良と書き替へしゆゑ、人の名になれり」とみえる宇都宮の徳次良《とくじら》村（現在の宇都宮市徳次郎町）のことであり、「近津宮」は同地の智賀都《ちかつ》神社のことであると考えられる。おそらく「伴家守」は「近津宮」の社家であったのであろう。「近津宮」は、徳次郎村が久次良村から移転したという伝承をもっていることに注目すれば、やはり日光権現の里宮であったとみて大過あるまい。「伴家守」は、貞治五年（一三六六）の「男躰禅定」に際して「自正月廿八日奉精進始」ったと銘文にみえ、禅定札を奉納した「八月廿八日」まで七箇月間に及ぶ重潔斎をおこなって登拝したことが知られる。このような長期間にわたる精進は専門の宗教家のみができる行為で、しかも貞治五年の「男躰禅定」が「十四度」目であったというのであるから、これはただ信仰心が篤いというだけでできることではない。度数を重ねるごとに自己の験力が高まることを期待し、その験力でさまざまな宗教活動をおこなって生活する修験者としての側面を、「伴家守」がもっていたことを物語っている。このように、僧名の者も俗名の者もともに専門の宗教家であったとみられ、百姓や町衆の登拝はおこなわれていなかった可能性が高い。一般民衆が登拝できるようになるのは戦国期以降のことであったとみられるのである。

以上、男体山頂遺跡採集の八点の新資料をめぐって若干の考察をおこない、その性格の一端をあきらかにしてきた。本遺跡のように長期間にわたって形成された遺跡の場合、遺跡や遺物のあり方が時代とともに変化し、その性格も徐々に変質したであろうことはあらかじめ予測されたが、実際に分析してみると予想以上に明瞭な画期が存在していることがわかった。その画期は一〇世紀後半と一二世紀末である。最初の画期より前の段階、すなわち奈良時代～平安時代前期にかけての時期には、古密教系の仏具が多くみられるところから、古密教系の修法がおこなわれた可能性を考えた。さらに史料などから祈雨儀礼ではなかったかと推測した。つぎに二つの画期の間、つまり平安時代後期には、銅鏡などが多く、納鏡習俗が盛行したことが知られた。しかし、なぜ納鏡習俗が流行したのかという問いに十分答えることはできなかった。そして、第二の画期以降、鎌倉時代から南北朝時代にかけての時期には経筒や懸仏などが主体となり、日光三所権現が成立し、宗教家による山岳登拝が活発におこなわれたことが確かめられた。とはいえ、いまだわからないことはあまりにも多く、本遺跡出土遺物の性格については、今後さまざまな角度から考察を加えていく必要があろう。

註

（1）以下の文献による（古谷・丸山一九二四、丸山一九二四、古谷・丸山一九二七、大場一九三六、岡田一九六一、日光二荒山神社編一九六三、亀井一九六七、佐野一九七一、日光市史編さん委員会一九七九・八六、大和久一九八〇ａ・ｂ）。
（2）前掲註1に同じ。
（3）長野県諏訪郡原村居沢尾根遺跡三二号住居跡、岐阜県瑞浪市土岐町笹山桜堂経塚などからの出土例。
（4）前掲註1に同じ。
（5）前掲註1に同じ。
（6）前掲註1に同じ。
（7）（菅谷一九九〇）にその概要が紹介されている。
（8）納鏡の実態はかならずしもあきらかにされているわけではないが、斉藤（一九七八）などにおいて触れられている。
（9）日光二荒山神社権宮司（当時）吉田健彦氏の御教示による。
（10）前掲註1に同じ。
（11）日光山輪王寺文書（日光市史編さん委員会一九八六所収）。

第六章　草津白根山信仰の展開

一　草津白根山への誘い

群馬県草津白根山《しらねさん》は草津温泉の西方にある活火山で、かつては硫黄の産地として全国的に知られていたが、今日ではむしろ万座のスキー場などとの関連で知る人が多くなったようである。草津白根山への登拝もかつては一日がかりの難行であったが、志賀草津道路が開通してからは、自動車を利用すれば四〇分ほどで登れるようになった。交通の発達は山をより身近なものにしてくれたが、反面、かつて山がもっていた自然に裏づけされた神聖さはずいぶんと薄れてしまったように感じられる。そのためもあろうか、草津白根山がかつて宗教の場として開かれたことを、若いハイカーたちはほとんど知らない。

草津白根山という名は国土地理院の地形図にはみえない。ふつう草津白根山と呼んでいるのは標高二一三八mの白根山のことで、その南には標高二一五四mの本白根山があり、白根山が新古二つ存在している。本白根山の山頂にある鏡池は火口湖であるが、白根山の火口湖である湯釜よりも古い噴火口で、すでに植物が生えるまでになっている。本白根山の本というのは、本来のというような意味で、かつて白根山と呼ばれていた山に、新しい白根山が北方に誕生したために本の字をつけたのであろう。とすれば、新しい白根山ができたのは、意外と新しい時代のことであったことになるが、それがいつのことなのかまだよくわかっていない。

ところで、白根山と呼べばよいのに、あえて草津を冠していうことが多いのは、群馬県と栃木県の境にも白根山があるため、それと区別する必要があってのことである。草津白根山と日光白根山というように区別しているが、ほんとうの名はどちらも白根山で、草津や日光と冠するのは遠方に住む者が地理上の区分のために勝手につけたにすぎない。だから、草津白根山というような呼び方は、いたって新しいものであるといってよい。

草津白根山へ登ったことのある者なら、その山の風貌が、緑におおわれた普通の山とは異なって、なんとも殺風景な荒々しい表情であることを知っていよう。ことに、殺生河原や湯釜の風景は、見る者をして戦慄せしめるものがある。殺生河原の名はそこに来た動物や虫を殺してしまうガスを充満させていることに由来する。あたかも地獄絵巻のような風景が展開されているのである。もうずいぶん前になるが、ツアーを楽しんで降ってきたスキーヤーが、この殺生河原のガスにやられて死亡した事故があった。殺生河原の名はまさに名実ともなったものといえようか。また、湯釜の碧玉のような色をした湖水は、あたりの砂漠のような大地のなかにあって、なんとも不可思議な魅力をたたえている。その湖岸にたたずめば、すうーっと湖底にひきずりこまれそうな、不思議な衝動にかられる。こうした草津白根山の魅力は、火山だけがもつものであり、しかも現在も活動を続けている山だけがもつものといってよかろう。

二　白根明神

多くの山岳信仰がそうであるように、草津白根山信仰も、山麓に神を祀ることからはじまった。草津白根山の神は白根明神と呼ばれた。白根明神が文献のうえにあらわれるのは、『上野国神名帳』を初見とし、すでに平安末期頃に祀られていたことが知られる。群馬の古代史を総合的に研究した尾崎喜左雄博士は、『上野国神名帳』にみえる白根明神と小白根明神の関係に注目し、小白根明神の小は古に通じるとして、新噴火の火山に対抗して古を冠したものと考え、最初小白根明神を祀っていたものが、新たな噴火によって火山が形成され、それを白根明神として祀るようになったと推定した（尾崎一九七四・七六）。その時期は、『上野国神名帳』が一三世紀までには成立してい

た
と考えられることから、それより少し前の一二世紀のことであるとして、『中右記』天仁元年（一一〇八）条の浅間山噴火の記事は国衙官人が白根山噴火を浅間山と誤認したものと推定した。しかも、草津町熊倉遺跡の住居跡をおおっていた火山灰の時期も、住居跡出土遺物などから考えて一二世紀のものとみられるとし、天仁元年草津白根山噴火の証拠とした（尾崎一九七四・七六）。

ところで、天仁元年に草津白根山が噴火したという尾崎博士の説は、どうもあやしいことが近年わかってきた。熊倉遺跡を調査した能登健らは、同遺跡の住居跡をおおっていた火山灰が降った時期を一〇世紀前後とみており、少なくとも一二世紀のものではないことがわかっている（能登一九八三、六合村教育委員会一九八四）。そのほかにも反証があがっているが、ここでは深入りしないで、白根明神と火山噴火のことに注目しよう。小白根明神が古い火山を祀っていたものとすれば、本白根山との関係が深いとみられるから、白根明神は白根山を神格化したものということになろう。もともと祀られていた小白根明神とは別に新たに神社をつくったということになるのだから、両者は別のところに祀られたとみなければなるまい。そこにはひとつの山にひとつの神格が宿るという意識がみられることになるから、ふたつの山があることを望めるところに神社がつくられたと考えられよう。南の嬬恋村《つまごいむら》の方からみたのでは、本白根山ははっきりわかるが、白根山の存在を知るのは難しいだろう。白根山を本白根山と区別できるのは、東方の草津町と旧六合村（現草津町）のあたりであり、白根明神もその地域にあったとみてよかろう。

草津町から旧六合村にかけての地域における遺跡の分布は、縄文時代の遺跡があるものの、以後弥生時代と古墳時代を欠き、平安時代になって再び出現するということが、能登らによって指摘されている。しかも、九世紀から一〇世紀を中心とした時期にいくつかの集落が形成されるが、その後はっきりしないという（能登一九八三、六合村教育委員会一九八四）。とすれば、白根明神・小白根明神が祀られるようになったのは、九世紀から一〇世紀にかけての時期であったとみることができよう。山麓の住民たちは、彼らのシンボルとして、噴煙をときにはあげていたであろう草津白根山を祀ったのであろう。白根明神は開拓者たちの精神のよりどころであったに違いない。

三　山岳修験の活動

草津白根山の山麓では早くから修験者が活動していた。嬬恋村大字門貝字鳴尾の熊野神社の奥の院は、間口二・三m、高三・二m、奥行二・〇mを測る岩陰を加工してつくられており、修験者の修行窟であると推定される（尾崎一九六五）。奥壁には壇が設けられており、かつてはそこに金剛界大日如来の種子バンが陰刻されていたというが、現在ははっきりしない。左右の壁には不動明王の種子カーンマーンが刻まれている。入口の右側には釈迦如来種子バク、右壁には「太郎」など、左壁には「□保三年□月」などの文字や記号が刻まれている。□保には「大才／巳未」と傍に刻まれているから、□保が文保であることは容易にわかる。この修行窟は文保三年（一三一九）か、それ以前に造営されていたことが知られ、すでに一四世紀には山岳修験の修行がはじまっていたことが確認できる。修行窟における修行形態は、いわゆる参籠行で、長期間そこに籠ることによって本尊と一体になるというものである。金峯山における参籠行はもっとも有名なものであるが、『金峯山草創記』に九月九日から翌年の三月三日まで笙《しょう》ノ窟《いわや》に参籠するという、過酷な修行であったことがみえている。おそらく、熊野神社奥の院修行窟でも、そうした修行がおこなわれたのであろう（時枝一九八五・八六）。修行窟という用語はあまり聞きなれないであろうが、別に筆者が勝手につけたわけではなく、九州地方では五〇年も前から一般的に使われていたことばで、すでに学術用語として定着している。『修験道辞典』にもちゃんとのっている。

ところで、草津白根山における山岳修験のあり方を考えるうえで見逃せないのは、本山派修験が早くから定着していた事実である（萩原一九三四・七八）。嬬恋村三原（中井）の常法院は、中世以来の古文書を今日も伝えており、門貝に熊野神社を祀ったのも常法院であったかもしれない。草津には常楽院があり、常楽院が白根明神を祀っていた形跡もあるから、草津白根山登拝の拠点であった可能性がある。近世には、この地域の本山派修験の多くが長野原町林の大乗院の同行になっていたが、それは戦国末期以後のことであると考えられている。一四世紀頃には、そうした組織化が進んでいたとは考えられず、それぞれがかなり主体的に活動を展開していたとみてよいであろう。彼らは、それまで前人未踏であった草津白根山への登拝を積極的に試みたと予想され、一四世紀頃には草津白根山への登拝がなされていたであろうことは十分に考えられる。それまで山麓において拝んでいた白根明神は、その聖域のなかまで登って祀る者が出現したわけで、草津白根山の地獄のような光景は彼らを圧倒し、かつ魅惑してやまなかったはずである。

こうして、草津白根山の火山としての特質は、仏典を学んでいた彼らの目に、まさに地獄としてうつったことであろう。おりしも、地獄思想の風靡していた時代であっただけに草津白根山をめぐる信仰は、地獄と結びついて展開することになった。草津に賽《さい》の河原《かわら》の光景をみたのも、おそらく彼らであり、湯治に来た人々を相手に勧化活動をおこなうようなこともあるいはあったのではないかと想像したくなる。古代末期にはじまった草津白根山の信仰は、こうして地獄としての性格をもつことにより、中世的な展開をみせることになる。

四　血盆経信仰と湯釜

中世における草津白根山の信仰を象徴的に示すものに湯釜出土の柿経《こけら》がある。昭和三十年（一九五五）に、湯釜から硫黄を採掘していたとき、たまたま多量の柿経が出土した。当時放射性物質を調査していた群馬大学の山形登がこれを目にとめ、生物学の堀正一を通して、尾崎博士の手にもたらした。尾崎博士はこれを笹塔婆として『信濃』に発表した（尾崎一九六六）。以来、笹塔婆とされているが、笹塔婆というのは文字通り塔婆であり、頭部を山形や五輪形にかたどって、胴部に名号などを書いたもののことである。柿経というのは経典を墨書した木簡のことで、別に形にはこだわらない用語であり、筆者の造語だろうという人もいるが、けっしてそんなことはない。文化庁が指定した元興寺仏教民俗資料のなかにも、指定物件として笹塔婆とともに柿経の名がみえている。湯釜の底や周辺には大量の硫黄が沈澱しており、いわゆる沈澱鉱床を形成していたのであるが、柿経はその沈澱硫黄層中から発見されたのである。元興寺文化財研究所の労作である『日本仏教民俗基礎資料集成』中には、それぞれがどのようなものなのか具体的に例示されており、その性格の差もあきらかにされている。湯釜出土のものは、笹塔婆ではなく、柿経であり、木簡の一種なのである。

さて、その柿経に墨書されている経典が、ほかでもない血盆経である。血盆経というのは、女性の穢れと罪について説き、その救済の方法を教えているものであるが、その内容は女性を差別する仏教的思惟に貫かれている。湯釜の柿経は、当然のことながら、どこかで書写されて湖中に投入されたわけで、柿経には血盆経が書かれていたのだから血盆経を湖中に投入したといいかえることもできる。武見李子の研究によれば、日本における血盆経信仰は（一）死者供養としての血盆経信仰、（二）往生祈願としての血盆経信仰、（三）護符としての血盆経信仰に大別されるという（武見一九七六、七七）。（一）としては大施餓鬼血盆納経法要・血盆経投入供養・血盆経の納棺、（二）としては布橋大潅頂法要と血盆経の写経、（三）として安産祈願のお守りと禅宗の授戒会のおりに与えられる不浄除けが知られている。草津白根山では、湯釜へ血盆経を投入したわけであるから、死者供養としての血盆経信仰にともなう血盆経投入供養であると判断される。つまり、血盆経を血の池地獄へ投げ入れてやれば、産死した女たちが救われるというふうに考えられていたのである。

おそらく、湯釜は血の池に見立てられていたのであり、産死した女がそこにいると考えられていたのであろう。立山では血盆経を投入したのは僧であり、修験の関与が著しかったといわれているが、あるいは草津白根山でおこなわれた血盆経投入供養も立山から伝えられたものであったかもしれない。一四世紀頃、草津白根山は女人禁制であり、柿経を投げ入れたのは男性の僧だったのではないか。もし、そうだったとすれば、女たちは二重に疎外されていたわけである。

第七章　山岳宗教としての富士山

一　富士山の山岳宗教の成立

富士山の山岳宗教とは、富士山を聖地と仰ぎ、富士山に対して、あるいは富士山においてさまざまな儀礼をおこなう宗教の形態、およびその宗教によって引き起こされる信仰をいう。

通常、山岳宗教は、山頂を中心とする聖域圏、山麓に展開する宗教集落などの準聖域圏、平地の村や町の地域社会に広がる信仰圏という空間構造を形成することを特色とする。富士山もその例に漏れず、山頂や人穴などの聖地を中心とする聖域圏、富士宮や富士吉田をはじめとする登拝拠点などに鎮座する浅間《せんげん》神社とその周辺に形成された御師集落などの準聖域圏、江戸をはじめ各地に広がる信仰圏という圏構造をみせる。

富士山は、秀麗な山容をもつだけでなく、かつては活発な火山活動をともない、人々に宗教的な感情を引き起こさせるのに充分な自然条件を備えていた。そのため、早くから山岳宗教の対象とされたと予測されるが、その始期を特定することは難しい。

一説には、富士山に対する信仰は、縄文時代にまで遡るとされる。静岡県富士宮市千居《せんご》遺跡では、縄文時代中期の大規模な配石遺構が発掘調査されたが、それはあたかも遠方に望む富士山を意識したかのような状態で築成されていた。発掘調査を担当した小野真一は、配石遺構が富士山を祀る祭壇であると推測し、富士山の山岳宗教が縄文時代に成立したと考えた（小野一九八二）。

確かに、千居遺跡の配石遺構の築成にあたっては、富士山の方位を基準にしていた可能性があるが、そのことが山岳宗教の存在を実証するとはいえない。縄文人にとって、身近な自然を手がかりに方位を認識する際に、富士山が意識されたことを示すに過ぎない。縄文人が富士山を見ていたことは確実であるが、信仰の対象として意識していたかどうかは、はなはだ怪しいといわざるを得ないのである。

八世紀になると、『常陸国風土記』筑波郡条に、駿河国福慈《ふじ》岳の福慈《ふじ》神に一夜の宿を請うたところ断られた祖神《おやがみ》尊が、呪詛をかけたため福慈山にはいつも雪が積もって登ることができないという説話がみえ、富士山に神の存在を認めていたことが確認できる。また、『万葉集』巻三に富士山を詠んだ長歌が収められており、高く貴い山岳として平城京の人々に知られていたことがわかる。

『文徳実録』仁寿三年（八五三）七月五日条には駿河国浅間《せんげん》神を名神としたこと、同十三日条には従三位に列したことがみえ、富士山の神を浅間神と称したことが知られる。また、いきなり従三位を授けられたとは考えにくいので、おそらく八世紀の段階から浅間神として信仰を集めていた可能性が高い。浅間神が鎮座した場所は特定できないが、駿河国の富士山麓であったことは疑いなく、山岳宗教としての富士信仰が山麓で成立したことが注目される。

平安時代前期、浅間神がどのような神格としてイメージされていたかは、『竹取物語』や『本朝文粋』巻一一所引の「富士山記」などにみえる説話から類推することができる。『竹取物語』には、かぐや姫が残した不死の霊薬を富士山頂で燃やしたため、富士山は煙が絶えないとある。不死を富士にかけているのであろうが、神仙思想の影響が強くみられるとともに、噴煙をあげる火山としての富士山に対する畏怖の念が伝わってくる。また、「富士山記」には、山頂で白衣の天女が舞う光景がみられるが、白砂が流れるので登山できないと記されている。白衣の天女は、白雲や噴煙の表象であると同時に、富士山が神仙のつどう山岳としての性格をもっていたことを暗示する。そうした神仙思想が、『竹取物語』や「富士山記」を著した文人貴族が浅間神に抱いた空想なのか、それとも富士信仰の信者たちが幾分なりとも共有したものなのか問題が残るが、単なる文飾ではなかった可能性が多分にある。

古代の富士山が、度々噴火する活火山であったことは、『続日本紀』『日本紀略』『三代実録』などに噴火の記事がみえることによって確認され、「富士山記」にいうように人々が登拝できるような山ではなかったようである。『三代実録』が貞観六年（八六四）の噴火を、「富士郡正三位浅間大神大山火」と記すように、噴火は浅間大神によってもたらされるものと認識されていた。噴火による被害は、決して僅少なものではなく、山麓における人々の活動もきわめて制限されていたわけで、火山の神である浅間神への畏怖は想像を超えるものであったに違いない。浅間神はときには噴火する荒ぶる神であった。

ところで、富士山麓の開発が九世紀後半に本格的に開始されたことは、静岡県富士市岩倉B遺跡や富士宮市辻遺跡などの集落遺跡の存在によって知られる。それらの遺跡は、貞観の大噴火後の時期に形成されたもので、火山災害をもろともせずに開発に打ち込んでいった、たくましい人々の生活の痕跡として評価できよう。彼らが、開発に当たって、浅間神を祀ったであろうことが推測できるが、残念ながら確認できていない。

一〇世紀前半になると、浅間神の祭祀と関連するかもしれない竪穴建物跡が、富士宮市村山浅間神社遺跡で確認される。村山は中世になると修験者が集落を形成し、富士禅定《ぜんじょう》の拠点となる場所であり、竪穴建物はその先駆者の生活痕跡として捉えられるものである。一〇世紀前半に、富士信仰の準聖域圏に、遺跡が営まれるようになったことは、山岳宗教としての富士信仰がいよいよ本格的に成立したことを示す現象として注目したい。

このように、富士山の山岳宗教は、八～九世紀に富士山の山麓で成立した。山岳宗教というと、山岳修行を連想しがちであるが、最初は山麓から富士山を遥拝することから始まった。その後、一〇世紀になって、標高約五〇〇mの村山などやや高い場所に進出し、中世に山岳修行の拠点として発展する素地を築いたのである。

二　富士禅定の盛行

一二世紀になると、それまで全く遺跡が確認できなかった山頂付近の聖域圏に、三島ヶ岳経塚や経ヶ岳経塚などの遺跡が営まれる。三島ヶ岳経塚は、三島ヶ岳山頂から南に下った地点に所在し、経典・経軸・経筒・陶片などの遺物が出土した。経塚は一切経を埋納したもので、木箱に納められていた経典に「末代聖人」の文字が確認され、『本朝文集』や『本朝世紀』にみえる末代上人の実在を示す証拠として注目された。『本朝文集』巻五九や『本朝世紀』久安五年（一一四九）四月十六日条によれば、末代上人は、京都・東海道・東山道沿い・関東などで一切経の勧進活動をおこない、京都では鳥羽法皇の帰依を受け、久安五年に富士山に一切経を埋納した。末代上人による一切経の経塚の造営を皮切りに、付近は聖地とみなされ、多数の経塚が造営された。

富士山を代表するもう一つの経塚である経ヶ岳経塚は、山頂と山麓のちょうど中間地点にあたる富士山五合目に位置し、一二世紀の銅鋳製経筒と経巻が発見された。末代上人は、山頂付近と五合目に経塚を造営し、二つの経塚に挟まれた区域を聖地として位置づけたのであろう。

末代上人は経塚を造営することで、富士山を聖地として整備し、富士山に登拝して修行する富士禅定の基礎を築いた。折しも、一二世紀頃には、富士山の火山活動が鎮静化し、富士禅定をおこなうための条件が整った。

中世の富士禅定は、不明な点が多いが、山中から出土した遺物に仏教色の強いものが多数みられ、登山道や山中の施設の整備が仏教徒によって進められたことが推測できる。中世前期には経筒・経巻・渥美《あつみ》焼など経塚遺物が主体であるが、東口六合目室から至徳元年（一三八四）銘の大日如来二尊懸仏が発見されていることが注目される。室は、登拝者の宿泊・休憩施設と本尊を祀る仏堂を併設しており、富士禅定に欠かせない施設である。おそらく室の整備は、禅定道の整備の一環として実施されたもので、一四世紀に富士禅定が盛行したことを裏付けるものといえよう。

富士山で発見された懸仏としては、烏帽子《えぼし》岩の文明十四年（一四八二）銘不動明王懸仏、三島ヶ岳の文明十四年（一四八二）銘虚空蔵菩薩懸仏、久須志岳の天文十二年（一五四三）銘懸仏、大宮口七合五勺の薬師如来懸仏が知られているが、それらの本尊が山内の各所に配されることで、富士山内に富士曼荼羅の世界を表現しようとしたものと考えられる。富士禅定をおこなうことで、富士曼荼羅という観念的な世界が、現実の登拝行のなかで体験できることになり、富士禅定は大きな宗教的効果を発揮することになった。

また、富士山中の遺跡でもっとも多く採集される遺物である銭貨は、初鋳年次を容易に知ることができる反面、使用時期を特定することがきわめて難しい。かつて富士講が撒銭をおこなったことは伝承で確認され、銭貨の使用時期の下限は昭和戦前期まで下るが、その風習自体は近世まで遡ることが文献史料であきらかである。銭種をみると、寛永通宝が圧倒的に多いが、多数の宋銭が含まれていることが注目される。宋銭は古寛永と共伴する例は多いが、基本的に新寛永とは共伴せず、宋銭の使用時期は基本的に江戸前期までと推測され、中世後期に使用されたものが含まれている可能性もある。中世後期以降、富士禅定に際して、道者が銭貨を撒きながら登拝したことが推測されるのである。

一方、富士禅定の盛行にともなって、登拝拠点の整備が進められた。富士宮市村山浅間神社遺跡では、一二世紀に礎石建物が出現し、宗教施設としての本格的な整備が実施された。一四世紀後半以後、仏堂など礎石建物の軒数が増加し、境内が大濠によって区画され、周辺に多数の院坊が形成された。院坊には修験者が居住し、富士禅定の道者に山案内や宿泊など、さまざまな便宜を図った。一六世紀には、大鏡坊・池西坊・辻之坊の村山三坊が中心となり、寺社勢力として成長した。

富士山の禅定道は、村山口・須山口・須走口・吉田口・河口口など複数のルートがあり、一六世紀までには各登拝口に宗教集落が形成された。多くの宗教集落には御師が定住し、道者の依頼に応えて祈祷を執行し、宿泊の便宜を図った。また、近世になると、御師は諸国に檀家を擁するようになり、毎年遠方の檀家に守札を配るための廻檀活動をおこなった。

このように、富士禅定は、一二世紀に経塚が造営されてから本格化し、拠点となる寺社の整備が進んだ。一四世紀になると、禅定道の整備がおこなわれ、以後富士禅定は一層の盛行をみた。富士禅定の拠点には宗教集落が形成され、修験者や御師が定住し、祈祷・山案内・宿泊などの機能を担うようになった。

三　富士信仰の近世的展開

永禄三年（一五六〇）、富士行者の藤原角行《かくぎょう》は、人穴（富士宮市）で、千日垢離《こり》、千日間参籠、四寸五分の角材の上につま先で立つ立行などをおこなった。人穴は、溶岩流によって形成された自然洞窟で、洞窟内には籠堂や「須弥《しゅみ》の御柱」があり、最奥部に大日如来石仏と浅間大神碑が祀られている。富士講では人穴を母胎になぞらえて「御胎内」と呼んでおり、そこを潜れば富士浅間菩薩の加護のもとに再生すると伝え、角行の窟修行はいわゆる擬死再生の儀礼であったと推測される。人穴の参籠行は、角行が、修験者の伝統的な修行法を取り入れ、独自に整備したものであった。

角行は、人穴で参籠行をおこなうとともに、富士山への登拝行を試みた。当時、富士禅定は多くの道者によって盛んにおこなわれており、一六世紀に制作された富士曼荼羅には、列をなして登山する道者の姿が描かれている。角行は、元亀三年（一五七二）に吉田口から登拝し、頂上を極めた後に、五合目で「中道《ちゅうどう》巡り」をおこなった。さらに、天正元年（一五七三）には、富士五湖などの内八海と中禅寺湖（栃木県日光市）などの外八海を巡錫《じゅんじゃく》する内外八海巡りを実践した。角行は富士禅定を自身の修行に取り入れ、その上に巡礼などを加え、参籠行・山岳登拝行・頭陀《ずだ》行を結合させた独自の修行形態を編み出した。これが富士講の修行方法の基礎となった。

元和六年（一六二〇）、江戸で「突き倒し」という病気が流行した際に、角行が「御風先侎《おふせぎ》」という御札を病人に授けたところ、多くの人が治癒した。そのため、角行は江戸町人の信仰を集めるようになり、活動拠点を江戸に移すことになった。角行は富士信仰の伝播に努め、弟子たちも積極的に宗教活動を展開した結果、角行の修行方法や思想が江戸を中心に広められた。そのため、富士講の講祖である角行が修行した人穴は富士講の聖地とされ、仏堂などの施設が整備され、富士講徒によって多くの塔碑が建てられた。

人穴は、角行ゆかりの聖地であるというので、多くの宗教家が立ち寄る所となった。文政六年（一八二三）五月十日に人穴を訪れ、以後数年間、ここを拠点に活動したのが空胎上人である。彼が来る前年に人穴村の名主赤池家では当主氏実が死去し、残された妻子が不安な日々を送っていたが、偶然に同家を訪ねた空胎上人は、その教養を買われ、母誉曽子の懇願によって子息醒促の教育にあたるとともに、さまざまな宗教活動を展開した。

空胎上人はあまりに無名の人物なので、その生涯と事跡を、簡単に紹介しておこう。空胎上人は天明五年（一七八五）五月二日に、武蔵国男衾郡千代《せんだい》村（埼玉県熊谷市千代）の旧家に生まれた。幼名富治郎、元服して長治郎直庸を名乗った。享和二年（一八〇二）十二月に結婚し、子宝に恵まれ、五人の子女を育てた。彼は、俳諧や和歌などの文芸を愛好し、甲信一刀流という農民剣術の修行をした。彼は上層農民として何不自由ない前半生を過ごしたのである。ところが、文化十一年（一八一八）に相次いで子どもを失い、翌年正月には門人が神道無念流と喧嘩し、死者三人、負傷者八人を出すという惨事に見舞われた。その直後、出奔した彼は相模国一之沢（神奈川県伊勢原市日向）の天台宗弾誓派浄発願寺に入寺し、出家した。その後、諸国で修行を積み、相模国愛甲郡下荻野村（神奈川県厚木市下荻野）智恩寺の住職に就任した。彼は順調に天台宗僧侶としての道を歩んだのであるが、智恩寺で揉め事に遭遇して住職を辞し、以後富士山麓を遍歴することになった。文政六年五月十日に人穴へ修行に訪れ、翌年三月には三ッ峠山（山梨県西桂町）へ登山を試み、以後人穴や三ッ峠山で宗教活動をおこなった。弘化四年

（一八四七）五月に甲斐国犬目宿（山梨県上野原町）滝石寺の住職となり、翌年八月に浄発願寺へ移り、さらにその翌年三月には同寺の住職に補され、上人号を授与された。安政四年（一八五七）十月、彼は住職を辞任して、三ッ峠山に隠居し、文久二年（一八六二）八月十八日に下暮地村（山梨県西桂町）で七七才の生涯を閉じた。

　空胎上人は人穴で積極的な宗教活動をおこない、光侎寺《こうくうじ》の中心施設である大日堂を再興するため、江戸や郡内地方の富士講徒を対象に勧化活動を展開した。富士講のネットワークを利用して、光侎寺の施設を整備し、さらには講員を人穴に集めようとしたのである。また、富士講の行者や赤池家の先祖を載せた過去帳を作成し、光侎寺で供養した。さらに、『明藤開山光侎寺富士山人穴略縁起』・掛図・『富士山人穴双紙』・『富士山人穴物語』などを刊行し、出版物によって富士信仰を広めようとしたのである。このように、人穴は、山岳宗教に包摂できないような、広範な宗教的広がりをもつ聖地であった。

　富士講は、享保十八年（一七三三）に食行身禄《じきぎょうみろく》が富士山烏帽子岩で入定したことを契機に急速に発展し、江戸とその周辺の農村で数多く結成された。講員は、ごく普通の町人や百姓で、定期的に講会《こうえ》をもち、夏になると集団で富士山に登山した。登山には経費がかかるため、積立貯金をおこない、順番で代表者を送り出す代参講の方式を採用する講が少なくなかった。富士講は、風紀を乱すものとして江戸幕府から何度も禁圧されたが、一向に衰えをみせなかった。その理由は、第一に富士登山によって心身ともに解放感に浸れる魅力であり、第二に、食行身禄が説いた男女平等や通俗倫理など、ほかの宗教にない新しい思想が、富士講の教えに盛り込まれていたからであろう。

　食行身禄は、江戸で油の行商をしながら、富士信仰を布教し、江戸町人に富士講の結成を促した。裕福な商人などの贅沢な生活を否定し、鬱積した社会問題を解決するためには「みろくの御世」を実現させるしかないと説き、まずそれにふさわしい生活規範を実践することを勧めた。それは、一種の世直しであり、呪術的な山岳宗教から脱皮した新たな宗教を模索する動きでもあった。

しかし、近世の富士山は女人禁制を崩さなかったので、富士登山ができない女性や子どものために、江戸を中心に富士塚が造られた。江戸の富士塚はいわば人造富士で、土を盛って築いた塚の頂上に富士山頂の土を置き、わざわざ富士山から取り寄せた溶岩などを配し、登山道を設けて何合目などと記した石柱を立てるなど、造園術を駆使した構築物である。富士塚は、食行身禄の弟子の高田藤四郎が、安永八年（一七七九）に造営した高田富士が最初であるとされ、以後江戸市中に広まった。東京都目黒区新富士遺跡では、文政二年に富士講によって築造された新富士の地下から、人工的な洞窟が発見された。洞窟の奥壁には小祠が彫り込まれ、「文政三年五月」の紀年銘をもつ大日如来石仏が安置され、富士山麓の「御胎内」を模したと考えられる。富士塚に登拝し、胎内洞窟を潜ることで、実際の富士山に登拝したのと同様な効験を得ることが期待されたのであろう。

富士講の発展は、山麓の宗教集落の繁栄をもたらし、吉田口などで都市化が進んだ。御師は広大な屋敷を構え、神前での祈願を執り行うとともに、講員に宿泊の便宜を供する宿屋としての機能が整えられた。登山に際して講員の荷物を担う強力《ごうりき》も多数居住し、登山道沿いには茶屋や山小屋が営まれたが、それらの中には宿泊機能をもつものもあった。富士講は、無事下山すると下山祝いをすることが多かったが、その際のサービスを提供する料理屋や遊郭も営まれた。富士山麓の宗教集落は、遠方の江戸などからやってくる富士講のおかげで、大いに潤ったのであった。

近代には、富士講を基礎として、扶桑教・丸山教・実行教などの教団が結成された。その教義は神道色が強いが、富士登山など富士講以来の活動を引き継ぎ、伝統を踏まえた近代にふさわしい富士信仰のあり方を模索した。これらの教団からは、さらに富士教・扶桑富士本教・富士御法・大日本富士教・明治教団などが分岐しており、富士信仰は近現代の新宗教に大きな影響を与えている。

四　富士信仰の伝統

このように、富士山の山岳宗教は、古代には山麓から遥拝するのみであったが、中世には宗教家が直接山内に分け入って修行するものに変化した。富士禅定の活発化にともなって、禅定道や宿が整備され、山麓には御師や修験者による宗教集落が営まれた。富士山は修験道の行場として発展したのであった。

さらに、近世には一般信者も山岳登拝や人穴での修行をおこなうようになり、江戸をはじめ各地で富士講が結成されるようになり、富士信仰は隆盛を迎えた。富士信仰は、藤原角行の段階では、中世の修験道の伝統もあって、いまだ呪術的な色彩が強かった。しかし、食行身禄は、富士信仰を現世利益的な呪術宗教から脱皮させ、通俗倫理や世直し思想を基軸に置いた道徳的な宗教へと大きく変化させた。

富士信仰のあり方は、時代とともに大きく変化したが、いつも信仰の核となっていたのは富士山であった。富士山がもつ不可思議な力は、山麓に多くの新宗教の施設があることが示すように、現在も息づいていることは疑いない。

第八章　苗敷山信仰の諸段階

はじめに

苗敷山《なえしきさん》の山岳宗教が、いつ形成され、どのような歴史を歩んだかということは、地方霊山のケーススタディとして興味ある問題である。

宝生寺《ほうしょうじ》跡から採集された膨大な近世陶磁の存在は、かつて苗敷山が繁栄していたことを如実に物語っているが、いざその信仰内容がどのような性格のものであったかという点になると、必ずしも十分に解明されているとはいえないのが現状である。

そもそも考古資料は、宗教のような明確なかたちのないものを知るのには向いておらず、まして山岳宗教のような捉えにくい民俗宗教を研究する資料としては必ずしも適切なものではない。文献史料や民俗資料が豊富に使用できる条件であれば、あえて使わなくてもよいような性格の資料が考古資料であるが、不幸なことに苗敷山ではいずれの資料も十全ではない。とりわけ、苗敷山信仰の成立期の様相を知るためには、わずかに検出された考古資料の検討を避けて通ることができないのが実状である。

そこで、ここでは、おもに考古資料に拠りつつ、苗敷山の山岳宗教の歴史に迫ってみたい。ここでは苗敷山に関する従来の調査・研究を振り返り、問題点を整理することから作業を開始したい。そのうえで、全国的な知見を踏まえながら、苗敷山の立地の特色、平安時代における山岳宗教の問題、中世の様相、近世における宝生寺の評価についてまとめておきたい。

一　苗敷山信仰の考古学研究史

まず、苗敷山信仰についての従来の研究を振り返り、苗敷山信仰の歴史がどのように描かれてきたかを整理しておきたい。

苗敷山が注目されたのは、平成十二年（二〇〇〇）に山本義孝らが山頂に新設された林道脇から緑釉《りょくゆう》陶器片や土師器片などを発見したのを契機に、平成十三年に韮崎市教育委員会が発掘調査を実施し、複数の竪穴建物跡を検出したからである。発掘調査報告書の「まとめ」を執筆した閏間《うるま》俊明は、「以前から遺存状況の良好な山林寺院跡として知られていた苗敷山山頂遺跡に初めて発掘調査を実施したことになる。平地にある一般的な集落と類似性の強い竪穴住居構造や遺物組成を持ちながらも、灯明皿として使用した痕跡を持つ坏が多いことや坏の器形において特異なものがあるなど違いのあることも事実である。遺跡の立地条件等も含めて、一般的な集落とは異なる意義を持つ信仰の場としての遺跡と位置づけられると考えられる」とし、苗敷山山頂遺跡を「信仰の場」として理解した（韮崎市教育委員会二〇〇二、三頁）。その際、灯明皿の多さに注目し、宗教活動との関連で把握していることが特筆されよう。

その後、閏間は、苗敷山山頂遺跡の発掘調査の成果を踏まえ、苗敷山信仰の展開についての素描をおこなった（閏間二〇〇三、一六九―一七〇頁）。やや長いが引用しておこう。

苗敷山信仰は、古くは平安時代から始まったことは確かであり、その発生には鳳凰三山の前衛の山であること、甲府盆地を見渡せる位置にあることや高層湿原の存在など、様々な地理的要因が絡んでいたといえます。また、竪穴住居が仏教的施設の構成要素となりうることから、平地部で見られた仏堂的施設の延長として古代の苗敷山信仰が成立した可能性を推察しました。しかしながら、平地集落に存在する仏堂的施設を山間部へ造営する甲斐国内の政治的な背景の検討をしていませんので、今後の課題といえましょう。

（中略）

中世段階で信仰が存在していたことは、現在本宮内に鎌倉初期の仏像が存在することや、武田信玄の寄進に関する棟札の存在から疑う余地はありません。しかし現在のところ、発掘調査で出土した遺物や散布している遺物に中世段階の遺物は皆無であります。平安時代末の信仰形態が中世に入り大きく変化したことを示すといえます。

近世遺物の散布は、中世期の宗教形態のさらなる変化を示すものです。平安時代の遺物の散布域と比較して苗敷山東斜面といった参詣ルートを中心としており、西斜面への散布は見られず、近世に西斜面は利用されていません。『甲斐国志』に西斜面について何も触れていないこともその現れといえます。

古代からの信仰形態が現在にまで継続されていると思われがちですが、各時代でその様相は変容しながら伝えられてきました。（後略）

このなかで、閏間は苗敷山信仰史の枠組を示したが、それが現在の研究の基礎になっている。そこで、論点を明確にするために整理すれば、第一に苗敷山信仰が平安時代に開始されたこと、第二に鳳凰三山への登拝口であることから信仰が始まったこと、第三に甲府盆地を見渡せる優れた景観をもつ位置や高層湿原の存在などの自然条件が基礎になっていること、第四に平安時代の山林仏教と深い関係にあること、第五に中世に信仰形態が変化したこと、第六に近世に宗教形態が一層変化し、山頂部の空間利用に大きな変化があったことなどを唱えているといえよう。このうち、第二と第三の論点は苗敷山の立地条件に関わること、第一と第四の論点は苗敷山信仰の成立に関わることで、それらをまとめれば、立地条件・信仰の成立・中世の画期・近世の画期の四つに論点を絞ることができよう。

平成十四年には、閏間・櫛原功一・信藤祐仁・堀内真が山梨県の山岳宗教遺跡について総括したが、そのなかで苗敷山の性格について、次のような説明がおこなわれた（閏間・櫛原・信藤・堀内二〇〇四ａ、五一二頁）。

苗敷山は、鳳凰三山の前衛の山であり甲府盆地を見渡せる位置にあることや高層湿原の存在など様々な地理的要因の背景のもとで自然信仰的な山岳寺院として古代に成立した。中世になり、当山は密教系山岳寺院の修行場として使用されるようになる。史資料は少ないが、武田氏の保護もうかがえる。

武田氏滅亡後に苗敷山穂見神社は焼失するが、徳川氏により再建され再度信仰の対象となり、密教的な修行形態から「太々講」と呼ばれる信者団体による五穀豊穣を願う信仰形態へと変貌する。甲斐国内での山岳宗教の起源とその変遷過程を示す山の一つである。

この説明は、先の四つの論点について、それぞれ解答を示したものとなっている。立地条件は「様々な地理的要因」を背景とし、信仰の成立は古代の「自然信仰的な山岳寺院」に遡り、中世の画期は「密教系山岳寺院の修行場」の成立として性格づけられ、近世の画期は講集団を母体とした「五穀豊穣を願う信仰形態へと変貌」したことに求められるという。

この説明が実証的な裏づけをもつものであれば、すでに苗敷山信仰については既知のことに属するはずであるが、実際には、さまざまな問題点が指摘されるため定説となり得ていない。立地条件については首肯される点が多いが、古代の山岳寺院の遺跡は未確認であり、中世に利用された行場を特定することは難しく、太々神楽を奉納するための講集団を山岳信仰の担い手とみることには飛躍があろう。少なくとも、これらの問題点を解決することなしに、この説明をそのまま容認することはできない。実証的な検討が求められるところである。

このように、苗敷山山頂遺跡は、古代に成立した山岳寺院で、中世的な発展を遂げたものと考えられたため、平成十八年に山梨県埋蔵文化財センターによって山梨県内中世寺院分布調査の一環として発掘調査が実施された。調査を担当した石神孝子は、調査結果にもとづいて、「確認された2基の集石遺構や遺物から、本テラスでは10～11世紀の祭祀の場であったものと推測される。今回確認した遺構は韮崎市教育委員会により調査された住居群と同時期のものである。しかしこれらに後続する中世の遺構は認められず、苗敷山の信仰拠点がどのように推移するのかを今後明らかにする必要がある」（石神二〇〇九、一四二頁）とまとめている。つまり、古代についてはともかく、中世の実態は不明であるとしているわけで、先にみたような苗敷山信仰史の疑問点が浮上することになったのである。

以上、振り返ってきたように、考古学の立場からおこなわれた苗敷山信仰史の研究は、おもに閏間の積極的な研究活動によって生み出されたものであった。古代の山岳寺院に源を発し、中世には密教寺院として発展したが、近世には民衆の熱い信仰を集める山へと変貌したというのが、彼の描いた物語であった。それは、古代から近世まで、時代のあり方を反映しながら発展し続けた寺院の、いわばサクセス・ストーリーといえるものであった。この分り易く、共鳴しやすい物語は、多くの賛同者を生んだはずであるが、何分実証的に弱いところがあり、部分的な批判が石神によってなされた。こう研究史を整理することによって、さまざまな問題を内包しているにせよ、これからの苗敷山信仰史の研究が、まず閏間説を検証するところから出発しなければならないことがあきらかになったといえよう。

二　苗敷山の立地

苗敷山の立地について、閏間は「鳳凰三山の前衛の山」「甲府盆地を見渡せる位置」「高層湿原の存在」の三点を挙げ、これらの要因が絡み合って独自な宗教的な意味を生み出したと考えた（閏間二〇〇三）。

鳳凰三山は地蔵ヶ岳・観音岳・薬師岳の総称で、苗敷山の背後に聳え立っており、苗敷山からより高所へと歩み

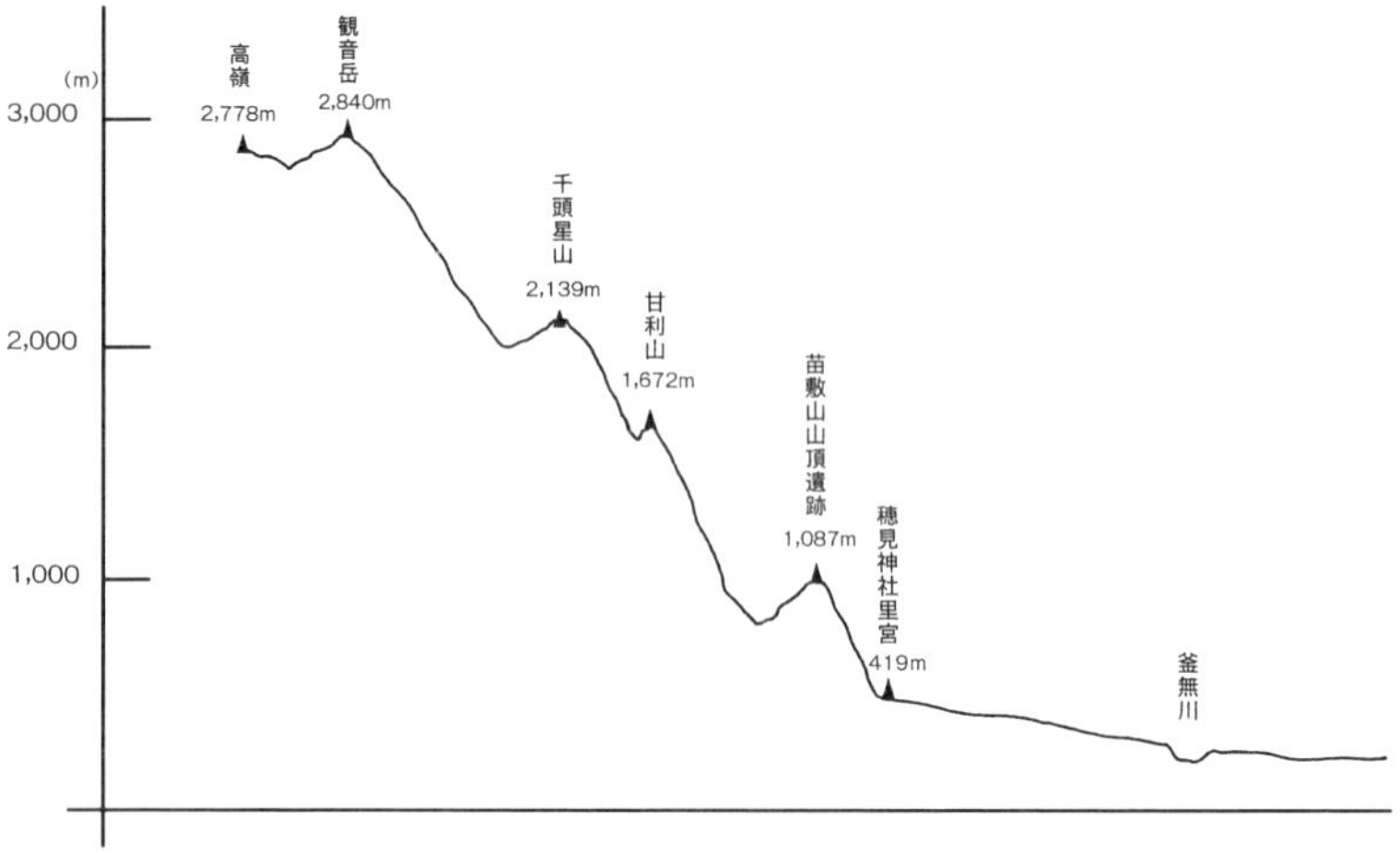

第27図　苗敷山から鳳凰三山に至る地形断面（韮崎市教育委員会2003）

を進めれば到達することができる。苗敷山は甲府盆地と鳳凰三山の中間にある「前衛の山」であるというわけである。鳳凰三山の標高は、地蔵ヶ岳が二七六四m、観音岳が二八四〇m、薬師岳が二七八〇mで、いずれも二七〇〇mを越える高山である。それに対して、苗敷山は標高一〇三七mで、鳳凰三山よりも一七〇〇m以上も低い。地蔵ヶ岳の山頂からは薙鎌・剣形鉄製品・銭貨、その直下の鳳凰小屋付近からは懸仏・剣形鉄製品、銭貨が採集されており、中世から近世にかけての山頂祭祀遺跡が確認できる（閏間・櫛原・信藤・堀内二〇〇四b）。苗敷山と鳳凰三山の直接的な関係は確認できないが、甲府盆地から眺めた際に手前に苗敷山、その背後に鳳凰三山が横たわる景観を、閏間は意味あるものと判断したのであろう。

　高山と低山、高所と低所という関係は、鳳凰三山と苗敷山の間に認められるだけでなく、苗敷山内においても、山麓の穂見神社里宮と奥宮の間にもみられ、いわば重層的な構造を呈していることが知られる。ここでは、いずれも甲府盆地から眺望することが可能で、前景をなす山岳に遮られることはない。閏間によって作成された苗敷山から鳳凰三山に至る断面図（第27図）をみると、苗敷山から観音岳までの山塊において、観音岳が頂部に位置するのに対して、苗敷山はあたかも基部をなすかのような位置を占めていることがわかる。したがって、いわゆる里山と奥山の関係（能登・洞口・小島一九八五）をそのまま当て嵌めることは無理であるが、苗敷山と鳳凰三山がそれぞれ異なった性格付けをなされていた可能性は否定できない。

かつて能登健らは、平野の集落を基準に、サト・サトヤマ・オクヤマという空間の広がりを措定し、サトを「水田を中心とする生産域を有する集落の分布する地域」、サトヤマを「集落を取り巻く未開発地からこの山岳に至るまでのサトの人々が積極的に組織しえない領域」（能登・洞口・小島一九八五、二八一頁）、オクヤマを「サトの認識の外側に存在する別世界ともいうべき空間である。言わばサトの支配的認識にとっては存在しない空間」（能登・洞口・小島一九八五、二八八頁）と概念規定した。サトヤマとオクヤマの間は高山などによって遮断され、里棲み集落と山棲み集落は関係が希薄で、生業や社会のあり方に大きな違いがあった可能性を想定したのである。

このモデルによれば、苗敷山はまさにサトヤマであり、山麓にあるかもしれない集落遺跡は里棲み集落に分類される。鳳凰三山との間を遮るものはなく、苗敷山から鳳凰三山まで山塊は連続しており、鳳凰三山もまたサトヤマと見做し得る。しかし、ここで問題となるのは、そもそもサトである甲府盆地は、関東平野の集落からみればサトヤマの向こうのオクヤマに広がる平地に過ぎないことである。能登らの概念は、彼らが分析した群馬県六合村熊倉遺跡の実態を考えるうえでは有効なものであるが、一般的な概念として敷衍しようとすると、どこからみたサトヤマなのかという問題が発生することになる。つまり、サトをどことみるかによって実態が変わることになり、サト・サトヤマ・オクヤマという関係が入れ子状に展開することになる。平地と山地の二本立てで概念化できるような地形であれば問題ないが、山の向こうに平野があり、その奥にまた山が広がるような地形環境では、このモデルを実体化させるには限界があるといえよう。

能登らが設定する概念ほど厳密に考えずに、人々が生活する平地に隣接し、人々の生活のなかでさまざまに利用されているような山を里山とすれば、苗敷山はまさに里山の典型であるといえよう。問題は、苗敷山の奥に広がる鳳凰三山を、里山の延長とみるか、それとも別の高山として捉えるかということに帰着しよう。そこで、山梨県内のおもな信仰遺跡が所在する山岳の標高をみると、富士山三七七六m、八ヶ岳の権現岳二七八六m、金峰山二五九五m、鶏冠山《とさかやま》一七一〇m、篠井山一三九四mとなり、いずれも苗敷山よりも高い。権現岳が鳳凰三山と近く、金峰山は鳳凰三山よりもやや低いが、二〇〇〇m級の山という点では共通している。一〇〇〇m級の鶏冠山と篠井山は、苗敷山に近い標高の山といえるが、いずれも里山とはいえない山である。つまり、苗敷山は、山梨県内の山頂遺跡が所在する山としては、孤立しているとみることができる。しかも、遺跡の時期に注目すると、一〇世紀に遡るものは苗敷山のみで、あとはいずれも一二世紀以降で、一六世紀に下るものがもっとも多いようである。鳳凰三山から出土した遺物も、一四世紀の懸仏を最古とし、薙鎌や剣形鉄製品は一六世紀まで下る可能性が高く、苗敷山とは数百年の開きがある。このようなことを考えると、苗敷山と鳳凰三山の信仰は、別個のものとして捉えるべきであるといえよう。

しかし、もし一〇世紀の段階で苗敷山において山岳宗教が成立したとすれば、それを母胎に発展し、終には鳳凰三山にまで至ったとする可能性はないわけではない。山形県羽黒山は、標高四一九mの里山であるが、一〇世紀に土師器を用いた祭祀がおこなわれるようになり、一二世紀には山頂の御手洗池に銅鏡が奉納されたことが知られる。中世には、羽黒山頂に寺院が営まれたが、標高一九八〇mの月山も祭祀の対象に組み込まれるようになり、秘所三鈷沢に刀剣の奉納が盛んにおこなわれた。羽黒山では、低い山から高い山へという山岳修行の発展が認められ、低山を拠点に高山を目指す行者がいたことを推測することができる（時枝二〇〇五a）。また、福岡県太宰府市と筑紫野市にまたがる宝満山《ほうまんざん》は、標高八二九mの山であるが、七世紀後半に祭祀が始まり、八世紀には奈良三彩など豪華な遺物を用いた山頂祭祀が繰り広げられた。一〇世紀頃には、標高一二〇〇mの英彦山に至る入峰道が拓かれ、一二世紀には英彦山山頂に経塚が造営された。宝満山の場合も、低い山から高い山へという流れをみることができ、山岳宗教が低山から始まったとする学説がまんざら根拠のないものではないことを示している。もっとも、いずれも低山と高山の間で、祭祀の開始時期に差があり、高山が遅れるのが一般的なようである。こうした大きな流れと、苗敷山から鳳凰三山へという流れは、軌を一にするものといえよう。

苗敷山の標高一〇三七ｍという高さは、全国の信仰の対象となった里山と比較してみると、三輪《みわ》山四六七ｍ、朝熊山五五三ｍ、求菩提《くぼて》山七八二ｍ、比叡《ひえいざん》山八四八ｍ、筑波山八七六ｍ、妙義山一一〇三ｍ、大山一二四六ｍ、伊吹山一三七七ｍ、榛名山一四四八ｍ、伯耆大山《ほうきだいせん》一七二九ｍ、赤城山一八二八ｍというように、平均的な高さであることが知られる。つまり、苗敷山は、独立した信仰対象となり得る山としての高さをもっているのであり、必ずしも「鳳凰三山の前衛の山」であることを要しないのである。中世になって、鳳凰三山への登拝拠点的な性格を付与された可能性は否定できないが、それは後事的な現象である可能性が高いのである。

次に、「甲府盆地を見渡せる位置」という特色は、里山である以上当然の自然条件であるといえる。裏返せば、甲府盆地から望むことができる山ということでもあり、里山であるという以上の内容をもたない。確かに、古代の山岳信仰のなかには、国見のような王権の儀礼との関連が予測される場合もあるが、一〇世紀に始まったとみられる苗敷山での活動とは結び付きそうもない。「鳳凰三山の前衛の山」であるから信仰されるようになったわけでないとすれば、「甲府盆地を見渡せる位置」という立地条件は重視されねばならないが、これはあくまでも甲府盆地から望める位置ということに過ぎない。甲府盆地を取り囲む里山であれば、どこでも信仰対象となった可能性があるわけで、なぜそのなかで苗敷山なのかという疑問に答えることができない。

その点、最後の「高層湿原の存在」という特色は、個性的なものであるが、現状では池平・鷹ノ田・さわら池などの湿原と宗教の結び付きを把握することができないという難点がある。しかし、苗敷山の山頂には、高層湿原とはいえないまでも、梅雨時には湿地化する土地があり、その周辺に集石遺構を確認することができる。集石遺構は、出土遺物から祭祀に関連する可能性が高いと判断されており（石神二〇〇九）、かつて湿原を祭場とする信仰現象がみられたことを暗示する。

かつて金井典美は、湿原祭祀という概念を創出し、全国各地における事例を集成した（金井一九七五）。金井によれば、湿原祭祀は、そのあり方から「神の田圃」型・八島型・「ダイタ坊の足跡」型・「鬼の泉水」型・「高天原」型・その他の六類型に分類されるという（金井一九七五）が、伝説などがない場合にどの類型に属するかを判断するのは難しい。しかし、いずれも水田がない場所にあたかも水田のような景観が広がっている点で共通しており、湿原祭祀が水田稲作と密接な関係にあることが知られる。湿原祭祀の背景には、稲作に関わる信仰が横たわっていることが確実であり、その意味で苗敷山という山名は象徴的ではある。苗敷山の山頂の低地は、高層湿原ではないが、潅木《かんぼく》を交えるものの草原に近い景観を呈しており、湿原祭祀と関連する可能性が指摘できよう。池平・鷹ノ田・さわら池などの湿原だけでなく、苗敷山頂の低地を含め、稲田のような景観がみられるかどうか観察する必要があろう。「高層湿原の存在」という自然条件は、意外と重要な意味をもっているかもしれず、山名にまつわる伝説などを含めて、今後の検討課題である。

三　平安時代における山岳宗教の問題

閏間によれば、苗敷山山頂遺跡から検出された竪穴建物は、「仏教的施設の構成要素となりうる」ものであるとされ、いわば山林寺院の一部をなす施設、おそらくは僧房としての機能をもつ建物と考えられるという（閏間二〇〇三）。ただ、高所に位置していることからすれば、必ずしも僧地に属するとは限らず、より重要な施設である可能性も考えられるともいっており、竪穴建物の性格を特定できていない。また、閏間は「苗敷山に存在した信仰施設の維持管理は竪穴住居に住む人々によってなされた可能性」があるともいっており、在俗の管理人を想定している節もある（閏間二〇〇三、一六九頁）。しかし、いずれの場合も、中心となる宗教施設が発見されていないため、議論が空想的になりがちであることを否めない。

確かに、群馬県高崎市黒熊中西遺跡などで僧房が竪穴建物である事例が知られており（群馬県埋蔵文化財調査事業団一九九二）、苗敷山山頂遺跡の竪穴建物が僧房である可能性はある。静岡県富士宮市村山浅間遺跡では、一〇世紀の竪穴建物が一棟検出されているのみであるが、山岳修行の拠点であった可能性が指摘されている（富士宮市教育委員会二〇〇五・植松二〇〇六）。この場合、竪穴建物は単に僧房としての機能に留まらず、さまざまな機能を併せもっていたと推測され、苗敷山の竪穴建物についても同様な評価をおこなうことも不可能ではない。しかし、村山浅間遺跡では、そこから富士山に登拝するという目的が容易に推測できるのに対して、苗敷山における修行の対象を明確化することは困難であるという相違点がある。

ところで、閏間は、苗敷山山頂遺跡の竪穴建物出土遺物に「土師器坏・皿に灯明皿として用いられた痕跡のあるものが目立つこと」に注目し、「灯をともすことが多かったことの現れであるといえます。この灯をともすという行為、実は非常に信仰と結びつきが強いということが、近年の発掘調査からわかってきています」として、関連する事例を掲げている（閏間二〇〇三、一五九～一六〇頁）。この指摘は、竪穴建物の機能を検討するうえで重要なものであるが、信仰に関連する可能性があるという以上の考察がなされていない。

竪穴建物出土遺物で灯明皿と確認されたものは、二号竪穴住居跡出土の「端にススが帯状に巡る」坏一点と四号竪穴住居跡出土の「芯が束ねられて器の端にあったことが明確な」坏一点で（韮崎市教育委員会二〇〇三、三三頁）、いずれも所謂「かわらけ」に近い土器である。二号住居跡は六号住居跡と重複し、四号竪穴住居跡は一、三～五号までの四軒と重複しており（韮崎市教育委員会二〇〇三）、厳密にいえばどの竪穴建物にともなったものなのか特定しにくい。灯明皿は、夜間の作業のために火を灯すためのものと考えられがちであるが、竪穴建物内で使用したと考える必要はなく、外部で宗教的な目的に使用した可能性もある。その場合、竪穴建物から出土したのは、灯明皿が未使用時には竪穴建物内に安置されていたためということになる。

そこで、苗敷山山頂遺跡で、竪穴建物以外に灯明皿が出土した地点がないか検討すると、湿地状の土地に営まれた集石遺構の周辺、山梨県埋蔵文化財調査センター発掘調査時の第二号トレンチなどから数点の灯明皿が出土していることが知られる（石神二〇〇九）。細片ではあるが、一〇～一一世紀のものと判断されており、基本的に竪穴建物から出土した灯明皿と同時期の遺物である。また、墨書土器の細片が出土しているが、文字は判読できないという。しかも、トレンチからは焼土粒子・炭化物も確認されており、周辺で火を燃やすことがあったとみられる点が注目される。調査を担当した石神孝子は、「10～11世紀の祭祀の場であったものと推測される」としており（石神二〇〇九）、なんらかの儀礼が執行された場所とみてよい。火を使用した儀礼であることは疑いないが、灯明皿を用いている点から判断すれば、万灯会などが想定されよう。しかし、それだけでは、焼土粒子や炭化物は形成されないことから、護摩などより広範な儀礼が執行された可能性も考慮しておかなければなるまい。このように考えると、竪穴建物から出土した灯明皿の使用場所が、湿地状の土地に営まれた集石遺構周辺であった可能性が指摘できるわけであるが、次に問題とされなければならないのはそこがどのような場所であったかということであろう。

集石遺構は二基確認された（石神二〇〇九）。第二号トレンチのものは完掘され、径一・五ｍの円形プランを呈することが判明した（第28図）が、第四号トレンチのものはトレンチの外側に広がるため全貌は不明である。いずれも、拳大を中心とする自然石を配したもので、第四号トレンチのものはやや大きめな礫が混入している。集石の時期を直接示すものはないが、遺構の内外から一〇～一一世紀の土師器・灰釉陶器などが出土しており、それよりも新しい遺物がみられないことから、一〇～一一世紀に構築されたものと判断して大過なかろう。風倒木などによる自然成因の擬偽遺構とは異なり、人為的なものとみられるが、性格については判然としない。高さは低いが、倒壊している可能性もあり、広義のケルンとみてよかろう。山岳宗教の霊山によくみられる賽《さい》の河原《かわら》に積まれた小石と、ほぼ同じようなものであり、湿地性の土地に造営されている点になんらかの宗教的意味があることが予測される。恒久的な構築物というよりは、自然物を利用した簡易な遺構とみるべきもので、宗教的な性格をもつ可能性が高い。発掘調査によって検出されているのは二基だけであるが、未発掘の部分が多く、多数の同様な遺構が埋もれているものと推測される。その景観は、まさに賽の河原を連想させるものであり、灯火がともされた夜景はさぞ神秘的なものであったに違いない。

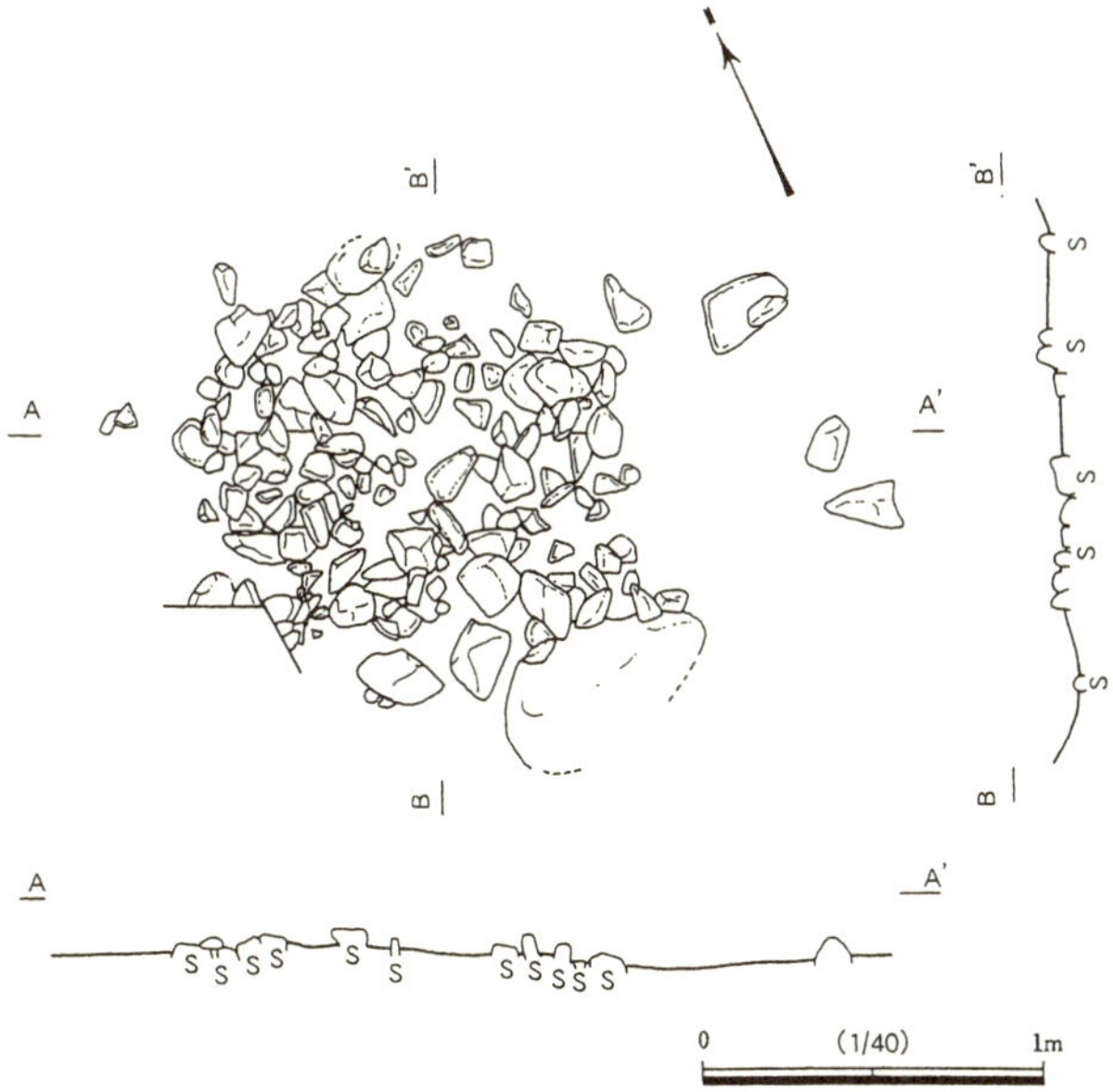

第28図　第２号トレンチの集石遺構（石神 2009）

　同様な遺構は、たとえば長野県蓼科《たてしな》町中与三《よぞう》塚などが知られるが、むしろ香川県まんのう町中寺廃寺のC地区との関連を考えるのが適切かもしれない。中寺廃寺の伽藍を検討した上原真人は、寺院が三地区から構成されることに注目し、それぞれの地区の性格を、A地区が仏堂と塔からなる中枢施設、B地区が大川山信仰に関わる神社と修行僧の僧房、C地区が民間信仰にもとづく「石塔」行事の根拠地であると推測した（上原二〇〇八）。このうち、C地区ではケルン状の石積みがみられ、苗敷山山頂遺跡のものよりも大規模なものであるが、集石遺構という点では共通している面が多い。上原は、中寺廃寺が機能的に分化した三つの地区から構成され、それぞれの地区が担っていた仏教・神祇信仰・民間信仰を統合するかたちで一つの寺院が成立したと考えている。中寺廃寺は一〇世紀を中心に栄えた古代寺院であり、時期的にも苗敷山山頂遺跡に近いことから、集石遺構の性格を考える際の手がかりとなろう。

もしも、苗敷山山頂遺跡の集石遺構が中寺廃寺のC地区と同様な性格をもつとすれば、苗敷山山頂遺跡にもA区やB区に相当する遺構があるのではないかという期待が生まれるが、少なくとも仏堂と塔の存在は可能性が低そうである。しかし、神社と僧房ということであれば、竪穴建物が僧房に該当すると考えれば、あとは神社の存在が問題となるだけである。神社は、簡易な建物であった可能性もあり、顕著な遺構を残すとは限らないことを考慮すれば、なんらかの遺構が存在する可能性は高いといえよう。さらに、現在穂見神社が鎮座しており、繰り返し社殿の改築がなされてきたことを考えれば、遺構が残っていなくても不思議はない。むしろ、穂見神社が祀られていることこそ重視すべきであって、山林寺院という枠組みに囚われる必要はないであろう。つまり、中寺廃寺のA区を欠いた形態の宗教施設ならば、平安時代の苗敷山山頂に存在した可能性は十分に考えられるのである。その場合、もはや山林寺院とは呼べないであろうから、神社として把握するのが自然ではなかろうか。古代の神社について、われわれは、あまりにも知らないことが多過ぎる。苗敷山山頂遺跡の不可解なあり方が、古代の神社の実態を示すものである可能性を、改めて十分に検討してみる必要があろう。

四　中世の様相

閏間は、仏像や棟札から中世の苗敷山信仰について知ることができるとしながらも、「発掘調査で出土した遺物に中世段階の遺物は皆無」であるとし、「平安時代末の信仰形態が中世に入り大きく変化した」と推測した（閏間二〇〇三）。しかし、その後の調査によって、中世の遺物が僅かに存在することがあきらかになり、「東斜面から十六世紀代のかわらけや陶器が出土している」ことが報告された（閏間・櫛原・信藤・堀内二〇〇四ａ、五一九頁）。その成果を受けて、苗敷山は、中世に「密教系山岳寺院の修行場」となったことが説かれた（閏間・櫛原・信藤・堀内二〇〇四ａ）が、絶対的な資料不足であることは否めない。近年の調査で確認された中世遺物のなかには、中世前期に遡るものが含まれている。猿投《さなげ》や渥美《あつみ》の瓶子とみられる陶片も採集され、経塚や火葬墓が存在する可能性が浮上してきたが、穂見神社の基壇盛土中や宝生寺敷地から発見されており、残念ながら遺構は近世前期の工事で破壊されてしまった可能性が高い。

　中世の苗敷山を考えるうえで重要なのは、すでに閏間・櫛原功一・信藤祐仁・堀内真によって注意されているように、平安時代の遺構が分布する南斜面ではなく、新たに東斜面に宗教施設が営まれたことである（閏間・櫛原・信藤・堀内二〇〇四ａ）。東斜面は、近世に宝生寺が営まれた場所であり、現代に続く信仰空間である。甲府盆地側から苗敷山に登拝し、穂見神社に参拝する形態が定着し、東側からの参道を軸に宗教空間の整備がおこなわれたことが推測できよう。中世の宗教施設については、皆目不明であるが、近世へと繋がる流れのなかに位置づけることができるかもしれない。資料が不足しており、宗教施設の性格を特定することは不可能であるが、「密教系山岳寺院」と呼べるような施設があった可能性は低い。穂見神社の前身となるような施設があった可能性がもっとも高いのではなかろうか。もっとも、仏像彫刻の存在は、中世に神仏習合が進展し、苗敷山の祭祀が僧侶によって執行されていたことを示している。そうした伝統が形成された結果、一六世紀後半から一七世紀前半に、宝生寺が創建されることになったのであろう。

　つまり、苗敷山は、平安時代に顕著な遺構が認められるものの、中世になって不明瞭になり、近世には寺院として整備されたという経過を辿ったのである。平安時代に創建された山寺で、中世の動向が不明瞭であるにも拘らず、中世末期から近世初期にかけて寺院として整備された事例として、長野県松本市若澤寺跡を挙げることができる（原二〇〇六、長野県立歴史館二〇一〇）。若澤寺は、九世紀に標高一一五〇mの元寺場に創建された寺院であるが、一一世紀末頃に廃棄され、一三〜一四世紀に古瀬戸四耳壺・瓶子を用いた火葬墓が造営された。その後、一五世紀中頃に密教本堂を中心とした大規模な伽藍が造成されるが、一六世紀中頃により低い場所にある若澤寺跡の場所に移転し、新たな伽藍を造成した。若澤寺では、一二世紀初期から一五世紀前期までの動向が不明であるが、火葬墓を営んでいることからなんらかの宗教活動を継続していた可能性が高い。しかし、逆にいえば、火葬墓を除いて、宗教活動の痕跡は明瞭でないわけで、苗敷山の動向と類似した展開をみせているといってよい。若澤寺跡の事例から、改めて苗敷山の動向を振り返ってみると、竪穴建物が廃絶した一一世紀後期から一二世紀初期までの時期が画期であったことに気付く。しかも、苗敷山頂採集の瓶子などが、若澤寺の骨壺に通じる器種であることは、偶然の一致とは思えない。中世初期に、両寺が類似した動きをしたことが推測されるが、そのことは苗敷山が宗教的な場として利用されていたことを示しており、遡って平安時代にも宗教施設として機能していた可能性が高いことを傍証していると考えられる。

苗敷山の中世の様相については、考古学のみでは十分に解明することが困難であり、彫刻や石造物など広範な資料を用いての研究が期待されるところである。

五　宝生寺の宗教活動

閏間は、近世の苗敷山の信仰を、講集団を母体とした「五穀豊穣を願う信仰形態」と捉えた（閏間二〇〇二）が、その信仰と宝生寺はどのように関わっていたのであろうか。「五穀豊穣を願う信仰形態」は、穂見神社に対する信仰にふさわしいものであるが、別当を勤めていた宝生寺にとっては、それが積極的な宗教活動を展開するための基礎であったことは疑いない。宝生寺が、穂見神社と深い関係にある神仏習合の寺院であったことが推測できるわけであるが、考古資料から両者の関係を実証することは不可能に近い。

宝生寺跡には、石垣と礎石が残存しており、穂見神社直下の斜面に平坦地を造成して、本堂と庫裏が建設されたことが知られる。小さな庭園とみられる遺構も残されている。ほとんど瓦が出土しないことから、瓦葺ではなく、植物質の屋根材を用いていたと推測される。伽藍配置は、近世にもっとも一般的であった檀越寺院式伽藍配置であり、際立った特色を見出すことはできない。ただ、修法に重点を置いた仏堂建築というよりは、多くの参詣者を予測した建物配置であったとみることは許されよう。しかも、相当な広さをもっていたとみられ、接客空間に事欠かない建築であったと考えられる。講集団の参詣に際して、休憩所のような役割を担ったであろうことが推測できるが、建物の間取りなどが不明なため、本堂と庫裏の機能を解明することが困難である。

宝生寺の建築時期は不明であるが、山内の石造物などから、おおよその時期を推測することができる。苗敷山への参道沿いには、寛文四年（一六六四）銘の石鳥居のほか、元禄四年（一六九一）銘などの町石が建てられており、登拝者の便宜を図るために参道が整備されたのが、一七世紀後半であったことが知られる。おそらく、宝生寺の伽藍が建築されたのが一七世紀で、それに併せて参道の整備がおこなわれたのであろう。その推定が正しければ、宝生寺が整備された時期は一七世紀で、近世前期が大きな画期であったとみることができる。

宝生寺跡とその下の斜面からは、陶磁器を中心とする多量の遺物が採集されているが、飲食具が圧倒的に多いことが注目される。揃い物など大勢の人々に供するためのものもみられるところから、参詣客らに食事などを供するために用いられた容器であると考えられるが、宗教色がうかがえない点では旅館の食器を思わせるものがある。時期的には、一七世紀に出現するものの、一八〜一九世紀のものが主体を占めているという。基本的には講集団に食事などを供するための器と考えてよかろう。酒器や茶器が多くみられ、茶器は接客に際して茶をもてなす風習が定着していたことを示し、酒器は山上で宴会が催された可能性を示唆する。宴会は夜に開かれるのが普通であり、参詣者が宝生寺に宿泊した可能性があるが、とすれば宝生寺は宿泊機能をもっていたことになる。苗敷山は容易に日帰りができる山であり、あえて山中に宿泊する必要を認めないが、神楽奉納などと直会を組み合わせ、娯楽を兼ねた信仰登山が人気を博したのかもしれない。揃い物の器の存在は、大勢の客に料理を振舞ったことを暗示し、宝生寺が旅館のような働きをしていたことが推測できる。

先にも言及した長野県松本市若澤寺跡では、一六世紀中頃に元寺場から下方の地点へ移動し、護摩堂・方丈・中堂救世殿・金堂・田村堂などからなる伽藍を造成したことが知られている（原二〇〇六、長野県立歴史館二〇一〇）。天正三年（一五七五）には若澤道供養碑、寛永十二年（一六三五）には町石が建立されており、一六世紀後半から一七世紀前半に参道の整備がおこなわれたことが知られる。宝生寺よりもやや早いが、中世末から近世初期に伽藍の整備がなされている点では、よく似た動きであるといえよう。山寺にとって、近世の到来は、大きな画期であったといえよう。その後の若澤寺の動向をみるうえで注目されるのが、護摩堂跡から検出された一八世紀中頃から一九世紀中頃までの大量の陶磁器で、碗・皿などの食器が多く、仏具はほとんどみられないという（長野県立歴史館二〇一〇）。それらは、参詣者用の食器と考えられ、多くの参詣者で賑わった状況を遺物からうかがうことができる。世俗的な器種や揃い物が多いこと、大量であること、一八・一九世紀がもっとも量的に多いことなど、宝生寺と若澤寺はよく似た傾向を示している。

近世後期になると、庶民が気軽に近隣の寺社に参詣するようになるが、そうした動向は山寺にも波及していた。宝生寺や若澤寺の例は、参詣が飲食をともなうような娯楽性の高いものであったことを示しており、信仰ばかりでは山寺の歴史を理解できないことがわかる。近世の宗教は、世俗的なところに特色があるといわれるが、これらの例もそうした理解と矛盾しない。宝生寺でおこなわれた儀礼については不明であるが、飲食器などの考古資料をみる限りでは、登拝した民衆は、儀礼よりも後の宴会を楽しみにしていたのではなかろうかとさえ思われる。考古資料からのみでは近世の苗敷山信仰の全体像を提示できないが、近世の山岳宗教がそれまでの時代とは大きく異なった様相を呈していたであろうことだけは、確実にいえそうである。

おわりに

以上、苗敷山の山岳宗教のあり方について、できるだけ広く目配りをしながら検討を加えてきたつもりであるが、結果的には文字通り竜頭蛇尾に終った。

全体として、閏間説を検証してきたわけであるが、その結果次のことがわかった。

第一に、立地条件として、閏間が注目している「鳳凰三山の前衛の山」としての性格は、中世以降に付加されたもので、苗敷山信仰の本質ではない可能性が濃くなった。この点に関しては、今後も確実な資料にもとづいて検証作業を継続していかねばならない。

第二に、信仰の成立は、集石遺構の検討から、閏間のいうように平安時代まで遡らせてよいのではないかと考えた。中寺廃寺との対比が適切なものかどうか問題も残るが、民俗宗教も含めた広範な視点で検討する必要があり、竪穴建物だけによって判断することは難しいと思う。

第三に、中世の画期は、資料不足が激しく、問題の所在を確認しただけに留まった。しかし、一二世紀の空白が存在する可能性もあり、苗敷山信仰の展開は、一筋縄ではいかないことが示せたと思う。閏間らの「密教系山岳寺院の修行場」説は、もう一度白紙に戻して、基礎資料から組み立てなおす必要があろう。

第四に、近世の画期は、若澤寺との対比によって、問題の所在をあきらかにした。陶磁器から解明された事実は、苗敷山信仰史を描くうえで重要であるばかりでなく、社寺参詣史にも興味深い題材を提供することになろう。粗雑な本章であるが、今後の苗敷山史研究の叩き台となれば、目的は達成できたことになる。ご批判いただければ幸甚である。

第九章　妙高山信仰の諸段階

はじめに

妙高山《みょうこう》信仰については、すでに多くの研究の蓄積がある（青木一九六六、安達一九六六・七八、池田一九五九、大場一九七八a・b・八〇、鈴木一九八二、宮本一九七四、由谷二〇〇二・〇六）が、民俗学・宗教学の立場からのものが多く、歴史の解明を意図したものは少ない。そうしたなかにあって、近年小島正巳らによって考古学的な視点からの研究が積極的に推し進められ、妙高山信仰史の解明が急速に進んだことは注目に値する（小島・早津二〇〇一a・b・〇三、小島・時枝二〇〇二・〇三・〇五・〇七、小島二〇〇七、小柳二〇〇三、時枝二〇〇八）。

本章では、そうした動向を踏まえて、妙高山信仰史の画期について整理し、若干の考察をおこないたい。もとより、考古資料によってどれだけ山岳宗教史をあきらかにできるのかという方法上の問題があり、あくまでも考古学的な方法による試論に過ぎないことをお断りしておきたい。

考古資料による限り、妙高山信仰史は、大きく四段階に時代区分できるのではないかと考える。第一段階は、山頂遺跡出現以前の段階で、山麓に関山神社経塚が造営された時期である。第二段階は、山頂遺跡が形成され、珠洲《すず》系陶器や土師器が残された一四～一六世紀の段階で、いわば妙高山信仰成立期である。第三段階は、山頂の宗教施設が整備され、山内各所に小祠などを指標とする小さな聖地が設けられた近世の段階で、いわば妙高山信仰発展期である。第四段階は、神仏分離によって山麓や山内の宗教施設が打撃を受け、信仰が衰退した段階で、妙高山信仰衰退期と呼んでよかろう。しかし、近代の妙高山は、木曽御嶽講の行者が行場として利用するなど、新たな展開をみせたことが知られている。

一　第一段階：妙高山信仰胎動期

妙高山の山麓に関山神社経塚が造営された段階である。この段階では、いまだ山頂遺跡は出現していないとみられ、いわば妙高山信仰成立前夜といえる時期である。

関山神社経塚は、新潟県妙高市関山の関山神社境内に位置し、大正五年（一九一六）四月十八日に発見された。この日、帝国在郷軍人会関山村分会は、日露戦争などの戦没者を祀る表忠碑を建設するために関山神社境内を整地したが、その際偶然にも地下から経筒や壺などが出土した。経塚の発見は、新井警察分署を経て宮内省に通知され、関山神社経塚の存在が関係者の間に知られることになった（小島・時枝二〇〇二。以下、経塚については同文献による）。

経塚は、一般に、五六億七千万年後におこなわれる弥勒如来の説法に備え、保存のために経典を地中に埋納するタイムカプセルであるといわれる。経典を入れた経筒を外容器で保護し、小さな石室に納めることが多い。地上に低いマウンドを設け、ときには石塔などの標識を建てることもあったが、普通は目立った地上施設をもたなかった。関山神社経塚は、偶然の発見であるため遺構の詳細は不明であるが、銅製経筒を収めた珠洲壺を地中に据え、珠洲鉢を蓋として被せていたことのみが当時の記録から知られる。

現在東京国立博物館に収蔵されている関山神社経塚出土遺物は、銅製経筒一点、珠洲壺三点、珠洲鉢二点である。銅製経筒は総高二七・三㎝の鋳銅製のものである（第29図1）。身部は鋳銅製の円筒の底部に銅板を嵌めたもので、円筒に三箇所の孔を穿ち、鉄製の鋲を外側から差込み、鋲の上に底板が載るかたちで固定する。底板には鋳掛がみられ、鋳造品と判断できるが、鋳掛部分の調整はきわめて粗い。筒身の口縁部と底部はわずかにすぼまるが、全体的には寸胴に近いもので、どっしりとした安定感のある経筒である。口縁部には帯状の段差がわずかに認められるが、かならずしも丁寧な仕上げではなく、蓋をうまく嵌めるために調整した痕跡である可能性が高い。口縁部にも左右二箇所の孔を穿つが、蓋を身部に固定する鋲を打つためのもので、蓋には鋲が残存している。発見時に無理に蓋と身部を分離させたために、銹化によって融着していた鋲が折損し、蓋に残されたものであろう。そのためか口縁部の一部がわずかに破損する。銅の湯周りはかならずしも良好でなく、鋳造時の「す」が表面に多数みられる。表面にはキサゲで調整した痕跡が残され、縦方向の調整の後に、口縁部と底部付近に斜め方向の調整を施したことが知られる。蓋は被蓋で、宝珠形の撮みをもつ。蓋の一部には鋳掛が認められ、その部分にひびが入っているために、鋳掛部分を容易に識別することができる。銅の湯廻りは、あまり良好ではなく、表面に多くの「す」がみられる。縁はほぼ直角に折れ曲がり、左右二箇所に孔を穿って、鋲で身部と固定していた。片方の孔には鋲が残存する。撮みの下に八弁の花座を置き、蓋の中央部に穿った孔に通し、内側にも円形の座金を置き、撮みの下端を叩き締めて留める。

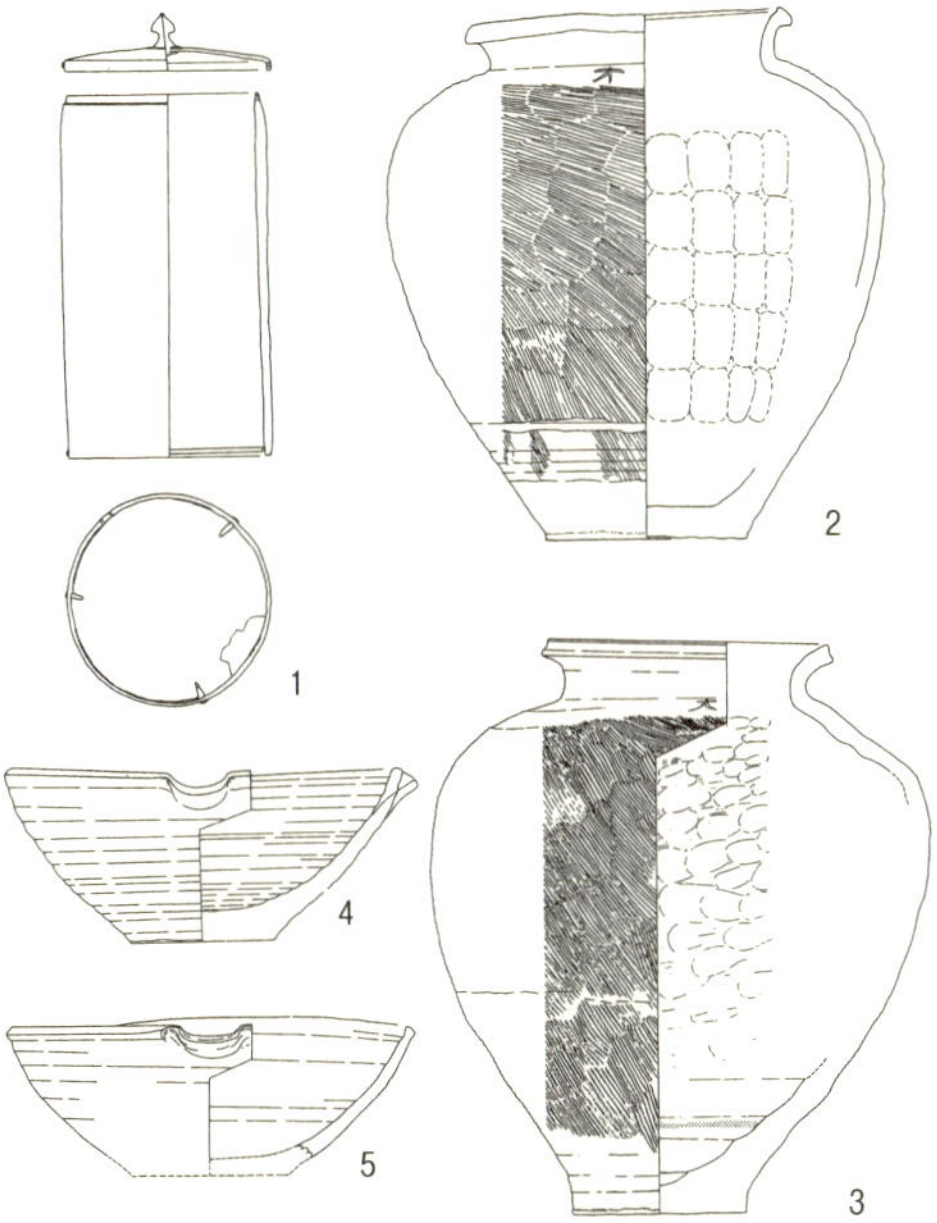

第29図　妙高山関係の考古資料（1）
関山神社経塚出土品　1：銅製経筒、2・3：珠州壺、4・5：珠州鉢（縮尺10分の1、小島・時枝2002原図）

この経筒は円筒形の身部に撮蓋をもつ一般的な形態であるが、身部の器厚が厚く、鉄製の鋲で底板を固定するなど、強い個性をもつことも確かである。形態上の特色から一二世紀に製作されたと考えられ、個性的な技法は地方で製作されたことを示唆する。

珠洲壺は三点存在する（第29図2・3、第30図6）。いずれも、吉岡康暢による器形分類の中形叩打壺T種ＡI_2類に属し、一二世紀後半に編年されている（吉岡一九九四）。2は銅製経筒の外容器として使用されていたと記録されている壺であるが、内部には経筒を収納していたような痕跡は一切残されていない。口径二一・五cm、高三五・〇cm、底径一四・〇cmを測る。口縁部は玉縁状で、内面に一条の浅い沈線をめぐらし、頸部は緩やかに外反しながら立ち上がる。肩部は怒り肩となっているが、胴部から底部にかけてのすぼまりは緩やかで、底部は比較的大きくて安定している。肩上部に「大」の字を乾燥前にヘラ描きするが、一見「オ」の字を思わせる形状になっている。底部外面には小さな中世須恵器片が付着しており、焼成台に用いたものが焼成時に融着したとみられるが、底部内面には焼成時に生じたと考えられる亀裂が入っている。3は内面に銅銹が円形に付着しており、内部に銅製経筒が収納されていたことが確認できる。口径一九・三cm、高三八・五cm、底径一二・〇cmを測る。口頸部は強く外反し、口端面には指ナデ調整によるわずかな窪みがみられ、そのために一条の沈線をもつようにみえる。肩部が張り、上胴部に重心があり、下胴部から底部にかけて急激にすぼまる器形である。肩上部に乾燥前に「大」の字をヘラ描きする。6は口径二一・八cm、高三九・二cm、底径一四・三cmを測る。口縁部は外反し、口端面の一部に平行叩き目が残るが、体部を叩打する際についたもので、その後調整しなかったものと考えられる。頸部は器厚を減じ、肩部にわずかな平坦面を作り出し、再び器厚を増すが、シャープさに欠ける。肩部はなで肩で、胴部は緩やかな線を描いて底部に続く。底径が比較的大きいためどっしりとした安定感がある。

珠洲鉢は二点存在する（第29図4・5）。いずれも壺の蓋として用いられていたもので、4は3の蓋であることが知られるが、5はどの壺にともなったものか不明である。いずれも吉岡康暢による器形分類の片口中鉢I_2類に属し、一二世紀後半に編年されている（吉岡一九九四）。4は口径二六・二cm、高一一・九cm、底径九・八cmを測る片口鉢で、体部上半部が丸みを帯びながら緩やかに立ち上がる形態をみせる。底部は厚く、安定感があり、回転糸切り痕を残す。体部外面から内面上半部にかけて炭化物が付着しており、埋納時に木炭に囲まれていたことが推測される。5は底部を欠く片口鉢で、口径二七・三cm、復元高一一・五cmを測る。4とほぼ同様な形態であるが、底部を欠くため詳細な比較が難しい。外面から内面上半部にかけて炭化物が付着する点も4と同様である。

さて、このような関山神社経塚は、どのような性格をもっているのであろうか。かつて関秀夫は関山神社経塚の立地を「妙高山の関山登山口」と捉え、経塚が造営された背景に「妙高、飯綱、戸隠などの霊山」に対する信仰があったと考えた（関一九九〇）。関山神社は、神仏分離以前には関山三社大権現と称し、妙高山雲上寺宝蔵院が別当を勤め、妙高山信仰の拠点となっていた（大場一九七八b）ことが知られており、近世には「妙高山の関山登山口」であったことは確かである。関山神社が妙高山の里宮であった可能性は高い。

関山神社の歴史は不明な点が多いが、中世以前に遡る古社であり、経塚が社殿と一定の距離を置いて営まれていることからも、経塚が営まれた一二世紀にはすでに現在地に鎮座していたと考えて大過ない。経塚は神社の境内に造営されたのである。仏教経典を埋納する経塚が神社の境内に営まれた背景には、神仏習合思想の浸透があったと考えられ、関山神社における神仏習合がすでに一二世紀に始まっていたことが知られる。

しかし、経塚が営まれた一二世紀に妙高山への登拝がおこなわれ、関山が登山口になっていたか疑問である。現時点では山頂遺跡から一二世紀にまで遡る考古資料は発見されておらず、経塚と登山口を積極的に結び付ける理由は見出せない。

関山神社経塚は、在地の神祇祭祀が仏教色を強めるなかで生み出されたものであり、まさに神仏習合の所産であるところに最大の特色がある。関山神社は山岳宗教と深い関係にあることが知られ、経塚も神社祭祀を媒介として間接的に山岳宗教の影響を受けていた可能性は否定しきれないが、直接的な関係を認めることはできない。

二　第二段階：妙高山信仰成立期

ところで、妙高山で山頂遺跡が形成され始める時期は、現在知られる資料をみる限りでは、一二世紀まで遡ることはない。妙高山における最古の遺物は、山頂の将軍地蔵碑周辺で小柳義男が採集した珠洲系中世須恵器の壺と甕の破片で、その数は約六五点に及ぶ（小柳二〇〇三）。もっとも、大部分は細片で、図示された資料は四点に留まる（第30図7〜10）。小柳によれば、それらの破片は、約二個体分の破片と考えられるといい、破片数から連想されるほど個体数は多くない。7は頸部から肩部にかけての破片で、外面にていねいなヨコナデ調整痕が観察され、頸部下端に微隆起線がみられる点に特色がある。ちなみに小柳は頸部の径を約二二cmと推測している。8は胴部の破片、9は底部近くの胴部破片で、いずれも外面に平行叩き目がみられる。10は底部破片で、底面に離れ砂が付着し、植物の圧痕がみられる。小柳によれば、内面には、底部と胴部をつなぐための強い指頭ナデ調整痕がみられるという。なお、小柳は、底径約二六cmと推定する。これらの遺物は細片であるため、型式学的特色を把握しにくいが、7の頸部の形態が時期を推測する際の手がかりとなる。小柳は「壺の口縁が直立気味なこと、頸部に横なで調整による微隆起が見えることなど」から吉岡編年のⅣ2期の特色を示すと考え、一四世紀第2四半期に製作されたものと判断した（小柳二〇〇三）。なにぶん破片による製作時期の推測なので、第2四半期に絞り込めるかどうか問題を残すが、一四世紀代であることは動かないとみられる。

そのほか、小柳は、中世に遡る遺物として、山頂の阿弥陀堂跡周辺で採集した土師器と山内各所で採集した宋銭・明銭を掲げる（小柳二〇〇三）。

土師器は一二点採集されているが、いずれも細片で図示できないため、特徴を掴みにくい。小柳は、土師器の年代観を一五～一六世紀としているので、珠洲系中世須恵器よりも後出するわけで、中世後期における山頂での活動を示す貴重な遺物といえよう。

小柳が採集した八三枚の古銭のうち、宋銭は祥符元宝（一〇〇八年初鋳）三枚・景祐元宝（一〇三四年初鋳）一枚・皇宋通宝（一〇三八年初鋳）二枚・嘉祐通宝（一〇五六年初鋳）一枚・元豊通宝（一〇七八年初鋳）五枚・政和通宝（一一一一年初鋳）一枚と多数あるのに対して、明銭は永楽通宝（一四〇八年初鋳）五枚のみである（小柳二〇〇三）。

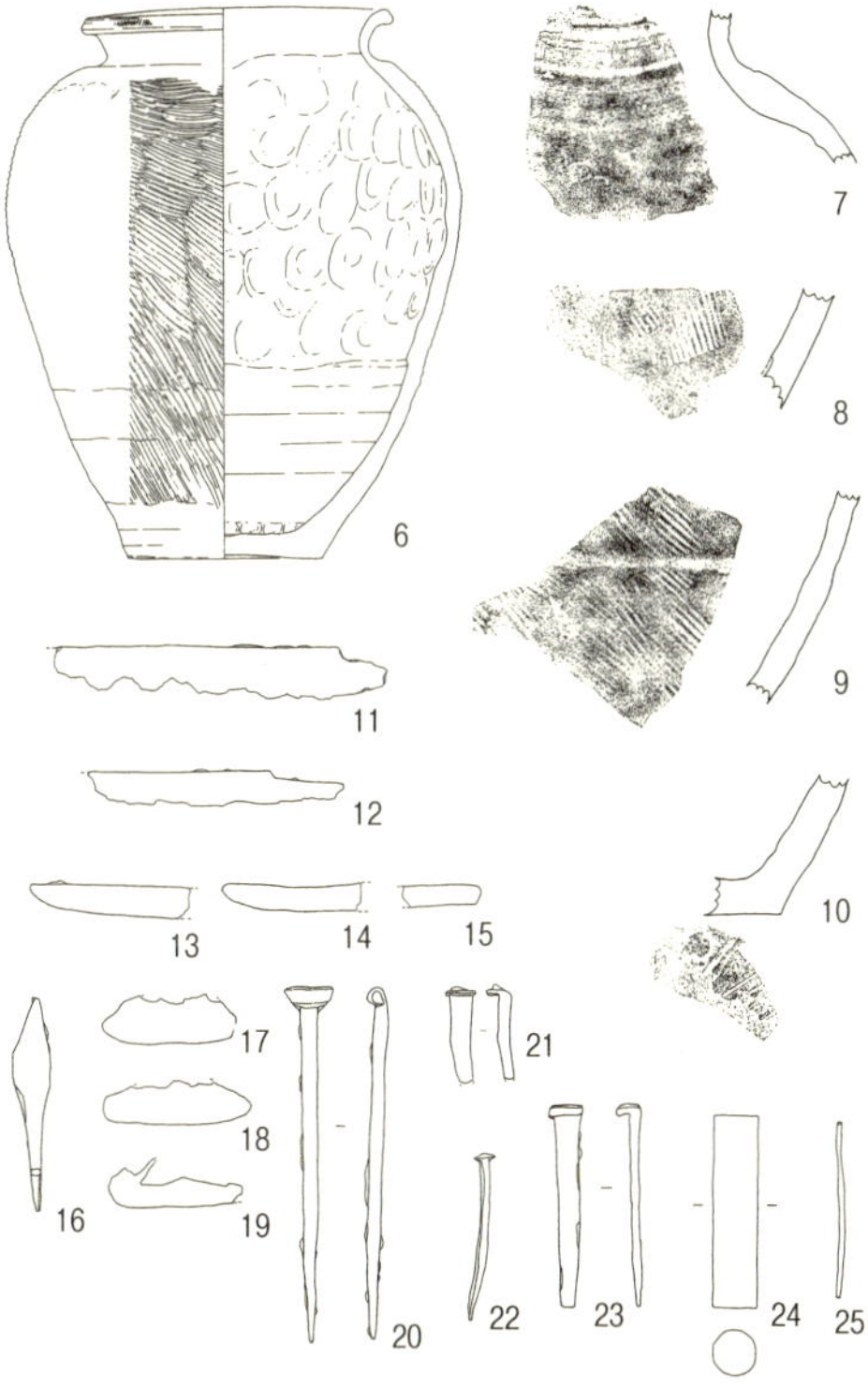

第30図　妙高山関係の考古資料（2）

6：関山神社経塚出土品、7～25：妙高山頂遺跡出土品、6～10：珠州壺、11：短刀、12～15：刀子、16：鉄鏃、17～19：火打鎌、20～23：鉄釘、24：銅円筒、25：棒状銅製品（6：縮尺10分の1、7～12：縮尺5分の1、小柳2003一部改変）

宋銭の初鋳年は一一～一二世紀であるが、中国では王朝が交替しても銭貨は回収されずに流通し続けたため、銭種の初鋳年が判明しても流通した時期を絞り込むことはできない。しかも、日本へ輸入された段階では市場に流通していたさまざまな銭種が混在していたのであり、銭種がわかっても流通時期を絞り込むことはできない。発行された順に輸入されたわけではないことを忘れてはならない。さらに、宋銭には私鋳銭が多数含まれていることが多く、その場合、鋳造時期は初鋳年から数百年下る可能性さえある。まして、採集された銭貨が初鋳のものであるとは限らず、日本では新寛永が流通するまで宋銭が流通していたわけで、山内に持ち込まれた時期が中世であるとは限らないのである。妙高山で採集された宋銭は、賽銭としてもたらされた時期を、中世と断定することさえ難しい。

明銭も原則的には同様であるが、初鋳年が一五世紀と新しいので、賽銭として奉納された時期が古く遡っても中世後期であることを押さえることができる点で、宋銭よりも資料価値が高いといえる。もちろん、奉賽時期は近世に下る可能性があるが、一般的には新寛永流通以前のことと考えられるので、時期幅は宋銭よりも遥かに狭い。

銭貨は初鋳年が判明することから、時期を特定できる資料と考えられがちであるが、すでに述べたように、実際には上限を押さえられるのみで、時期を絞り込むことはできない。明銭の存在に注目すれば、妙高山で賽銭が奉納された時期は、早くても中世後期であり、宋銭もそれらと一緒に使用された可能性が高い。しかも、寛永通宝が宋銭・明銭よりも多く採集されていることを考慮すれば、少なくともそれらの渡来銭の一部が奉納された時期が近世前期に下るであろうことはあえて指摘するまでもあるまい。

なお、小柳は銭貨以外の金属製品の帰属時期について言及していないが、小柳の採集品のうち、短刀（第30図11）や刀子（第30図12～15）は中世の製品と考えられ、火打鎌（第30図17・18）も中世に遡る可能性があろう。鉄鏃（第30図16）は、小柳が指摘する（小柳二〇〇三）ように、祭祀用品であるため時期を特定することが難しい。火打鎌のなかの一点（第30図19）と鉄釘（第30図20～23）は形態から近世のものと考えられ、銅円筒（第30図24）と棒状銅製品（第30図25）は近代に下る可能性がある。短刀・刀子・火打鎌の存在は、山頂での儀礼のあり方を考えるうえで、重要な手がかりとなる可能性がある。

ところで、山頂遺跡は、山頂付近で祭祀をおこなった痕跡で、祭祀の執行者らが珠洲系中世須恵器や土師器、あるいは短刀・刀子・火打鎌などを携帯して、山頂まで登拝したことは疑いない。祭祀の内容は不明であるが、珠洲系中世須恵器は壺や甕などの容器であり、それらを使用しているところから、容器に入れた食物や酒などを供物として捧げ、山頂で儀礼をおこなった痕跡と推測できよう。土師器は「かわらけ」と呼ばれる皿や埦で、神仏に供物を捧げる際に使用された可能性があり、神酒などをいただく儀礼が組み込まれていたことも考慮してよかろう。このように、珠洲系中世須恵器と土師器は、用途を異にしていた可能性が高い。短刀や刀子は除魔などの儀礼に、火打鎌は山頂での火切りに用いられた可能性が推測できるが、具体的な内容を復元することは不可能である。なお、器種や時期からみて経塚遺物ではなく、山頂に経塚を造営したとは考えられないことを、念のため付言しておきたい。いずれにせよ、珠洲系中世須恵器のような重たいものを妙高山の山頂まで運んでいる以上、そこでおこなわれた儀礼が、山岳信仰にともなうものであったことは疑いなかろう。

山頂祭祀に使用された珠洲系中世須恵器の時期から、妙高山への登拝が一四世紀まで遡ることは確実であり、この時期に妙高山信仰が本格的に成立したとみて大過あるまい。

中世の妙高山信仰について、小柳は、文献史料と考古資料の検討にもとづいて、次のような指摘をおこなった（小柳二〇〇三）。第一に「『妙高山』は古くから知られていたものと思われるが、その名の出てくる確実な資料は『神道集』（14世紀後半）まで下る」こと、第二に「妙高山に登頂したことを確認できる最初の人物は平頼数（文明十七年・一四八五）である」こと、第三に「妙高山と関山（関山三社権現）とのつながりを示すもっとも古い資料は金沢文庫の『社寺交名』である」こと、第四に「15世紀後半には関山を訪れる文化人等も多く、広範囲に知られた存在であった」こと、第五に「山頂からは、土師器・陶器、鉄器・青銅器類、古銭が出土し、それらの年代は、珠洲の壺が14世紀第2四半期に、土師器は15～16世紀に、伊万里・唐津の破片は17世紀に位置づけられる。古銭の構成（宋銭、明銭、寛永通寶を主とする江戸時代の銭）とも大きな矛盾はなく、現在までの資料では山頂部に人の姿を確認できるのは14世紀第2四半期が最初となる」ことである。

小柳が総括したように、妙高山信仰は中世前期に本格的に成立し、中世後期に徐々に隆盛へと向ったことは疑いのないところである。問題は、その信仰の担い手が誰であったかということであるが、残念ながら現在のところ十分な資料に恵まれず、修験者が関与した可能性があるということ以上に推測の翼を伸ばすことができない。今後の研究の進展に期待したいと思う。

三　第三段階：妙高山信仰発展期

近世の妙高山信仰については、山頂三角点北側の岩窟に残されていた文政三年（一八二〇）銘の銅製水盤の銘文から、さまざまな事実を知ることができる（小島・時枝二〇〇三）。

銅製水盤は平面形が細長い卵形を呈する鉢形で、口縁部長六〇・六cm、同最大幅三〇・二cm、底部長四四・五cm、同最大幅一九・二cm、高一六・〇cmを測り、底部が甲羅を逆にしたような状態で丸みを帯びた不安定なものである。体部は外傾しながら直線的に立ち上がり、口唇部は水平面に平行して平坦に作る。左右両側面は曲面をなし、狭端面は高一四・〇cmで、高一五・〇cmの広短面より低い。したがって、左右が不均等で、狭端面があたかも注ぎ口であるかのような形態となっている。器厚は口縁部で〇・四cmと厚いが、底部では〇・三cmとやや薄い。銅鋳製で、体部の外側二箇所、内側三箇所の計五箇所に銘文を陰刻する。

銘文は、前面外側に「謹告／無量寿仏二脇大士／六道血池大悲薩埵／（紋所）／関山権現山川諸□／十二宮主二十八宿／護世八天九執天神」、背面外側に「祈請／参詣諸人洗浄一／浴湯男女身体安宣／信心某甲息災延命／（紋所）／当病平癒法運栄長／如意円満家内安全／出離悪趣引接浄土／自他法界平等利益」、前面内側に「奉／納／妙高山頂弥陀三尊之宝殿」、底面内側に「文政三庚辰年七月」、背面内側に「東叡山子院速成院僧正常然第七世孫／観成院権大僧都常徳（花押）」とある。

まず、「謹んで告ぐ」として、妙高山に祀られていた神仏を列挙している。「無量寿仏二脇大士」は妙高山の本尊である阿弥陀三尊、「六道血池大悲薩埵」は山中の血の池に祀られていた勢至菩薩、「関山権現」は山麓関山神社の祭神、「山川諸□」は山中各所に祀られていた諸神、「十二宮主」は山の神、「二十八宿」「護世八天」「九執天神」は宿曜道の神々を指す。ついで、「祈り請う」として、「参詣諸人」を「洗浄」し、湯浴みをする「男女」の「身体」の安全と「信心某甲」の「息災延命」「当病平癒」「法運栄長」「如意円満」「家内安全」「出離悪趣」「引接浄土」を願い、最後に「自他法界平等利益」を祈願している。祈願の範囲は現世利益と往生祈願の双方に及ぶ。そのうえで、「文政三庚辰年七月」に「東叡山子院速成院僧正常然第七世孫観成院権大僧都常徳」が、「妙高山頂弥陀三尊之宝殿」に奉納したものであることを明示する。東叡山即ち上野寛永寺の子院である観成院の権大僧都常徳が奉納したものであることが知られる。

この水盤の銘文から、山頂の阿弥陀堂に対する登山者の信仰、山中に湧出する温泉に対する地獄思想と結びついた信仰を読み取ることができる。阿弥陀堂は、山頂が極楽浄土への入口であることを暗示しており、登拝が浄土教的な意味づけをされていた可能性が指摘できよう。それに対して、温泉が湧く谷底は地獄に見立てられ、女人が堕ちるとされる血の池地獄をはじめとするさまざまな地獄が設けられていたと推測できる。つまり、妙高山は、谷底が地獄、山頂が極楽浄土に見立てられた宇宙山に擬されていたと考えられるのである。詳細は不明であるが、山麓から山頂への登拝が、いわゆる十界修行として編成されていた可能性も否定できない。立山《たてやま》信仰と同様な山岳登拝が実践されていたとみてよかろう。また、銘文中で「浴湯男女身体安宣」と女性を考慮した記述をしているのは、血の池における血盆経信仰と関連することが予測される。「六道血池大悲薩埵」による女人救済が説かれていたことは、かつて安達恩が紹介した「年中大方規矩追々書入行事可仕事」に、「血池」で御影・赤飯・蝋等とともに血盆経を供えた記事がみえることによって確認できる（安達一九七八）。

近世の妙高山信仰は、極楽往生や女人救済を説き、広く一般の信者を対象とするものであったとみられる。水盤を寛永寺観成院常徳が奉納したのは、関山神社別当の宝蔵院との関係によるものであり、宝蔵院が寛永寺の権威を巧みに利用したことが知られる。水盤の奉納は、妙高山の宗教施設の整備と関わる行為であり、その背後に多くの信者の協力があったことは容易に推測できよう。多大な経費を要する整備事業は、多くの信者からの寄進があってはじめて可能なことであり、寛永寺の名を表に出した勧化活動が展開されたとみて大過なかろう。

また、近世には、外輪山の前山でも大量の銭貨を奉賽した遺跡が確認されている。それは前山岩陰遺跡で、自然の岩陰の堆積土中から二〇九枚の銭貨が発見され、その内訳は至道元宝（九九五年初鋳）一枚・祥符元宝（一〇〇八年初鋳）一枚・祥符通宝（一〇〇八年初鋳）一枚・皇宋通宝（一〇三八年初鋳）三枚・銭種不明二枚、古寛永二九枚・新寛永一一七枚・寛永通宝鉄銭三二枚・寛永通宝四文銭二枚・文久永宝五枚・銭種不明鉄銭一六枚であった。渡来銭が四％、古寛永銭・新寛永銭・鉄銭・四文銭など寛永通宝が八六％を占め、文久永宝はわずか二％を占めるのみである。これらの多数の銭貨は、かつて岩陰内に祀られていた崇拝対象に長期間にわたって奉賽されたもので、付近を通行した参詣者によってもたらされたと考えられる。

多数の銭貨を出土した山岳宗教遺跡としては、埼玉県横瀬町武甲山頂遺跡や福島県喜多方市飯豊山剣ヶ峰山頂遺跡などが著名であるが、いずれも険しい岩場にある小さな岩陰から銭貨が発見されている。剣ヶ峰山頂遺跡では剣形鉄製品など銭貨以外の遺物を含むが、武甲山頂遺跡では銭貨以外のものがみられない地点が大部分を占め、前山の例と共通している。武甲山頂遺跡出土の銭貨は、若干の宋銭を含むものの大部分が寛永通宝で、近世に奉賽されたものとみられる。武甲山頂遺跡では岩陰ばかりでなく、巨岩の周辺をはじめさまざまな場所から銭貨が発見されており、特に目立った祭祀対象がない地点もみられる（武甲山総合調査会一九八七）。剣ヶ峰山頂遺跡は、絶壁上の登山道周辺に所在するため、遺跡の全貌を解明することができないが、銭貨の発見場所は複数みられ、遺跡を特定の地点に限定することはできない。飯豊山では、近年まで登山者が剣ヶ峰などで銭貨を撒くことが民俗的な慣行としておこなわれていたことが知られ、近世以来繰り返されてきた結果、遺跡が形成されたと考えられる。

ところで、現在までに知られている多量の銭貨を出土する山頂遺跡は、いずれも近世になって形成されたと考えられ、明確に中世に遡る事例を指摘することができない。もっとも、銭貨を祭祀対象に奉納する行為は、奈良時代の祭祀遺跡や墳墓に始まり、平安時代の山頂遺跡や経塚でも確認され、古代から連綿と続いてきた。ただし、それらの事例は銭貨の量が少なく、一〇枚を越えることは稀で、数枚程度というのが一般的である。中世には埋納銭のような大量の銭貨を地中に埋納する遺跡がありながら、確実に山岳宗教にともなう事例は知られておらず、銭貨に対する宗教的な意味付けが近世とは異なっていた可能性が高い。多量の銭貨を出土する山岳宗教遺跡は、中世から近世への移行を画期に、出現したと考えられるのである。そうした多量の銭貨を出土する山岳宗教遺跡が出現するためには、単に銭貨が広範に流通しているだけでなく、銭貨が神仏に奉納するのに相応しいものであるとする価値観が広く存在し、しかも奉賽のための銭貨を所持した多くの参詣者が山岳に登拝することが条件になる。

近世には、山岳修行に際して課せられる潔斎の期間が短縮されるなど入山規制の緩和が進み、その結果各地の霊山で一般平民の登山がおこなわれるようになった。遠隔地の山岳の登拝を目的とした代参講が結成されたのも近世のことである。条件さえ満たせば、百姓・職人・商人らが、霊山に登拝できるようになった。そうしたことを踏まえて多量出土銭貨の意義を考えると、小銭を自由に使用することができる一般平民が、複数で何度も山岳へ登拝するような状況が生み出され、銭貨の奉賽が活発になったことが、遺跡形成の原因と推測できよう。つまり、銭貨が一般平民にとってもっとも身近な奉納品であったことが、彼らの山岳登拝の活発化にともなって、銭貨を多量に出土する山岳宗教遺跡が出現した要因と考えられるのである。前山岩陰遺跡はそうした近世の山岳宗教の実態を示す遺跡として注目されるのである。もっとも、前山は妙高山の山頂への登山道の通過点であり、多量の出土銭貨は、なによりも妙高山信仰の隆盛を示す資料として評価することができよう。

四　第四段階：妙高山信仰衰退期

しかし、明治政府が断行した神仏分離は、妙高山の山麓と山内の宗教施設に大きな打撃を与えた。関山大権現は関山神社と改められ、別当宝蔵院はその特権的な地位を失い、仏教色の払拭が図られた。山頂の阿弥陀像は山麓の寺院に下ろされ、本尊を失った阿弥陀堂は廃され、そのほか山中に所在した仏教的な施設はすべて撤去された。その結果、神仏習合が進んでいた妙高山信仰は、衰退を余儀なくされたのである。

神仏分離の実態を物語る考古資料として関山大権現碑や宝蔵院跡などが挙げられるが、むしろこの時期の新たな動向を示すものは山麓や山内に建てられた霊神碑、あるいは山頂などの岩壁に残された無数の落書きであろう。霊神碑は、近代に妙高山が木曽御嶽講の行場として用いられたことを示し、それまでとは異なった民俗宗教の山として復活したことを物語っている。また、落書きはそれまでの山岳宗教に支えられた信仰登山が崩壊し、新たにスポーツとしての近代登山の時代が到来したことを示すものといわねばならない。とはいえ、近代を象徴する考古資料が落書きとは、どこか情けなさを感じさせる現象である。

おわりに

本章では、考古資料による妙高山信仰史の時期区分を試み、各時期の代表的な考古資料を提示した。結果的に、第一段階から第四段階までの四つの時期に区分したわけであるが、この時期区分が妥当なものであるかどうかについては、いくつかの方法による検証が必要であろう。

第一に、妙高山関係の文献史料を用いて時期区分をおこない、考古資料による時期区分とのずれを検討する作業が求められよう。

第二に、妙高山以外の地方霊山における信仰史の時期区分を、複数試みることにより、妙高山が全国的な霊山の動向のなかでどのような位置にあるのかを検討する必要があろう。

第三に、今回の試論からはまったく見えてこなかったことであるが、妙高山信仰史と修験道史がどのように関わるのかを、修験道の側から研究することが求められてこよう。その際、重要なのが、各段階における宝蔵院のあり方の究明であることは、贅言を要しまい。

第一〇章　立山信仰の諸段階―日光男体山・白山との比較のなかで―

はじめに

富山県立山《たてやま》連峰は、北アルプスの北端を飾る美しい山として名高いが、古来信仰の山として愛されてきた。立山や立山信仰に関する研究書・論文は枚挙に遑なく、歴史学・民俗学・考古学・美術史学・国文学・宗教学など幅広い分野にわたって、多くの業績が蓄積されている。研究拠点である富山県立［立山］博物館が山麓に営まれ、積極的な研究活動をおこなうとともに、展示を通して調査・研究成果の社会的還元に努めていることは周知のとおりである。立山は稀にみる研究の進んだ山である。

当然、考古学的な研究においても先進的で、すでに考古学の方法による「立山信仰の時期区分」が大野淳也によってなされ（大野一九九五）、立山信仰が山岳宗教史の展開のなかに一応位置づけられている。彼の時期区分は、立山1期が八世紀後半から九世紀、立山2期が一〇世紀から一二世紀初め、立山3期が一二世紀中頃から一四世紀、立山4期が一五世紀から一六世紀、立山5期が一七世紀から一九世紀中頃に位置づけられるというものである。

しかし、そこで示された画期や変遷について、ほかの山岳宗教遺跡と比較して検証する作業がいまだなされていない。そこで、ここでは、立山を栃木県日光市男体山頂遺跡と石川・福井・岐阜三県にまたがる白山《はくさん》山頂遺跡と比較しつつ、おもに変化の画期について検討を加えたいと思う。

一　立山信仰の開始時期

大野の時期区分によれば、最初の画期は八世紀後半ということになるが、この認識は正確なものであろうか。大野は、剱岳と大日岳《だいにちだけ》で発見された銅製錫杖の年代観に依拠して八世紀後半という見解を導いたが、残念ながらいずれも八世紀に遡らせることが難しい型式である(1)。そのため、八世紀後半という最初の画期は、下方修正せざるを得ない。最近、雄山山頂遺跡で九世紀の須恵器破片が採集されたことから、立山での山頂祭祀の開始が九世紀に遡ることはまちがいないようである(2)。剱岳の銅製錫杖もやはり九世紀の所産である可能性が高い。この時期の立山信仰について、大野は「大日岳の周辺にある行者窟や剱岳山頂の岩窟などを利用して籠山修業をおこなう」というあり方を予測し（大野一九九五）、宇野隆夫らはこの時期には剱岳が「たち山」と呼ばれていたとし、次のように述べる（宇野・前川・三鍋一九九五）。

仏教以前から存在したであろう山を畏敬する神祇信仰と、山林修業をおこなう仏教とは、古代においてはかなり性質を異にするものであった。七世紀以後、古墳を営んでいたような場所に、手工業生産地を編成するというような事例が増加してくるが、律令国家の基本的な課題の一つは、仏教を有力な梃として、在来宗教の聖地まで国家政策の場として組み込むことにあったであろう。すなわちこの頃の開山とは、その山並の最も険しい場所にまで僧侶が実際に足を踏み入れることであり、山の神々を仏の権威の下に位置づけるという性質のものであったであろう。

いわば、聖地開発説ともいうべき考え方であるが、七世紀の動向がそのまま立山信仰と関連付けられているように読めなくもなく、ひょっとすると宇野らは立山信仰が八世紀後半を突き抜けてより古く遡る可能性を予見していたのかもしれない。

しかし、管見によれば、立山関係の出土遺物は、基本的に九世紀以降のものである。むしろ、律令制が弛緩し、国家的な関与が希薄になる時期にこそ、山岳宗教の香りは高まるのである。また、山林に分け入った僧侶は、ほんとうに国家仏教の担い手であったのか。八世紀末に顕著になる山林修行が、山林に新たな産物を求めての入山とは、とても想像できない。密偵のような役割が僧侶に期待されていなかったとまでいわないが、僧侶にも真剣に取り組みたい宗教的な課題があり、その実現場所として静寂な環境の山林が格好の場であったことも確かであろう。宇野らの見解に対しては、より包括的な立場から、政策や法律ではなく、生活の実態を踏まえて、再検討することが求められよう。

それでは、日光男体山においては、山頂遺跡はいつ頃出現するのであろうか。出土した遺物の中には古墳時代や奈良時代に遡るものが含まれているが、大部分は伝世後奉納されたものとみられ、確実に祭祀が挙行されたのは、やはり「沙門勝道歴山水瑩玄珠碑并序」（『性霊集』所引）にみえる天応二年（七八二）に勝道が日光男体山の登拝に成功した時以降である可能性が高い（時枝二〇一〇）。同史料には、大同二年（八〇七）の旱魃《かんばつ》に際して、勝道が国司から要請されて雨乞いをおこなったことがみえ、この時の修法に使用された仏具などが出土品のなかに含まれている可能性はきわめて高い。勝道は古密教（雑密《ぞうみつ》）の僧侶で、国衙からの要請と支援のもとに、現世利益的な色彩が濃厚な山頂祭祀を執行したものとみてよい。なお、出土遺物には、三鈷鐃《さんこにょう》・憤怒形三鈷杵《さんこしょ》・錫杖・鐘鈴・塔鋺《とうまり》・柄香炉などの仏具、銅鏡、鉄鐸・銅鈴・鉄鈴など音の出るもの、火打鎌、鉄鉾・鉄二股鉾・鉄鏃などの武器、勾玉・管玉など玉類、銅印、鉄製馬形模造品、石帯、須恵器、土師器などがみられる。

ついで、白山をみると、山頂祭祀の開始時期を九世紀後半とする説と一〇世紀前半に始まり、一〇世紀中頃から一一世紀に本格化したとする説の二説がある。前者が一般的な理解で、白山山頂遺跡から九世紀後半の須恵器が採集されていることをもって、山頂祭祀の開始とみる（國學院大學考古学資料館白山山頂学術調査団一九八八、椙山二〇〇三)。後者は垣内光次郎によって主張されている説で、九世紀の遺物が容器類であるのに対し、碗皿類が出現するのが一〇世紀前半代に下るので、九世紀の遺物は伝世した後に山頂にもたらされた可能性があるというものである(垣内二〇〇六)。要は、採集資料の性格をどのように評価するのかという基本的な部分の見解の違いであり、今後の調査の進展のなかで解決する以外に方法がない。ただ、評価を除けば、九世紀後半の遺物が採集されている事実が存在することを、謙虚に受け止めておきたい。遺物の種類は陶器類に留まる。

このように、立山が九世紀、日光男体山が八世紀後半、白山が九世紀後半から一〇世紀前半というように、山頂祭祀の開始時期はばらつきがある。しかし、巨視的にみれば、わずかな時期差のなかで、山頂祭祀が開始されたということも可能であろう。三つの山岳のなかで、日光男体山が先行することは疑いないが、日光男体山では顕著な仏教色がみられる。ところが、この段階の白山には、まったく仏教色を見出すことができない。それに対して、立山では銅製錫杖などが確認されており、白山に比べると遥かに仏教の影響が強い。そのことは、もしかすると、立山の方が日光男体山と時期的に近いことを、暗示しているのかもしれない。わずかな資料のみで断定することは慎まなければならないが、奈良時代から平安時代前期の山岳宗教の担い手であった古密教(雑密)の僧侶の姿は、確実に白山よりも立山の方が見え易い。山麓の富山県富山市栃谷南遺跡と同市任海《とうみ》宮田遺跡SK16土坑から一〇世紀のものと判断される鐘鈴が出土し、一段階古い九世紀のものが日光男体山から出土していることに象徴的に示されるように、立山と日光男体山の間には明確な共通性が見出されるのである。

二　一〇世紀の問題

大野の次の画期は一〇世紀である。画期を設けた根拠は、室堂《むろどう》遺跡から発見された須恵器坏破片二点が、立山町上末窯産の一〇世紀初頭のものであったことにある。その事実から、彼は、この時期に「登拝・修業の場の中心が剱岳から室堂平の周辺に移動した」と考えた（大野一九九五）。宇野らは、「ごくわずかではあるが、室堂遺跡において遺物が出土するようになり、立山が開山されたことを示唆する。まだ資料は乏しいが、それは山頂の雄山神社付近を浄土と仰ぎ、地獄谷と対比しつつ、玉殿窟・滝付近で修業するという、一つの山で完結する形態をとるものであったであろう」と述べ（宇野・前川・三鍋一九九五）、この時期に立山信仰の発展の基礎が据えられたとみる。

さて、ここで問題なのは、画期を設定するには資料があまりにも貧弱なことである。しかも、雄山山頂遺跡では九世紀から連綿と遺物がみられ、別山山頂遺跡などでは一〇世紀の遺物が採集されている事実を等閑視し、室堂遺跡のみで判断を下している点である。つまり、一〇世紀は九世紀の延長であって、あえて画期とする必要がないかもしれないのである。まして、そこから修行のあり方まで推測し、立山信仰の開山が確実になされた時期と判断するのは、あまりにも予断に満ちた見解といわざるを得ない。将来的に、この時期が画期として押さえられるほど資料が増加し、追認される可能性がないとはいわないが、むしろ一一世紀か一二世紀が新たな時代の幕開けに相応しい画期として登場してくるかもしれない。現状では、一〇世紀を画期と評価できるだけの資料が整っていないというのが筆者の見解であり、一端一〇世紀を画期からはずすことを提案したい。

ところで、日光男体山では、この時期に画期は認められない。銅鏡が増加するなど遺物組成の変化はあるが、画期とするほど大きな変化はなく、むしろ一一世紀に入ってから古密教（雑密）系の仏具がなくなるなど、より顕著な変化を見出すことができる。そして、一二世紀になると、再び仏教系遺物が顕著になるが、今度はもっぱら純密系のものばかりで、以前とはその趣を異にするという特色がある。一二世紀は、山頂に小祠が成立し、山岳登拝行が成立した時期でもあり、遺物組成の変化に留まらない大きな画期であった（時枝二〇〇五b）。

白山では、垣内説によれば、この時期に山頂祭祀が開始されたことになるが、それは第一の画期と重なるもので、遺物の性格に対する評価の結果である。一般的な見解では、画期はなく、九世紀後半から連綿と陶器を使用した山頂祭祀が継続するものと理解される。画期があるのは、仏教系遺物が顕著になる一二世紀のことで、そのあり方は日光男体山と共通している。ここでも立山のような意味での一〇世紀の画期を見出すことはできない。

　やはり、一〇世紀を山岳宗教史上の画期として評価することは、限定された比較ではあるが、他山との比較の結果でも難しいようである。

三　山岳登拝行の成立

　大野による時期区分では、一二世紀中頃が画期であるので、検討しておこう。画期を設定した根拠として、室堂遺跡ＳＫ1出土遺物・虚空蔵窟出土銭貨・地獄谷の石造物・雄山三の越採集の珠洲焼破片を挙げている（大野一九九五）が、このうち確実に一二世紀中頃にまで遡るのは室堂遺跡ＳＫ1出土遺物と雄山三の越採集の珠洲焼破片に過ぎない。虚空蔵窟出土銭貨は、至和元宝（一〇五六年初鋳）と治平元宝（一〇六四年初鋳）であるが、初鋳年は一一世紀であり、一二世紀ではない。しかも、北宋銭が、中世を通じて流通していたため、上限を設定する資料にはなり得ても、時期を決定する根拠にできないことは、周知の通りである。地獄谷の石造物は、一四世紀以降のもので、一二世紀に遡るものはない。

　大野はそれらの資料から、一二世紀頃に「室堂平とその周辺での僧侶・修験者の宗教活動が活発化し始め」たこと、「雄山への登拝」が一三世紀頃までには成立したことを主張する（大野一九九五）。宇野らは、この時期には「山を拠点としつつ世俗的な力ももつ勢力として、当時の全国的な社会情勢に関わるまでに成長していたのであろう」と述べ、その証拠として室堂遺跡における京都系土器の多さを挙げる（宇野・前川・三鍋一九九五）。しかし、寺社勢力の台頭を山頂遺跡で論じても仕方ないので、ここではむしろ大野の主張に注目したい。

　日光男体山では、山頂に登拝し、修法や納経をおこない、山頂の小祠に奉納品を献じる修行が、一二世紀前期に成立した。当初は山頂祭祀を最終的な目的とするものであったが、長期間の精進のうえ登拝する行為が苦しいものであったため、一三世紀には登拝自体を目的視する風潮が生まれた。山頂に登拝した行者は、納経と修法など所定の儀礼を終えた後、山頂の小祠に登拝の証拠として禅定札を納めたが、それには登拝回数を記す慣わしになっていた。やや時期的に遅れるが、得志良《とくじら》（現在の栃木県宇都宮市徳次郎）の近津宮《ちかつ》に仕えた伴家守は、貞治五年（一三六六）に一四回目の登拝を達成したことが禅定札《ぜんじょう》から知られる。禅定札に記された一四回という回数が示すように、繰り返し登拝することを重視する風潮があったが、それは山頂への登拝を重ねることで験力《げんりき》の増進を図ったためと考えられる。山岳登拝行も修験道の修行形態の一つである。

白山では、経筒や仏具が一二世紀になると増加し、小祠に奉納された懸仏が出現する。それは、修法と納経をともなう白山禅定が一般化し、盛んに活動をおこなった結果である。さらに、行者たちのために禅定道が整備され、仏堂と宿泊施設を兼ねた室堂が建設される。垣内によれば、平成十五年（二〇〇三）の越前室の発掘調査で検出された焼土と灰層からなる火処は、灰層中出土の越前焼擂鉢と土師器皿が、一三世紀後半のものであるところから、その創設が一三世紀中頃以前である可能性が高まったという（垣内二〇〇六）。

このように、一二世紀は、どこの山岳でも大きな画期をなしており、立山においても例外ではないと考えられる。おそらく、大野がいうように、山岳登拝行としての立山禅定が本格的におこなわれるようになり、拠点としての室堂の整備がなされたのであろう。

四　一五世紀と一七世紀の画期

大野のあげる次の画期は一五世紀で、室堂遺跡において「遺物量が減少」することが確かめられたことから、彼は「この時期の立山山中における宗教活動は衰退傾向にあったと推察」している（大野一九九五）。宇野らは、一向一揆などの「新たな時代の動向の影響を受けつつ、山岳宗教の活動が、相対的に低下したものと」みているが（宇野・前川・三鍋一九九五）、要は活動の痕跡に乏しいということに尽きる。この時期の日光男体山では、山頂遺跡から遺物が出土しなくなる反面、輪王寺や二荒山《ふたらさん》神社の伝世品が増加することが知られている。おそらく、山頂へ登拝して奉納する行為が下火になり、山麓の寺社に奉納することが一般化したものとみられる。また、白山では、垣内によれば、一五世紀に入峰道を利用して修験者による山岳練行が開始され、妙法山・三方岩岳・笈ヶ岳《おいずるがたけ》などで修法をおこないながら峰々を巡り、修行の証に行人札を造立したという（垣内二〇〇六）。修験者による集団入峰が始まったのである。一五世紀は修験道教団の形成が本格化する時期であり、室堂遺跡の遺物が乏しいからといって、単純に山岳宗教の衰退と決め付けてしまうことには問題があろう。むしろ、それまでとは異なったかたちの修行がおこなわれるようになったため、室堂遺跡に遺物を残しにくい状況が生み出されたと考えるべきではないか。

大野の最後の画期は一七世紀で、彼は室堂遺跡の建物の整備と遺物量の増加を根拠に、「室堂の整備によって一度に多くの人の宿泊が可能となった結果、登拝者の数が激増したことを示す」という（大野一九九五）。宇野らは、それに加えて、出土遺物の様相から「中世的な宗教色が薄れて、近代の観光登山へのはしりが生じてきた」ことを指摘するが、同時に「この場が大衆化しつつも近世的な宗教性を保持したことは、無地の食器を基本として、また徳利がないことからうかがえる」と述べる（宇野・前川・三鍋一九九五）。日光男体山では、一七世紀に在俗者の男体山禅頂《ぜんちょう》が開始され、成人儀礼などとして山頂登拝が習俗化する。彼らが納めた多数の木製禅頂札《ぜんちょうふだ》が出土しているる。白山でも、在俗者である道者による登拝が一般化したようであるが、考古学的な証拠は定かではない。一七世紀は、それまで宗教的な専門家のみに許されていた山岳修行が、在俗の一般人に開放されたことによって生まれた画期であることを、決して見落としてはならない。

一五世紀と一七世紀が画期であることは疑いない。しかし、その歴史的な評価については、再度文献史料を含めて検討する必要があろう。

おわりに

以上、検討の結果、大野によって示された立山信仰の時期区分は、いくつかの問題を抱えていることが判明した。とりわけ、立山2期は、その存在自体が疑わしいことがわかった。そこで、修正案を提示すると、立山1期が九世紀から一二世紀初め、立山2期が一二世紀中頃から一四世紀、立山3期が一五世紀から一六世紀、立山4期が一七世紀から一九世紀中頃ということになろう。つまり、五期区分ではなく、四期区分が現状での実態に即していると考えるのである。

このように、立山の開山時期を下方修正すると、くすしくも白山と同時期の開山となる。類似した自然条件にある二つの山が、歴史的に深い関係にある可能性は高く、今後も比較の視座を持ちながら検討を深めていく姿勢が求められよう。

註

（1）詳細は、実測図をもとに型式学的検討をおこなった別稿を用意している。
（2）佐伯哲也氏ご教示。吉岡康暢氏鑑定。

第一一章　宝満山の懸仏

はじめに

宝満山《ほうまんざん》は福岡県太宰府市の太宰府天満宮の裏山にあたる標高八二九・六mの山で、式内社である竈《かま》門《ど》神社の鎮座地で、現在も山頂に上宮、中腹に中宮跡、山麓に下宮がある。上宮は巨岩の一画に祀られ、その背後は高二〇m以上の絶壁をなしているが、その下のテラスから多量の遺物が発見されている。遺物は、祭祀終了後に、巨岩の上から投棄されたものとみられるため、遺跡を上宮祭祀遺跡と呼んでいる。

上宮祭祀遺跡については、小田富士雄（一九八〇）、小田編（一九八二）、小田・武末純一（一九八三）、太宰府市史編集委員会編（一九九二）などの報告によって、遺跡と遺物の実態を詳細に知ることができる。その特徴は、須恵器や三彩陶器など八世紀の遺物が多量にみられ、日本でもっとも古い時期の山頂祭祀遺跡であることが確認できることである。しかし、その時期の遺物には仏教遺物がまったく認められず、初期山頂祭祀遺跡として名高い栃木県日光市の日光男体山頂遺跡が仏具などの仏教遺物を主体としている様相と対照的なあり方を示している。

もっとも、中世の遺物に注目すれば、上宮祭祀遺跡からも仏像と懸仏が出土していることが知られている。そのことは、宝満山の山頂祭祀が、古代から中世へと移行するなかで大きく変容した可能性を示唆するが、この点について十分な考察がなされていないのが現状である。

そこで、ここでは上宮祭祀遺跡出土の懸仏について基礎的な検討をおこない、仏教の影響が顕著になる時期を絞り込むとともに、その信仰内容に踏み込んで若干の考察を加えたいと思う。

一　懸仏の形態と製作技法

上宮祭祀遺跡から出土した懸仏で、現在までに報告されているものは、鏡板の破片など時期の特定が困難なものを除けば、仏像二五躯、花瓶二点を数える（第31・32図）。

仏像の形態が明瞭なものは、宝冠を被り、左手に蓮華を持ち、右手を膝の上に置くものばかりで、いずれも聖観音菩薩坐像と判断できる。形態が簡略化されたものは、第32図25のように頭部に目と口、体部に衣の合せ目を示すとみられる斜線を刻むだけのものさえ知られ、仏像の儀軌と無関係に製作されており、形態から尊名を知ることは不可能である。

身高は、八・三cmを測る1が最大で、大部分のものは五～三cmと小振りである。

仏像の製作技法は鋳造のものと鍛造のものに大別され、鋳造のものは鏡板との取り付け装置の違いによって四類に分類することができる。

第一類は仏身・蓮華座の上下両端に直接穿孔するもの（第31図2）、第二類は背面の上下両端に鈕を設け、鈕に垂直方向の孔を穿つもの（同1）、第三類は背面の中央に鈕を設け、鈕に垂直方向の孔を穿つもの（第32図23・24）、第四類は背面の中央に鈕を設け、鈕に仏身に対して水平方向の孔を穿つもの（第31図3～18）であり、破損のため分類不明なものが一躯ある（同19）。

このうち、主体をなすものは第四類で、一六躯を数え、全体の半数以上を占めている。鈕の形態にもバリエーションがみられ、時間差の存在をうかがわせるが、身部の形態も立体的で均整のとれたものから徐々に扁平で細身のものへと変化した様子が看取できる。

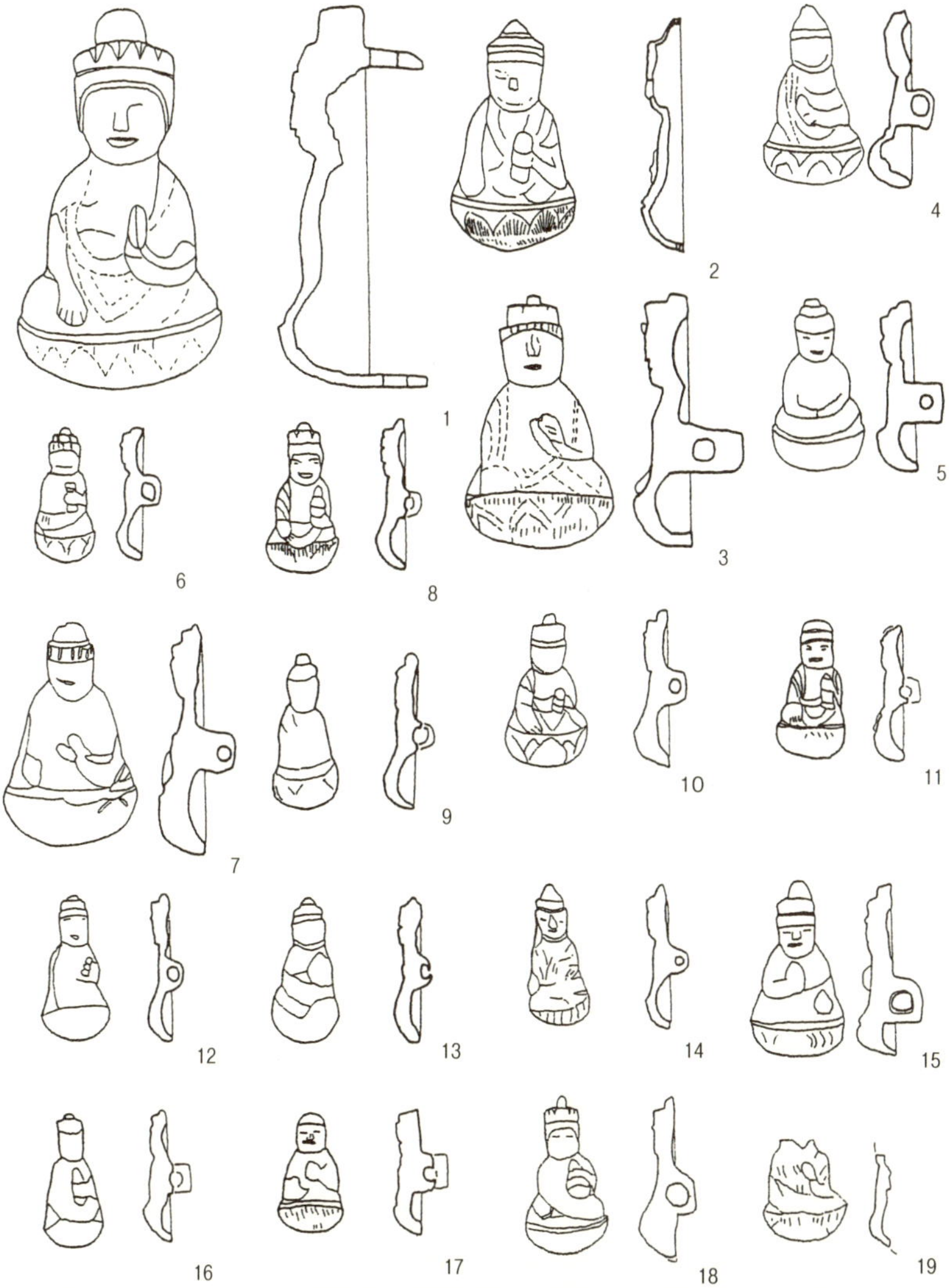

第 31 図　懸仏実測図（1）（4 分の 1 縮小）
（各図版は以下の既刊の報告書内の図版に対比される。1・4・7・12・13・14・15：小田・武末 1983 第 4 図 24・25・29・27・28・26、2・3・5・6・8・9・10・11・15・16・17・18・19：小田編 1982 第 26 図 5・11・15・8・6・7・10・20・19・18・17・9・14　なお、大部分の平面図は写真から新たに作成した。）

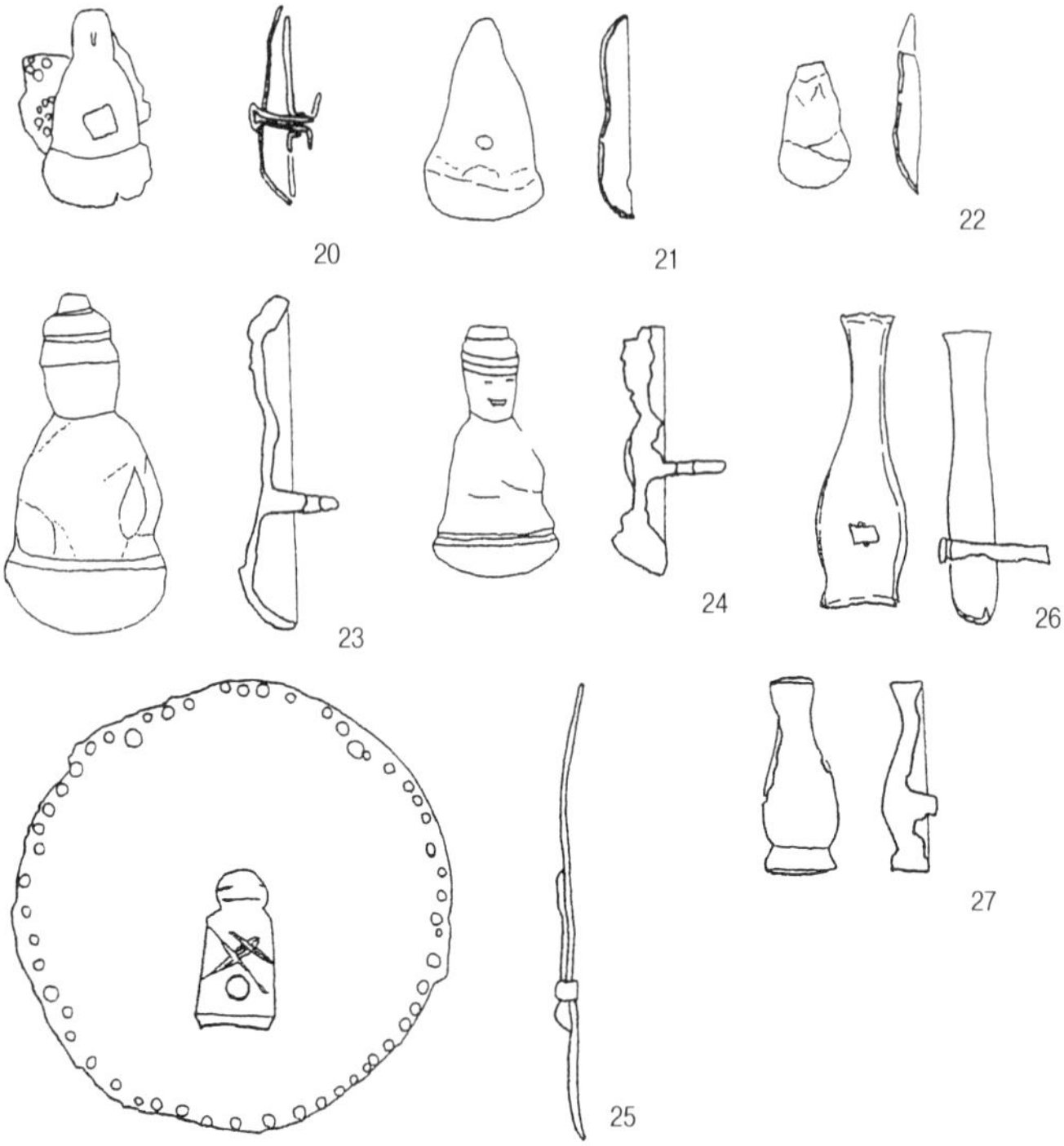

第32図　懸仏実測図（2）（4分の1縮小）
（各図版は以下の既刊の報告書内の図版に対比される。20・21・22・25：小田編1982第26図13・12・16・26、23・24・26・27：小田・武末1983第4図30・31・33・34なお、大部分の平面図は写真から新たに作成した。）

鍛造のものは、鏡板が完存する一躯のみ形態が異質である（第32図25）が、仏像の腹部で鋲留めする点でいずれも共通する（第32図20～22）。

花瓶は、鋳造のもの一点（第32図27）、鍛造のもの一点（同26）が確認され、それぞれ同一技法の懸仏にともなうものとみられる。大きさから判断すれば、鍛造のものにも、現在知られる小さなものばかりでなく、比較的大きなものが存在したことが推測できる。

二　懸仏の製作時期

それでは、これらの懸仏は、いつ頃のものなのであろうか。

懸仏の取り付け方法は、一二世紀には多様なものがあって一定しないが、一三世紀に入ると共通した方法が採用されるようになり、最初は仏像の上下に穿孔していたものが、やがて上下に鈕を設けるようになる。前面に突出させることで、立体感を増し、仏像としての特性を主張するためであったとみられる。おおよそ一四世紀のことである。その頃、懸仏は大型の精緻な作品と小型の粗雑な作品に分化し、前者は過剰な装飾によって飾られるようになり、後者は徐々に形骸化の一途を辿る。一五世紀頃、小型品は背面中央に鈕を設ける方式を採用し、鈕の孔は基本的に垂直方向から水平方向へと変化する。一六世紀になると、鋳造品はほとんど姿を消し、鍛造品が主流になる。粗雑な作品は、細部の形状が読み取れないくらい簡素化され、仏像を鋲や釘で鏡板に打ち付けるようになる。一七世紀に入ると一部の地域を除いて懸仏はみられなくなる。

このような変化の流れと照らし合わせてみると、鋳造品の第一類が一三世紀、第二類が一四世紀、第三類が一五世紀、第四類が一五〜一六世紀、鍛造品が一六世紀のものと考えることができる。

製作時期は使用時期よりも若干遡る可能性が高いが、懸仏の場合、製作を依頼した時点で奉納することを意識しているため、それほど時間差があったとは考えられない。まして商品化していたとすれば、両者がほぼ同時期であった可能性さえ考えられるわけで、製作時期によって使用時期をある程度押さえることができる。

このように考えられるとすれば、宝満山上宮祭祀遺跡では、一三世紀に懸仏の奉納が開始されたが、盛んになったのは一五世紀に入ってからで、その風潮は一六世紀まで続いたことが推測できよう。つまり、宝満山において懸仏奉納が盛行したのは、中世後期のことであるとみられるのである。

三　懸仏の性格

それでは、これらの懸仏は、どのような性格をもっていたのであろうか。

その手がかりは、尊名を特定できるものが、すべて聖観音菩薩であるという点にある。『竈門山旧記』に、役行者が祈念を凝らしたところ「四十九日ノ暁天ニ山谷鳴動シ草木色ヲ変シ大慈大悲ノ観世音出現シ玉ウ」とあること(1)から、宝満山の祭神の本地仏が観音菩薩であることが知られ、聖観音菩薩が宝満山の本尊であることが理解される。神仏習合が進んだ中世においては、神仏は同体であるとされ、神が仏像として造形化されることはごく一般的なことであった。現在、竈門山神社では玉依姫を祭神としているが、中世にはその本地仏である聖観音菩薩が本尊として祀られたのであった。懸仏は上宮の本尊として祀られていたものと推測できるのである。

懸仏が一三世紀に出現するのは、この時期に宝満山の神仏習合が進み、祭祀に仏教徒が積極的に関与し始めたことを示している。それまで、仏教色が希薄であった宝満山に仏像が祀られるようになった背景には、修験道の影響も見逃せまい。中世後期には宝満山は英彦山と密接な関係に置かれ、修験者の入峰修行が活発におこなわれるようになるが、その前提となるような新しい宗教的な動きが一三世紀に始まったことが予測できよう。

古代の神祇信仰では、自然物に神が宿ると考えられたところから、上宮の巨石のような目立つ自然物を神が降臨する場所として神聖視した。そこは一般人の立ち入ってはならない禁足地とされ、清浄な状態を保つための柵や垣根が設けられることもあったが、社殿などの建物はなく、まして神像や仏像が祀られることはなかった。神は祭りに際して降臨し、終れば帰るという去来する存在と意識され、祭場は臨時に設けられるものであった。

ところが、仏教徒が祭祀に関与するようになると、恒常的な建物である堂宇や社殿を設け、その内部に仏像や神像を安置することが一般化した。それまで、自然の巨石だけであった上宮に小祠が設けられ、そこに懸仏が祀られることによって、神仏は祭りの度ごとに去来する存在から、いつもそこに常住する存在へと変化したのである。懸仏の出現は、神観念の変化を促すような大きな出来事であり、宝満山祭祀の一つの画期であった。

ただ、この時期の懸仏は数も少なく、あくまでも上宮の小祠に祀るためのものであった可能性が高い。一三世紀や一四世紀の懸仏の大きさが、その後のものに比べて大きいのも、この時期の懸仏が以後のものと若干性格を異にしているためと考えられる。

では、一五世紀以後の懸仏は、なぜ小型のものばかり多数存在するのであろうか。それは小型の懸仏が奉納品であるからに違いない。おそらく、それぞれの懸仏には奉納した個人のさまざまな祈願が籠められており、山上の上宮に奉納することで所願成就することを期待したのであろう。今日の絵馬にも似た信仰が存在したことが推測できるのである。本尊に似た姿の品物を奉納することで、本尊に意思が通じると考えたのは、いわゆる類感呪術の発想によるものとみられる。

懸仏は吊り下げることができる点に特色があるが、中世後期の上宮の建物には、おそらく壁や長押などに多数の懸仏が下がっていたに違いない。そのあり方は、建物の奥に秘めやかに安置された本尊とは異なり、あたかも建物内部の荘厳具のような役割を果たすものであったといえる。

とすれば、宝満山における懸仏をめぐるあり方は、中世前期と後期で異なっていたと考えられよう。前期においては小祠の本尊として祀られていた懸仏が、後期には奉納品としての機能をもつようになり、その結果、奉納行為が流行したとみられるのである。一般的に観音信仰は現世利益的な色彩が強く、世俗的な祈願が多く、死者供養はなかったと考えられる。玉依姫が女性神であることからすれば、安産祈願や家内安全など、個人や家族の平安無事を祈るものが多かったのではないだろうか。もっとも、かつて宝満山は女人禁制の霊山であったと伝えられており、女性の入山はできなかったという。かりに女性の信者が奉納した懸仏であっても、男性である僧侶や修験者の手を介して、山頂の上宮にもたらされたはずである。

こうして、かつて神観念の変革をともなって出現した懸仏は、日常的な存在となり、人々のさまざまな思いを託されて奉納されたのである。それはいわば懸仏の世俗化とでもいえるような変化であった。そうして一般化した結果、最後には、懸仏は人々から見放され、一六世紀を最後に上宮への奉納は断絶したのである。

おわりに

ここでは、宝満山の懸仏について基礎的な検討をおこなったのち、そこからどんな歴史が見えてくるのか、若干の考察を試みた。

まず、懸仏を形態と製作技法から分類し、その製作時期を考察した。その結果、一三世紀に出現し、一五世紀以降出土数が増加することが判明し、宝満山における懸仏が中世後期に隆盛したことが知られた。さらに、そのことを踏まえて、懸仏の性格が中世前期と後期では異なること、懸仏出現の画期の意味、中世後期における懸仏をめぐる信仰のあり方などについて覚書程度の考察をおこなった。不十分ではあるが、九州の地方霊山の懸仏を考察するだけでも、実にさまざまな問題が浮上してくることだけは示せたのではないかと思う。

もとより、懸仏だけでは、山岳宗教の動向の全体像が描けるはずもなく、中途半端な問題提起に終ってしまったが、今後懸仏以外の多様な考古資料について同様な検討を個別に加えたうえで、総合的な考察へと進んでいけば、いずれは宝満山を通して中世という時代の一齣が垣間見えるのではないかと密かに期待している。

なお、遺跡の現地踏査に際しては、太宰府天満宮の小西信二氏、太宰府市教育委員会の山村信榮氏のご案内・ご教示を忝くしたことを明記し、深く感謝の意を捧げたいと思う。

註

（1）「竈門山旧記」（五来編一九八四）による。同史料については小田（一九七七）にも翻刻がある。

第Ⅲ部
霊場の考古学

立石寺（第一三章）

第一二章　在地霊場論

はじめに

霊場は、宗教家によって由緒や霊験が説かれた神仏が祀られ、多くの信者が自由に参詣できる聖地である。そのなかで、信者の広がりが地域的なまとまりをもち、地域住民の生活と密着したものを指して、在地霊場と呼ぶ。一九八〇年代に、中世史家の中野豈任《やすひで》は、新潟県五頭《ごず》山麓などに展開した中世の「忘れられた霊場」を掘り起こし、在地霊場と呼んだ（中野一九八八）。民衆史を重んじる風潮が学界の基調をなしていた時期に、中世の在地霊場の発見は、多くの研究者に新鮮な衝撃を与えたことはいうまでもない。

在地霊場に関する文献史料は、断片的で、量的にも少ないことが多く、歴史学的な研究は困難を極めた。そうしたなかで、考古資料や民俗資料をはじめ、地域に残るさまざまな史料・資料を総動員して研究を進める方法が自然と採用されるようになった。中野の研究でも、骨壺や石造物など考古資料が多用されており、地域史の方法が駆使されていることは周知の通りである。

中野の視点と方法は、たとえば伊藤清郎による山形県を中心とした在地霊場の精力的な調査などに継承され、中世史の一分野として定着するまでになった（伊藤一九九七）。しかし、中世史家による考古資料の取り扱いは、考古学を専門とする研究者からみると不十分なもので、より精緻な資料操作が求められた。

やがて、中世考古学が市民権を得るなかで、考古学研究者によって在地霊場の研究がおこなわれる時代を迎えた。平成十七年（二〇〇五）に開催された東北中世考古学会によるシンポジウム「霊地・霊場・聖地」の成果は、平成十八年に『中世の聖地・霊場』（東北中世考古学会編二〇〇六）として公刊されたが、その副題は「在地霊場論の課題」であった。もっとも、書名からもあきらかなように、そこでは聖地と霊場が同列に扱われたため、霊場の意義づけが不明確になってしまったきらいがある。『日本民俗大辞典』によれば、聖地は「宗教伝承と結びついて神聖視されている一定区画の土地」のことであり、霊場よりもはるかに広い意味で使用されている。両者を混同してはならない。

考古学研究者の多くは、霊場と聖地が異なる概念であることに無頓着で、中世墓や石塔が存在する場所をなんの検討もなしに霊場と呼んで怪しまない。そこがなぜ霊場なのかという問いを発しなければ、学問としての健全な成長が望めないことはあえて指摘するまでもないが、霊場というレッテルを貼っただけで納得している現状は脳死状態に等しい。

そこで、本章では、在地霊場論を生産的なものとするため、地域の霊場について基礎的な検討をおこない、今後の個別的研究の布石としたいと思う。

一　霊場と聖地の識別

まず、再度、霊場と聖地の概念を確認したうえで、両者を区別する考古学的な指標があるのかどうか検討しよう。本稿の冒頭で記したように、霊場とは「宗教家によって由緒や霊験が説かれた神仏が祀られ、多くの信者が自由に参詣できる聖地」のことである。

宗教家は僧侶・陰陽師・修験者・神職・神父・牧師・巫女・拝み屋など職業的に宗教を専門とする人物であることが多く、個人的にカリスマ性を帯び、多くの信者を魅惑するような存在である。宗教の種類や宗派は問わないが、霊場の創設者は強烈な個性をもった聖者として崇拝されることが多く、最初からその実像が不明確な聖なる存在であることもある。高野山奥之院に生身のまま入定しているとされる弘法大師のような場合である。そうした場合には、当然のことながら、霊場の開祖である宗教家が、信者にとって崇拝対象になることが予測できる。

彼、あるいは彼女は、霊場とされる場所についてさまざまな由緒を語り、繰り返しおこなわれる宗教行為は実に多くの霊験譚を生み出す。霊場は神仏が出現する場所、あるいは神仏にもっとも近い場所であり、宗教家はそこが宗教的世界観のなかできわめて重要な位置を占める場所であることを主張し、「なぜそこなのか」という信者の素朴な質問に壮大な宇宙観を提示して答えることがしばしばである。由緒は多くの場合、その霊場の起源について神話的なレベルで意味づけをおこない、そこでおこなうべきとされている宗教行為が古い起源に裏付けられた由緒正しいものであることを説く。霊験も最初は由緒と関連付けた説明が主流であるが、やがて治病などの現世利益の効験を語る世間話的な色彩の濃いものに代わられ、尾鰭を付しながらおもしろおかしく話として展開していく。霊場では、ときに由緒や霊験譚が文字として定着させられ、刷り物などとして流布する。また、参詣者に絵解きされ、なかには宗教家などがわざわざ遠隔地まで出かけて絵解きに及ぶ例もみられる。霊場は説話の発信地でもある。

そして、そこが単なる聖地に留まらずに、霊場として発展するためには、なによりも多くの信者が参詣しなければならない。霊場は多くの信者の参詣によって、結果的に霊場として立ち現れるのであって、予定調和的に設置できるような代物ではない。宗教家によって開示された聖地が、多くの信者の受容するところとなったときに、初めて聖地が霊場になる。霊場概念の重要なポイントは、霊場が存在する場所の外部から、大勢の信者が参詣するところにある。地域内部での祭祀対象である以上の広がりをもたない聖地は、霊場と呼ぶべきではないことはいうまでもないが、その広がりの範囲は在地霊場では狭い。そのため、すでに信仰が衰退してしまった霊場では、そこがほんとうに霊場として機能したのかどうか、判断に苦しむ場合がないわけではない。そうした場合にこそ、なんらかの外部社会との関連を示す考古資料の存否が決め手になるわけで、霊場の考古学的研究が初めて威力を発揮することになる。

しかも、霊場は開放的な空間で、多くの人々が自由に参詣できる場所でなくてはならない。古代の伊勢のように、天皇家ゆかりの者のみが祭祀に関われるような場合は、聖地ではあっても霊場ではない。それが、中世以後、僧俗が自由に参詣し、「お伊勢参り」が民衆生活に溶け込むようになると、これは確実に霊場であるといってよい。霊場の条件として、自由に参詣できる開放性が必要で、この点は在地霊場においても同様である。親族のみの聖地は霊場ではない。広く社会に開放されていることが必要なのである。もっとも、参詣するために潔斎が課せられ、決まった法式を遵守することが条件とされる場合があるが、それは聖なる空間ゆえの限定であって、ここでいう自由の束縛には当たらない。

また、霊場が成立するためには、広範な交通網の形成が前提条件となることは、改めて指摘するまでもあるまい。信者が霊場に参詣するためには、交通手段・機関の整備がおこなわれる必要があり、たとえ悪路であっても通じていなければ自由な参詣はあり得ない。禅定《ぜんじょう》道や巡礼道は、まさに霊場へ通じる道であり、宗教的な目的をもって開かれたものである。そのような特殊なものでなくても、霊場は都市や村落からなんらかの交通手段を使って到達できる場所であることが必要で、熊野のように行くこと自体が難行苦行とされた場合でも、日数をかければ誰でも到達可能な場所であったことを見落としてはならない。霊場が発展するためには、都鄙間の交通がそれなりに整備される必要があったのであり、宿泊施設などの設置も同様に重要な条件となっていたのである。

このような霊場のなかで、信者の広がりが地域的なまとまりをもち、比較的に狭く、地域住民の生活と密着したものを指して、在地霊場と呼んでいるのである。在地霊場は、規模が小さなものが多いが、やはり霊場としての特質を保持していることが条件であって、そうでないものは霊場と呼んではならない。あくまでも、霊場の概念に合致するが、規模が小さく、信仰圏が狭い地域密着型のものを指して、在地霊場として認定する必要がある。

では、聖地とはなんなのかといえば、「宗教伝承と結びついて神聖視されている一定区画の土地」であり、霊場もそのなかに包括される広い概念である。『日本民俗大辞典』の吉成直樹の説明は、上記の文章に続いて「神聖視されるがゆえに立ち入ることを禁じるなどの禁忌を伴っていることが一般的である。神社の鎮地、祭場や墓地、霊山などは積極的な神聖観に基づく聖地であるが、聖地であることが忘れられ、消極的な禁忌ばかりを残すとくせ地・祟り地・呪地などの忌地となる。聖地の対象としては、山・森・樹木・巨石・滝・岩窟など、天然の地形地物のほか、塚・壇・祠堂などの人工物が中心となっているものがある」とし、その後に具体的な事例を掲げている。

聖地は、霊場と異なり、宗教家が関与する場合もあるが、むしろムラ・親族・家族など祭祀母体となる集団によって設置されることが多いようである。それは、民俗社会の世界観の表現として村落空間のなかに然るべき場を占めるもので、生活の一部として認識され、宗教として明確に意識されるものではない。そのため、霊場にみられるように積極的に由緒が説かれるとは限らず、霊験も常に生じるわけではなさそうである。それのみか、神仏が祀られるとは限らず、ただ立ち入ってはならないとするだけの土地も多いのである。また、参詣する機会は少なく、年中行事か、さもなければ祈願の際でなければ行かない場合がほとんどである。聖地には、参詣者が、かならずしも必要とは限らない。行ってはならない聖地や近づいてはならない聖地は稀ではないのである。

このように、霊場と聖地は、あきらかに異なる概念である。ただ、霊場や聖地を崇拝し、信仰する人々にとっては、霊場も聖地もいずれも聖なる場所であって、区別されるとは限らない。霊場や聖地は、研究者が分析するための学術用語であり、民俗社会で使用されることばとはかならずしも同じでないことに留意する必要がある。とりわけ、考古資料の場合には、使用した人々の観念や感覚を直接知ることは難しく、エチックな見方しかできないことが多い。霊場や聖地は、あくまでも宗教遺跡を分析するための用語であり、研究するための道具であることを忘れてはならない。

とすれば、考古資料のレベルで、霊場と聖地を識別することはできるのだろうか。現在機能している霊場や聖地であれば識別は容易である。しかし、遺跡と化した霊場や聖地の場合、先験的にいずれであるかを決することはできない。分析の結果、初めてそれが霊場か聖地かを解明できるのであるが、その際に有効な指標となる考古資料にはどのようなものがあるのだろうか。

霊場遺跡を構成する遺跡・遺構には、寺院・仏堂・講堂・神社・小祠・経塚・磐座《いわくら》・修行窟・行場・納骨遺構・宿坊《しゅくぼう》・居館・墓地・巡礼路など実に多様なものが存在することが予測されるが、それらが複合して存在するところに霊場遺跡の特色がある。霊場遺跡では、中心部に寺院跡・神社跡があり、その周りに宿坊・居館などが営まれ、さらに周縁部に経塚・墓地・納骨遺構などが散在する。ときには、山中深く行場などが存在し、霊場が修行拠点としての性格をもつ場合もある。霊場遺跡は、それらさまざまな種類の遺跡・遺構が統合されて、全体として宗教的な機能を発揮していたと考えられる例が多い。

それに対して、聖地の遺跡には、巡礼路を除けば、ほぼ同様な施設が営まれる場合がみられるが、多数が複合して存在することは原則的にはない。どちらかといえば、仏堂・小祠・磐座・墓地などが単独で存在することが多く、二種類以上が複合する場合は案外に少ないのではなかろうか。祭祀遺跡は古墳時代の事例が多く、中世の実態は不明な点が多いが、塚などの遺跡が代表的なものであろう。また、墓地が営まれた聖地の存在も知られているが、その場合は墳墓遺跡と区別することさえ難しい。

遺跡から霊場と聖地を識別する場合には、遺跡が複数の種類からなる遺跡群であるか、それとも同一の種類、あるいは単独かということに注目すると効果的であろう。また、遺跡群を構成する遺跡・遺構がどのような関係に置かれているかを検討し、かつて発揮していたに違いない機能的な連携関係を推測することも識別に有効であろう。

さらに、参詣道や巡礼路の存在は、霊場としての認識を決定的なものとするに違いない。

ついで、霊場遺跡から出土する遺物に注目すると、仏像・鏡像・懸仏《かけぼとけ》・銅鏡・仏具・銅製宝篋印塔《ほうきょういんとう》・紙本経・瓦経・経筒・刀剣・火打鎌・鋏・錐・針・提子・檜扇《ひおうぎ》・櫛・銭貨・緑釉《りょくゆう》陶器・黒色土器・青磁・白磁・青白磁・褐釉磁器・古瀬戸・中世須恵器・納骨容器・五輪塔・宝篋印塔・板碑・物忌札《ものいみふだ》・位牌・卒塔婆・千体仏・板絵・印仏・柿《こけら》経・笹塔婆・小塔・道標・巡礼墓などあまりに多様である。霊場遺跡の性格によって異なるが、懸仏・仏具・経筒などの宗教遺物が卓越する場合と、納骨容器・石塔など死者供養に関わる遺物が主体を占める場合に大きく区分することができる。

それに対して、聖地では、やはり同様なものが発見されるが、種類・量が少ない。中世の祭祀遺跡であれば銅鏡・懸仏など本尊に関係する遺物、墓地を伴う場合には骨蔵器・納骨容器などが出土するが、性格を異にする遺物が一括して多量に出土することは稀である。

遺物から霊場と聖地を識別する場合には、遺物の種類と量に注目するのが基本であるが、そのなかに参詣者に関わるものが含まれているかどうかを判断することが重要である。霊場では、参詣者がもたらした銅鏡・懸仏・経筒・納骨容器・土器などが出土し、しばしばそれらが遠隔地で生産されたものであることが確認できる。

霊場と聖地の識別は、概念を正確に理解していれば、個別遺跡ごとに内容を分析することで判断できるはずである。従来、在地霊場とされていた遺跡のなかには、単なる聖地と呼ぶべきものが含まれている可能性がある。逆に、聖地として理解されていた遺跡のなかに、霊場と呼ぶべき遺跡がないとは限らない。両者の概念を明確にしたうえで、再度、分析を試みることも重要な課題となろう。

二　在地霊場の種類

従来、ある遺跡を調査した結果、宗教的な遺跡・遺構・遺物が検出されると、そこを在地霊場と名付けて、それだけで満足してしまう傾向があった。在地霊場として命名できれば、それですべてが諒解できたように思い込んだ考古学研究者も少なからずいたようである。しかし、問題なのは、在地霊場の性格や歴史を分析することなしに、在地霊場と名付けただけで検討を終えてしまっては、なにも始まらないのである。在地霊場が、どのような背景のもとに営まれ、なぜ在地レベルに留まったのかなど、さまざまな問題を考察することなしに、在地霊場についての理解は深まらない。残念なことに、在地霊場という用語は、ときに研究者の思考停止をもたらすことがあったように思う。

実は、在地霊場といっても、その内容はさまざまであって、どのような性格の霊場であるかは、ていねいに分析してみなければ知り得ないのである。在地霊場は、あくまでも地域レベルの霊場であって、全国的に著名な霊場に多様な性格の霊場が存在するように、在地霊場もまた一枚岩ではないのである。在地霊場という用語は、あたかも均質な地域の霊場が存在するかのような印象を抱かせるが、それは妄想に過ぎない。現実の在地霊場は、霊場一般と同様に、多様で個性的なあり方を示すのである。その個性を抽出し、歴史的な意義を研究することが大切なのであり、在地霊場というレッテルを遺跡に貼ることが目的であってはならない。

かつて筆者は、霊場一般を対象に、現在知られている著名な霊場遺跡のあり方を整理して、霊場の分類を試みたことがある（時枝二〇〇七）。そのなかで、まず霊場を信者が特定の寺社へ参詣する「Ⅰ参詣型」と、複数の寺社を巡る「Ⅱ巡礼型」に分けた。いうまでもなく、前者は参詣者が霊場を往復する線状の運動をおこなうのに対して、後者は出発点と終着点がときに連結する円環状の運動をおこなう点に特色がある。ついで、それぞれを「1非納骨型」と「2納骨型」に分けた。両者の区分は納骨信仰をともなうか否かによっておこない、非納骨型は納骨信仰をともなわないもの、納骨型は納骨信仰がみられるものとした。さらに、「I参詣型」の「1非納骨型」を山岳霊場のような修行をおこなう場所が発展した「①行場型」と霊場内に行場の存在が顕著でない「②非行場型」、同じく「I参詣型」の「2納骨型」を山岳や海岸など神仏が顕現するのにふさわしい場所に営まれた「①勝地型」と都市のまっただなかに営まれた「②都市型」に細分した。

これを、再度表記すると、次のようになる。

Ⅰ、参詣型
　1、非納骨型
　　① 行場型
　　② 非行場型
　2、納骨型
　　① 勝地型
　　② 都市型
Ⅱ、巡礼型
　1、非納骨型
　2、納骨型

つまり、Ⅰ-1-①型、Ⅰ-1-②型、Ⅰ-2-①型、Ⅰ-2-②型、Ⅱ-1型、Ⅱ-2型の六類型を設定したわけである。典型的な霊場としては、Ⅰ-1-①型が奈良県天川村《てんかわ》大峰山、Ⅰ-1-②型が近世の伊勢神宮、Ⅰ-2-①型が和歌山県高野町の高野山奥之院、Ⅰ-2-②型が奈良市元興寺極楽坊、Ⅱ-1型が埼玉県の秩父三十四

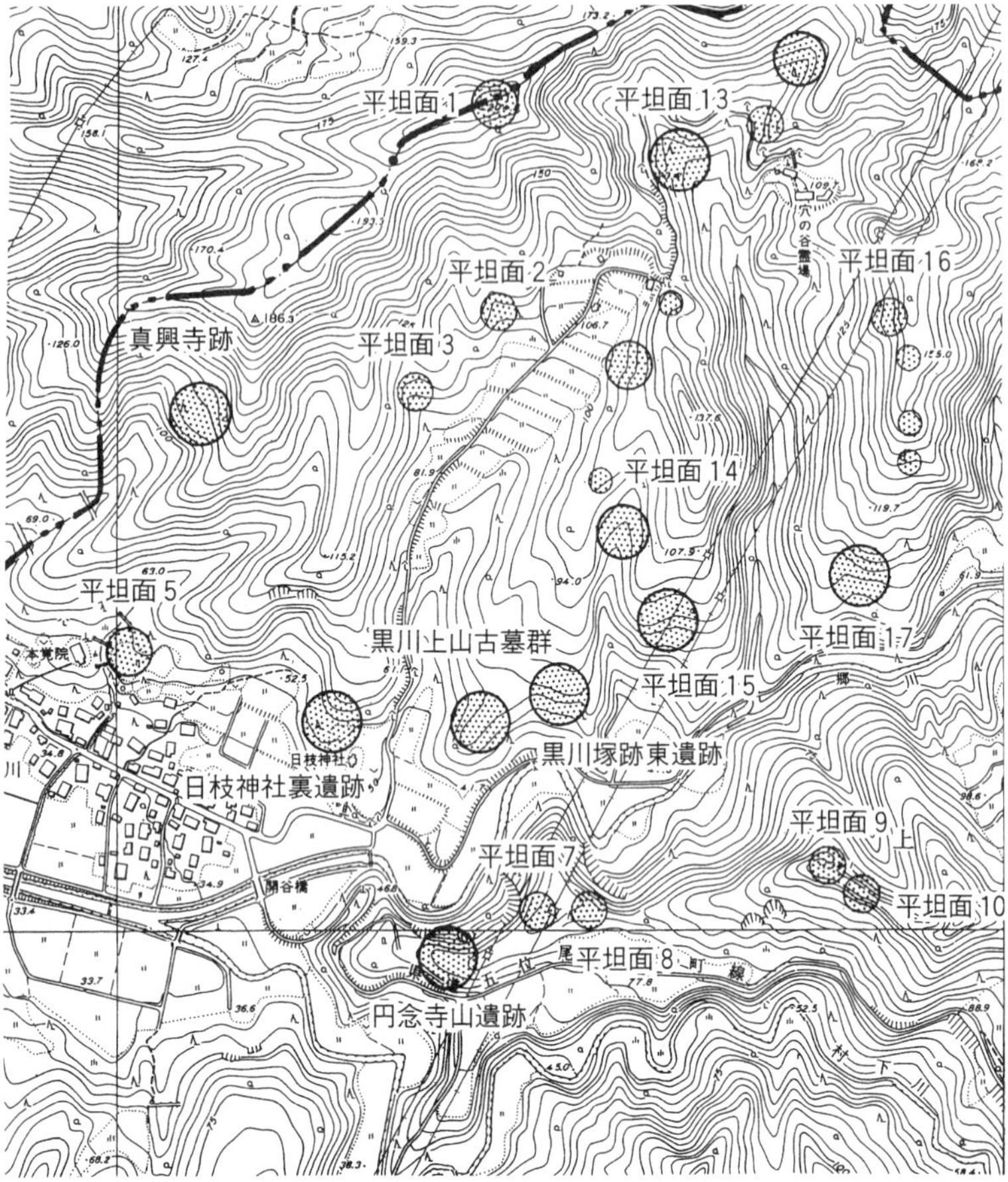

第33図　黒川遺跡群中心部の遺跡分布
（上市町教育委員会2002第26図　一部改変、縮尺任意）

箇所札所霊場、Ⅱ・2型が四国八十八箇所札所霊場である。Ⅱ・1型とⅡ・2型については、納骨の有無に注目した研究が十分でないために、今後変更しなければならない可能性がある。それでも、ここに掲げた典型例から、筆者がおおよそどのような霊場をイメージして分類したかは、理解いただけるはずである。

それでは、在地霊場をこの分類と照合すると、どのような結果が出るであろうか。もとより十分な準備もないので、著名な例を対象にした試論の域を出ないが、多少は参考となるかもしれない。

まず、在地霊場の典型として国指定史跡になった富山県上市町黒川遺跡群（上市町教育委員会二〇〇五）は、剱岳の登拝拠点であったとされており、顕著な納骨信仰の存在を確認することができないので、Ｉ－１－①型に分類できる可能性が高い。黒川遺跡群は、中世寺院跡の伝承真興寺跡、僧坊跡の黒川塚跡東遺跡・日枝神社裏遺跡、中世墳墓の黒川上山古墓群、経塚群の円念寺山遺跡などが複合して構成される中世寺社遺跡であるが（第33図）、背後の剱岳のほかにも、霊水で知られる穴の谷《たん》霊場などが付近に存在していることが注目される。調査を担当した高慶《こうけい》孝は、黒川遺跡群を構成する各遺跡が「12世紀後半から13世紀にかけて一様にその最盛期を迎えており相互に関係した遺跡、というより黒川の宗教空間を構成した宗教施設群であったことが確認された」とし、霊場が「12世紀後半から13世紀」に成立したとみている（上市町教育委員会二〇〇五）。

ついで、近年海中から板碑が引き上げられるなど調査成果が顕著な宮城県松島町松島（第34図）は、石窟・板碑・火葬骨が顕著にみられることから、Ｉ－２－①型に属する可能性が高い。七海雅人は「松島を中世の霊場と認識するための要素」として「①浄土への入口を彷彿とさせる景勝の地形、中世史料に見られる『勝地』としての景観」「②平安期以来の天台密教の伝統と、その象徴的な存在としての院政期王権・初期鎌倉幕府中枢との結びつきが伝説化された異能の僧見仏の存在」「③見仏を起点として設定された仏舎利・法華経信仰のクローズアップ」「④御島の板碑群と絵画史料の中で象徴的に描かれる頼賢碑。円福寺伽藍を囲繞するように林立する板碑群」「⑤板碑所在地点とセットで確認される石窟群」「⑥御島や円福寺伽藍後背崖地の石窟において確認される火葬骨片の存在。つまり『骨』のイメージ」の六点を掲げている（1）（七海二〇〇六）。火葬骨は納骨されたものと考えられるが、容器が確認されていないものが大部分のようで、布や曲物など有機質のものに収納されていた可能性が高いとみられる。そのため、時期を知ることが難しいが、板碑などと同時期とすれば一三～一四世紀には納骨がおこなわれていたとみ

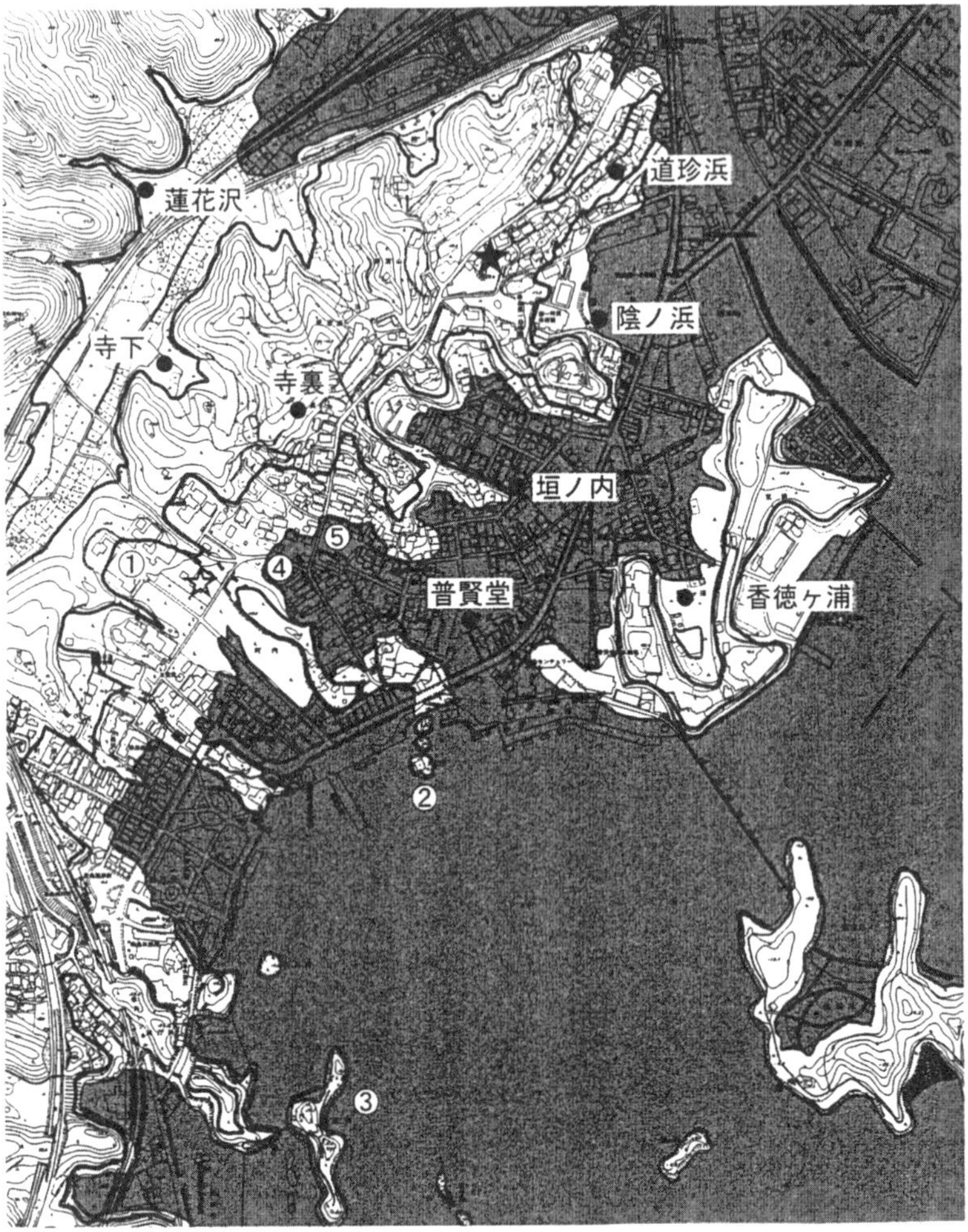

第34図　雄島周辺の松島湾（新野2006一部改変）
①瑞巌寺　②五大堂　③雄島　④蓮池　⑤宮島

てよい。この時期の板碑は、在地領主層が造立主体であったと推測できるので、納骨習俗の担い手も彼らであったと考えてよかろう。

ところで、Ⅰ-1-②型の在地霊場の遺跡は管見に入っていないが、地域で信仰を集めた神社のなかには、この類型に属するものがある可能性が高い。近世の例ならば、各地にみられるさまざまな流行神や流行仏は、この類型に属するものが多い。たとえば、北関東で安産の神として信仰を集めた群馬県前橋市女屋町の産泰《さんたい》神社などは、この類型とみてよかろう。神社境内の石造物の銘文などから在地霊場の実態を追求できる可能性があろう。

また、Ⅰ-2-②型の在地霊場としては、宮城県仙台市岩切東光寺遺跡について、田中則和が「鎌倉期の東光寺周辺の丘陵は国府の町場の支配者、上層民の霊場『国府の霊場』であったと言い得るのではないか。また、本尊他に寺の西の七北田川に面した崖に石窟仏が作られたことは、庶民の参詣と照応する可能性がある（参道も確認されているが時期を確定できなかった）。発掘調査では明らかにしえなかったが、石窟仏を中心とした石窟も都市民の納骨の場であった可能性がある。このように霊験あらたかな仏を中心として霊場と墓所がほぼ重なることが鎌倉期の霊場の特徴といえるのではないか。そしてこの東光寺周辺の霊場の経営は、天台浄土系の寺院である東光寺等の寺院、およびこれと一定の関わりを持った聖が主体としてなされていたのではないか」と述べていることが注目される（田中二〇〇六）。地方都市に関わる在地霊場については、都市史の研究の進展とともに、今後その存在が確認されることが予測されよう。岩切東光寺遺跡の場合、石窟仏・板碑・納骨の存在から霊場であることが確認できるわけで、単なる墓地ではないことを見落としてはならない。

さらに、Ⅱ-1型とⅡ-2型の霊場については、各地にあるいわゆるミニ四国霊場やミニ坂東札所霊場などの存在が注目されよう。大きなものは国郡制の一国規模や郡規模の範囲に札所が分布しているが、小さなものでは裏山を一周するコースに石仏が配されている程度のものまで、その規模はまちまちである。群馬県では、Ⅱ-1型と

Ⅱ-2型の類型には対応しないが、霊場の開設のあり方に二つの場合があることが知られている（時枝二〇〇一）。一つは、僧侶や廻国聖、あるいは熱心な信者が本家の霊場へ行き、そこから勧請した場合である。たとえば、西国移両野三十三箇所札所は、宝暦四年（一七五四）に下野国羽刈村（現足利市）慶性寺の法師重範と修験養法院によって発願され、高松村（現足利市）の長昌寺大禅師が西国三十三箇所札所の観音像を購入して、各所に安置して開設したものである。もう一つは、地域にある仏堂のなかから三三なりの数字に合せて札所を選定し、それらを巡るルートを定めた場合である。たとえば、東上州三十三箇所札所は、板倉町大同の宝福寺を出発点として桐生市川内町の馬頭観音堂までの間に札所が散在しているが、それは宝永五年（一七〇八）に尭観道心が刷り物を配布して広めたものである。このような巡礼の霊場は全国的に分布しているが、大部分が近世に創設されたもので、近代になってから設けられたものも少なくない。忘れられた巡礼の霊場は、考古資料のみでは復元することが難しく、札所寺院を明記した史料などが残っていることが復元の前提条件となる。そのため、考古学的な研究も不可能ではないが、おもに民俗学や近世史の研究対象であるといって過言でない。

このように、在地霊場のあり方は実に多様であり、ここに示した以外の種類がまだ存在する可能性が高いと考えられる。その全貌を知るためには、各地で在地霊場の個別的な研究が進展するのを待たねばならないが、いまは在地霊場にはさまざまな種類があり、その性格は分析してみなければわからないという一点を確認するに留めておこう。

三　成立時期と性格

霊場が成立するためには、由緒や霊験を説く宗教家の存在、神仏をともに祀る神仏習合的な信仰の成立、多くの信者が自由に参詣できるような交通手段・機関の誕生など、さまざまな条件が満たされなくてはならない。そのような条件が整ったのは、日本では平安時代後期、つまり中世初頭のことであった。一般的には、佐藤弘夫が指摘するように、一二世紀が霊場成立の画期であったと考えられる（佐藤二〇〇三）。

在地霊場の成立時期は、基本的には全国的な霊場よりもわずかに遅れる例が多いと予測されるが、黒川遺跡群のように一二世紀後半から一三世紀には成立した例も知られており、案外変わらなかった可能性もある。著名な霊場を地域に勧請して開設したような場合を除けば、全国的な霊場も在地霊場もほぼ同時期に出現したとみてよいのかもしれない。ある霊場はやがて全国的な霊場に発展し、ある霊場は地域のなかでのみ機能する在地霊場に留まったというような、霊場をめぐる固有の歴史が存在する可能性がある。たとえば、黒川遺跡群の場合、由谷裕哉が「立山が結局は院政権力と結びつく契機をもたなかったことが、本地説および開山伝承成立の遅れにつながり、地方霊山という位置づけに至ったのではないだろうか」と指摘する（由谷二〇〇六）ように、在地霊場に留まった背景に立山が政治権力と結びつくことができなかったという歴史的状況があったかもしれない。全国的な霊場と在地霊場の関係については、個別研究の成果を踏まえて、今後検討してみる価値がある。

ところで、佐藤は、中世の霊場と近世の霊場は異質なものであると捉え、霊場にも時代による性格の変化があったと考えた（佐藤二〇〇六）。中世前期には「この世での生活を遠い浄土に到達するための手段」とする考え方が根強く、「霊場は、他界との境界の地であり、彼岸の浄土とこの世を結ぶ通路だった。そこに参詣し遺骨を納めることによって堕地獄を免れ、浄土往生が可能になるという信仰が形成された」。そうした世界観は、「室町時代に入って決定的な変容」を遂げ、「死後往生の対象としての彼岸世界に対するリアリティを喪失した人々は、来世での救済よりも、この世での幸福の実感と生活の充実を重んじる道を選択していった」というのである（佐藤二〇〇六）。さらに、「こうした世界観の転換の中で、不特定多数の霊魂を彼岸浄土に送り届ける装置である供養塔は衰退し、個人の遺骨と一対一で対応する墓標がそれに代わることになった。霊場もまた近世にはこの世の浄土・彼岸への通路としての意義を喪失し、世俗社会でのさまざまな欲求充足を目指す現世利益の祈願が大きなウエイトを占めるようになる。各地に札所が作られ、なかば観光としての意味を兼ねた霊場巡りの旅に、大衆がこぞって参加する時代が到来する」と説くのである（佐藤二〇〇六）。

佐藤によれば、霊場は中世前期、中世後期、近世で、それぞれ異なったあり方をみせた。中世前期には浄土への通路としての性格が濃厚であったが、中世後期には現世志向が強まり、近世には現世利益を目的とした祈願の場となったというわけである。中世後期から近世への変化は世俗化という一連の流れとして理解できるが、中世前期から後期への変貌は質的な転換をともなったものであったといってよい。つまり、霊場の変化のうえでは、中世後期から近世への変革期よりも、中世の前期から後期への時期の方が、大きな画期であった可能性が高いと考えられているのである。

この時期は、かつて網野善彦が未開から文明への転換期として注目した時期であるが、佐藤の見解は図らずも網野と同じ基調のものとなっている。網野は「一三世紀前半以前の日本の社会が、いちじるしく氏族的、血縁的な性格をもっていたといわれること、『母系制』の根強い残存を主張する説の存在、それには民衆の遍歴と『浮浪性』、そして『はじめに』で述べたように、たくましくも素朴な野性の躍動、さんたんたる飢饉等々は、みなそのことを物語っている、と私は考えたい。そして一三世紀後半以降、さきの分業体系の転換にともなって、必然的に進行してくる地縁的な社会の本格的な確立、家父長制の成立、貨幣の社会内部への深い浸透、文字の庶民への普及、そして呪術のにおいをともなう野性的な行事の遊戯への転換等々、すべてそれは文明の日本における本格的な勝利をしめしているように思われる」と述べている（網野一九七四）。佐藤が示した彼岸から此岸へという霊場の変化も、世俗化や合理化をともなう動きとして理解できるとすれば、網野が提示した図式のうちに包摂されると考えてよかろう。結局、霊場の変化は、大きな社会的変動の一環として立ち現れたものであったといわねばならない。

ところで、佐藤の見解は、霊場一般を対象としたものであるが、在地霊場の実態を踏まえて提出されたものであることが重要である。たとえば、「霊場信仰が広がりをみせるにつれて、居住地に近いところに新たな霊場―参詣と納骨の場を作り出そうとする運動が各地で開始された。遠い霊場に足を運ぶことが困難な人々が、容易に参詣できるようにすることがその第一の目的だった。その際、そうしたミニ霊場の中核となったものが、既存の聖なる存在のシンボル―廟堂や古墳・経塚・有力者の墓など―であり、五輪塔をはじめとするさまざまな石塔類だった」としたうえで、「中世の供養塔はその万人に対する〈開かれた〉性格において、特定の人格と一対一で対応し、他者の結縁を完全に拒絶する〈閉じられた〉性格を基調とする近世の墓標とは、決定的な違いがあったのである」と指摘していることなどは、まさに在地霊場論そのものである（佐藤二〇〇六）。

では、こうした佐藤の見解を踏まえて、考古資料に即して在地霊場の性格の変化をあとづけることは可能なのであろうか。考古資料は直接人々の世界観を反映するものではないので、あくまでも人々がどのような宗教的行為をおこなったかを知る物的証拠ということであるが、経塚・納骨容器・石塔は在地霊場の性格を把握するうえで重要な指標となり得よう。

経塚は、基本的に経典、とりわけ法華経に対する信仰の遺産であるが、経典を埋納することによって五六億七千万年後には弥勒如来の法会に参加できると説くことからもあきらかなように、経塚を営んだ場所に仏が出現するとする信仰があった。経塚が営まれた聖地は、仏の出現する勝地であって、仏のおわす浄土に近い場所と意識されたことは疑いない。経塚の所在地は基本的に彼岸への入口ということになる。経塚が一一世紀に出現し、一二世紀に活発に営まれ、一三世紀に衰退したことも、佐藤の描く霊場の変化に対応しており、経塚は霊場を考えるうえでまたとない好資料ということができる。

納骨容器は、経塚が営まれた聖地が浄土に近い往生し易い場所であることが知られた後に、そこに納骨することで往生しようとした人々、あるいは往生させようとした遺族や宗教家がいたことを示す遺物である。高野山奥之院では、一二世紀前半に経塚が営まれたが、後半になると納骨容器が大量に出土するようになり、経塚の存在が前提になって大勢の人々が納骨したことが知られている（時枝二〇〇五c）。納骨容器もまた、霊場の存在を実証するうえで、欠かすことのできない存在であるといえよう。

経塚や納骨容器が彼岸との関連が深いものと捉えられるのに対して、石塔は供養塔と墓塔で性格を異にすると考えられるので、取り扱いが厄介である。佐藤の見解を敷衍すれば、供養塔は霊場に参詣する者が誰でも結縁できる「〈開かれた〉性格」をもつのに対して、墓塔は特定の個人や親族以外には「〈閉じられた〉性格」をもつことになる。前者はいわゆる総供養塔のことで、高僧の墓地である例も多いが、多くの信者が高僧と結縁を結ぶことで、往生を確実なものにしようとする点では、文字通り「〈開かれた〉性格」をもっている。供養塔の周辺にミニ霊場が形成されると捉えることも不可能ではない。それに対して、後者は、墓地に埋葬された故人を供養するためのもので、そもそも直接霊場の存在を示す考古資料とはいえない。

しかも、さらに問題を複雑にしているのは、一石五輪塔など霊場への納骨にともなう石塔の存在である。納骨は、火葬後に分骨し、大部分の遺骨は墓地に埋葬され、一部が霊場にもたらされるわけであるが、その際に一石五輪塔などが故人の追善供養のために造立されるのである。それは、特定の故人のために造立される塔婆であるが、納骨した地点に立てられるとは限らない。現在でも、高野山奥之院や三重県伊勢市朝熊山金剛證寺奥の院にみられるように、遺骨は納骨堂に納められるのに対して、塔婆は参道沿いや水場付近に立てられるのである。この場合、遺骨と塔婆は一対一の対応関係に一応はありながら、実態としては遺骨が集合的なものとして扱われ、塔婆も霊場内に林立するなかの一基として扱われることがある点に注視すべきである。

このように、石塔は、それがどのような意趣で造立されたものなのかを十分に検討したうえでないと、はたして霊場に関わるものなのか、それとも単なる墓標に過ぎないのかを決することができない場合がある。

ところが、在地霊場とされるものには、最初に中野が「忘れられた霊場」として注目した新潟県五頭山麓などの例にあきらかなように、圧倒的に墓地や納骨に関連するものが多い。しかも、経塚や納骨容器が確認されている例は少なく、板碑や五輪塔などの石塔、古瀬戸や常滑などの骨蔵器のみが知られている場合が多いのである。中世前期に遡る石塔であれば霊場として認識することに問題はないが、多量とはいえ中世後期の石塔や陶磁器ばかりの墓地を霊場と判断するためには、慎重な姿勢が要求されるはずである。また、陶磁器は、埋葬用の骨壺として使用することも、納骨容器に転用することも可能なものがあるため、火葬骨が現存しない場合には埋葬か納骨かの判断が難しい。大部分の墓地が霊場とは無縁であることを考慮すれば、よほど積極的な理由がない限り、墓地を霊場と呼ぶことはできないはずである。

以上、在地霊場の成立時期と性格をめぐる諸問題について整理を試みたが、個別事例を対象とした実証的な研究が乏しいため、はたして佐藤が描くような変化が在地霊場において生起したかどうか確認することができない。しかし、考古資料を素材に在地霊場の変化をていねいにあとづければ、佐藤の仮説を検証することは可能なはずである。既報告の事例について、霊場の成立と展開の様相を辿り、その性格を考察する作業が急務となろう。

四　在地霊場と地域社会

在地霊場は、地域社会と密接な関係に置かれている点で、霊場一般と異なる特質をもつといえるが、従来この点についての研究はかならずしも十分ではなかった。

在地霊場には、経営主体であった宗教家がおり、ときにはそれを支援する寺社勢力や在地領主が存在した。あるいは在地霊場に関連する生業に従事する民衆がいたこともしばしばあったはずである。遺跡としては、寺院・神社・仏堂・小祠・僧坊・居館・集落・町屋・工房などの痕跡、さらには道路・水田・畑地・用水・墓地など生活に関連するさまざまな痕跡が存在すると考えられる。それらは、個別に切り離されて存在するのではなく、互いに有機的な関係をもった遺跡として、地域空間のなかで息づいていると予測される。もっとも、在地霊場が核となって遺跡群が展開したとは限らず、居館や集落が中心を占め、むしろ霊場は地域の境界領域に位置する周縁的な存在であったことがしばしばである。在地霊場の内部における遺跡の構造と、外部に広がる遺跡群のあり方を、ともにあきらかにし、在地霊場を擁した地域社会の姿を全体として解明する必要があることは、改めて指摘するまでもなかろう。

それは、景観として捉えれば、寺社のある神仏の空間、僧坊などがある宗教家の空間、経塚・行場などが散在する周縁部の聖地などからなる霊場と、その外側に広がる在地領主の居館や住民の集落、水田や畑地、山林や海岸などごく普通の村落や都市という構造として理解できよう。自然との関連に注目すれば、鬱蒼と茂る樹木に覆われた霊場と、水田や畑地のなかに家屋が密集し、樹木が少ない集落の差が歴然とするかもしれない。いずれにせよ、そうした地域の空間、あるいは景観のなかに位置づけて、初めて在地霊場が地域において果した役割に迫ることが可能となるのである。

なぜその場所に在地霊場が存在するのかを問うためには、そうした地域景観論的なアプローチとともに、在地霊場を設置した主体が誰であったのかを検討しなければならない。寺社勢力なのか、在地領主なのか、あるいはそうした権力を背景にもたない聖者なのか、さまざまな情報を総動員して解明する必要がある。寺社勢力ならば霊場の内部か周辺に、多数の堂塔や僧坊をもつであろうし、在地領主ならば始祖の墓地などが霊場近くに営まれ、やや離れて居館や城郭が確認できるかもしれない。しかし、弱小な宗教家が主体となって設置した霊場の場合には、霊場の宗教施設以外に顕著な遺跡を見出せないかもしれない。そうした霊場の開創にまつわる事情を、地域の歴史と連動させながら解明することも、在地霊場の研究にあたっては無視できない大きな課題であるといえよう。

もっとも、その作業は考古学者だけの手で完成できるとは限らず、中世史・近世史・建築史・美術史・民俗学などさまざまな分野の研究者と手を携えて初めて可能になる場合も多いに違いない。在地霊場の研究は、なによりも地域史の重要な課題なのであって、それを離れては存在しないといってもいい過ぎではない。われわれは、在地霊場の研究というと、在地霊場だけに目がいってしまいがちであるが、そうではなしにあくまでも地域の歴史の一環として研究する姿勢を堅持したいものである。在地霊場を生み、育んだ地域の歴史を研究することが、実は在地霊場の研究にとっても重要であることを見落としてはならない。

しかし、在地霊場の研究は、地域史だけに留まらない広がりをもつ場合がある。たとえば、霊場を外部から勧請して在地霊場を創設した場合には、当然のことながら、地域外にある本家の霊場との関連についても研究する必要がある。また、在地霊場の創設者が旅に生きた遊行僧や聖の場合には、彼らの人生の足跡を少しでもあきらかにするためには、どうしても地域の外に目を向けなくてはならない。さらに、参詣者あっての霊場であるから、その広がりを追及する作業を怠るわけにはいかない。参詣者の広がりを追えば、いやでも在地霊場がある地域の外部へと目をやることになろう。在地霊場とはいえ、一定程度の交通条件の整備が達成されていなければ霊場として機能できないわけで、地域社会とその外部の交流を射程に収めなければ研究ができないのは当然のことである。

在地霊場の遺跡から出土した遺物のなかには、たとえば黒川遺跡群の円念寺山経塚出土の独鈷杵（上市町教育委員会二〇〇五）のように、京都産の可能性が高い優品（第35図）などが見出される場合がしばしばある。それがどのような経路で在地霊場にもたらされたのかを解明することはきわめて困難であるが、少なくとも遠隔地から仏具などがもたらされたことは事実であり、それを可能にした条件がその在地霊場にあったことを示している。そこで問題となるのは、仏具などが流通の終着点としてそこにあるのか、それとも京都などから僧侶が仏具などを携えてやってきたのかということである。円念寺山経塚の独鈷杵の場合、先端部をわずかに欠いており、手にもった独鈷

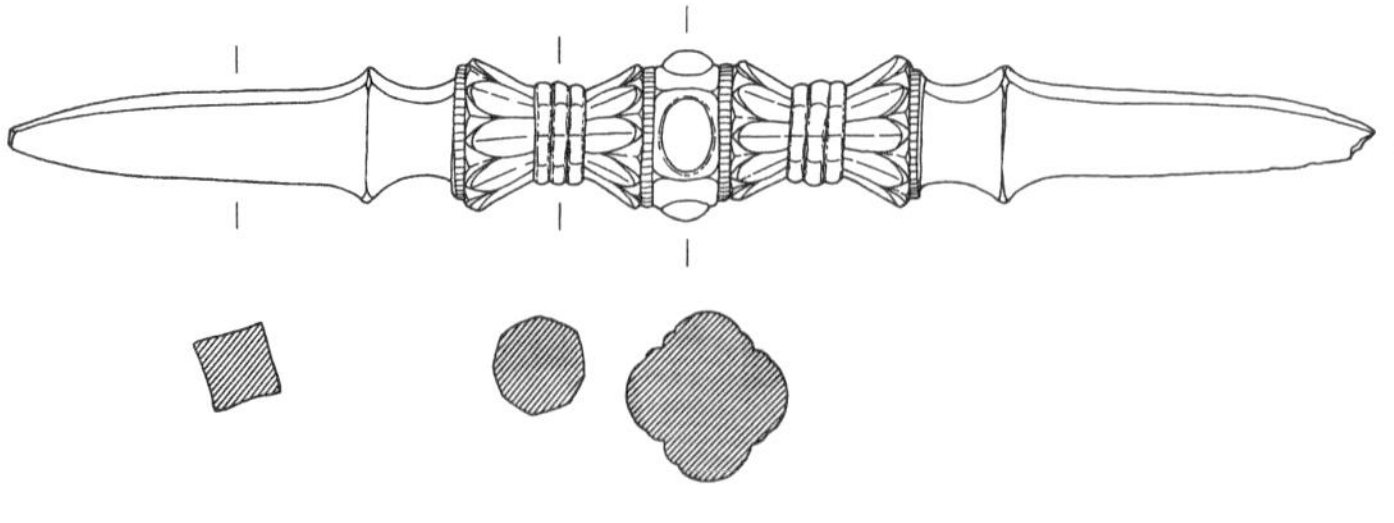

第35図　先端が欠けた独鈷杵
(富山県上市町円念寺山経塚出土、上市町教育委員会 2002)

杵を振り下ろして硬いものを叩いたことが知られ、実際の修法において使用されたことがわかる。しかも、使用後、経塚に付設された仏具埋納坑に納入したわけであるから、使用者である僧侶が携行した可能性を否定できない。なにも証拠はないが、京都などから来た僧侶が、あらかじめ携行した仏具を使用し、使用後埋納したということは十分に考えられよう。もしそう考えることが許されるならば、この仏具は僧侶によって搬入された可能性が高いといえるのであるが、単なる憶測に過ぎない。

中世の宗教家がしばしば各地を遍歴したことは周知のとおりであるが、円念寺山経塚の独鈷杵のような事例は、具体的な遺物を通して宗教家の広範囲な活動を知るうえで、またとない資料であるかもしれない。在地霊場は、遍歴する宗教家と地域住民の出会いの場であり、宗教や文化の伝播、あるいは交流の拠点としての役割を果したことが推測できるのではないか。在地霊場は、宗教の場であると同時に、文化・政治・経済のうえでも重要な場であった可能性が指摘できよう。もとより、それを実証できるだけの資料も力量もないが、今後の課題として常に念頭に置いておきたいと思う。

在地霊場が地域社会にとってどのような意味をもち、霊場を訪れる宗教家が地域社会にどのような影響を与えたかについて、霊場研究と地域史研究の双方の立場から接近することが今後求められてこよう。在地霊場の研究に地域史の視点は不可欠なものであるが、そのことを深く理解したうえでも、やはり霊場を中心に据えるか、地域社会の立場から歴史を見るかという視座の相違の存在を否定することはできない。研究者は、まず自分自身がどのような立場から在地霊場、あるいは在地霊場を育んだ地域を研究するのかという、根源的な問いに答える用意をしておく必要がある。そのことが、今後の在地霊場研究を深化させ、より発展させる力となるであろうことは、改めていうまでもあるまい。

おわりに

以上、長々と在地霊場について、日ごろ思うところを綴ってきた。論点が多岐にわたり、まとめることが困難であるが、多くの問題点が存在するものの、在地霊場がきわめて魅力的な研究テーマであることがあきらかになった。

ただ、予想していた以上に個別研究の立ち遅れが激しく、一部の著名な事例を除けば調査自体が不十分な状態が相変わらず続いていることが判明した。現段階では、個別の在地霊場について論文をまとめるためには、著名な事例を取り上げるか、自分自身で直接調査を進めるしか選択岐はないように思う。

近い将来、個別研究がある程度蓄積された段階で、改めて在地霊場についてより具体的な議論をしてみたいと思う。今後、多くの方が在地霊場に関心を抱き、正確な霊場概念のもとに、一層の調査・研究をおこなわれることを期待したい。

註

（1）御島は雄島のことであろう。

第一三章　立石寺の金工資料

はじめに

山形県立石寺《りっしゃくじ》の金工資料については、県史（山形県一九七九）・市史（山形市一九七三）・郷土史（山形市教育委員会二〇〇四）などで在銘資料を中心に紹介されているが、まとまった報告がなく、全貌を知ることが難しかった。そのような状況にも関わらず、「立石倉印」については木内武男（一九六四）や国立歴史民俗博物館（一九九六・九九）、鉄鉢については五十川伸哉（一九九二）によって本格的な研究がおこなわれた。

しかし、残念なことに、それらは全国的な視野に立った優れた研究であったが、その研究成果が立石寺の研究に十分に活かされることはなかった。そのため、金工資料にもとづいて、立石寺の霊場としての性格を解明する作業は、現在もほとんど手付かずのままであるといって過言でない。

そこで、本章では、立石寺の金工資料に関する従来の研究成果を活用しながら、霊場としての立石寺の成立と展開の様相を可能な限り解明してみたいと思う。金工資料は、宗教的な性格をもつものが多いことから、霊場の宗教的な性格を考察するうえで重要な情報を内包しており、霊場の考古学的研究の素材として相応しい資料といえる。

筆者は、霊場を宗教家によって由緒や霊験が説かれた神仏が祀られ、多くの信者が自由に参詣できる聖地であると理解している。そのため、霊場と聖地は厳密に区分する必要があり、立石寺においても聖地から霊場へ発展した時期がいつなのかを絞り込むことで、はじめて霊場の歴史的性格が明確になると考えている。そのため、本章は遺物を手がかりに霊場の成立を検討することを最大の目標に据えており、あくまでも霊場論の一環としての金工資料論に過ぎない。工芸品の研究としては不十分なものであることを、あらかじめ誤解のないよう、申し添えて置きたい。

一　「立石倉印」の性格

立石寺最古の金工資料は、「立石倉印《りっしゃく》」の印文をもつ銅印、通称「おかないん」（御金印）である（第36図1）。貞観二年（八六〇）に、円仁が立石寺を創建した際、清和天皇から下賜されたものと伝えられる。

総高五・五cm、鈕幅三・四cm、鈕厚〇・九cm、印面側高〇・九cm、印面縦四・八cm、同横四・七cmを測る。莟鈕で、鈕孔がなく、印面が方形を呈する銅鋳製の古代印である。印面には方形の郭を設け、その中に「立石倉印」の銘文を陽鋳し、銘文の上部に当たる鈕の基部に「上」字を鋳出する。一部に溶融による変形が認められ、鋳肌が荒れており、被熱したことが知られる。大永年間（一五二一〜二八）に火災に遭った際の痕跡であると伝えられる。

倉印は、「駿河倉印」（第36図4）や「隠伎倉印」のような国衙の正倉で用いられた国倉印と「鵤寺《いかるがでら》倉印」（第36図2）など寺院の正倉で用いられたものがあるが、「立石倉印」が後者の例であることはいうまでもない。

倉印の大きさを比較すると、前者に属する「駿河倉印」が高六・五cm、印面縦六・〇cm、同横六・〇cm、「隠伎倉印」が高五・八cm、印面縦六・二cm、同横六・〇cmであるのに対して、後者に属する「鵤寺倉印」は総高四・九cm、印面縦五・五cm、同横五・五cmと一回り小さく、「立石倉印」に近い数値を示す（国立歴史民俗博物館一九九六）。

ついで、倉印の形式を比較すると、前者の「駿河倉印」「隠伎倉印」が弧鈕無孔であるのに、後者の「鵤寺倉印」は莟鈕無孔で、「立石倉印」と共通する（国立歴史民俗博物館一九九六）。

「立石倉印」の大きさと形式は、寺倉の印章としての特色を示すものといえ、国倉印との間に明確な差違が見出せる。寺倉印は、律令に規定がみえないが、「延暦寺印」（第36図3）などの寺印と同様に、国印などの公印に準じる性格をもつものと考えられる。その点に注目すれば、立石寺が定額寺などに列せられ、官からの経済的支援を得ていたことを推測してもよいかもしれない。

第36図　「立石倉印」と関連する銅印
1：「立石倉印」、2：「鵜寺倉印」、3：「延暦寺印」、4：「駿河倉印」
（国立歴史民俗博物館 1996、縮尺4分の1）

変形しているためもあり、「立石倉印」の製作時期を絞り込むことは難しいが、型式から判断して八世紀に遡る可能性は低い。しかも、律令制が弛緩し、公印の機能が失われる一一世紀以降に下る可能性はない。消極的な理由ではあるが、九〜一〇世紀に属するものとみるのが妥当であろう。

つまり、「立石倉印」は、律令制度と密接に関わる遺物であり、立石寺が霊場化する以前の遺物として位置づけられる。律令制の公印に準じた「立石倉印」の機能が失われ、立石寺が自立した活動をおこなうようになって、はじめて霊場としての機能を獲得していったであろうことは容易に推察できるところである。

二　如法経碑と経塚

立石寺の如法経碑は、天養元年（一一四四）八月十八日に、「同法」五人の発願で法式通りに書写した法華経八巻を、五六億七千万年後の弥勒如来出世の暁を期して、霊崛《れいくつ》に埋納したことを記念して立てられた、いわば経塚記念碑である。文面には、参詣者が経塚造営の由緒を知れば、その功徳が増すであろうと説かれており、参詣者を意識して造立されたことがあきらかである。

しかし、納経堂周辺における経塚については、現在のところ実態が不明である。ただ、立石寺には銅製経筒蓋二点が伝存しており、境内における経塚の存在が確実視されている。

銅鍛製経筒蓋（第37図1）は、口径一〇・六cm、高一・六cm、厚〇・一三cmを測り、被蓋《かぶせぶた》と考えられる。外側上面に「仁安二年三月廿三日／定果坊／佛果増進故也」の銘文を刻む。「定果坊」の文字は毛彫の籠字で表現されている。日付は「廿三日」と読んでいるが、「廿」は縦線が多く一見「卅」にみえ、「三」は「四二」のように書かれている。ただ、「卅四二」では意味が通じないので、「廿三日」と判読してよいと思うが、若干の疑問が残る。文献史研究者による精密な釈読を期待したいところである。上面はわずかな凹凸がみられるもののほぼ平坦であり、肩部はやや丸みを帯びて屈折し、口縁部には二条の沈線を巡らす。外側表面は轆轤《ろくろ》挽き痕がみられ、ていねいに挽き上げられているが、内面には工具による叩き痕が顕著に残る。側面の二箇所に内側から穿たれた孔があり、鋲で筒身に固定するためのものとみられる。この経筒蓋の時期は、形態と製作技法から、銘文にある仁安二年（一一六七）と考えて大過なく、一二世紀後半に立石寺境内に経塚が造営されたと推測することができる。造立の趣旨は、定果坊の「佛果増進」のためであることが銘文に記されており、修行の成果を期待して経塚を営んだものとみられる。いわゆる如法経修行が一二世紀後半の立石寺でおこなわれていたことを物語る遺物といえよう。

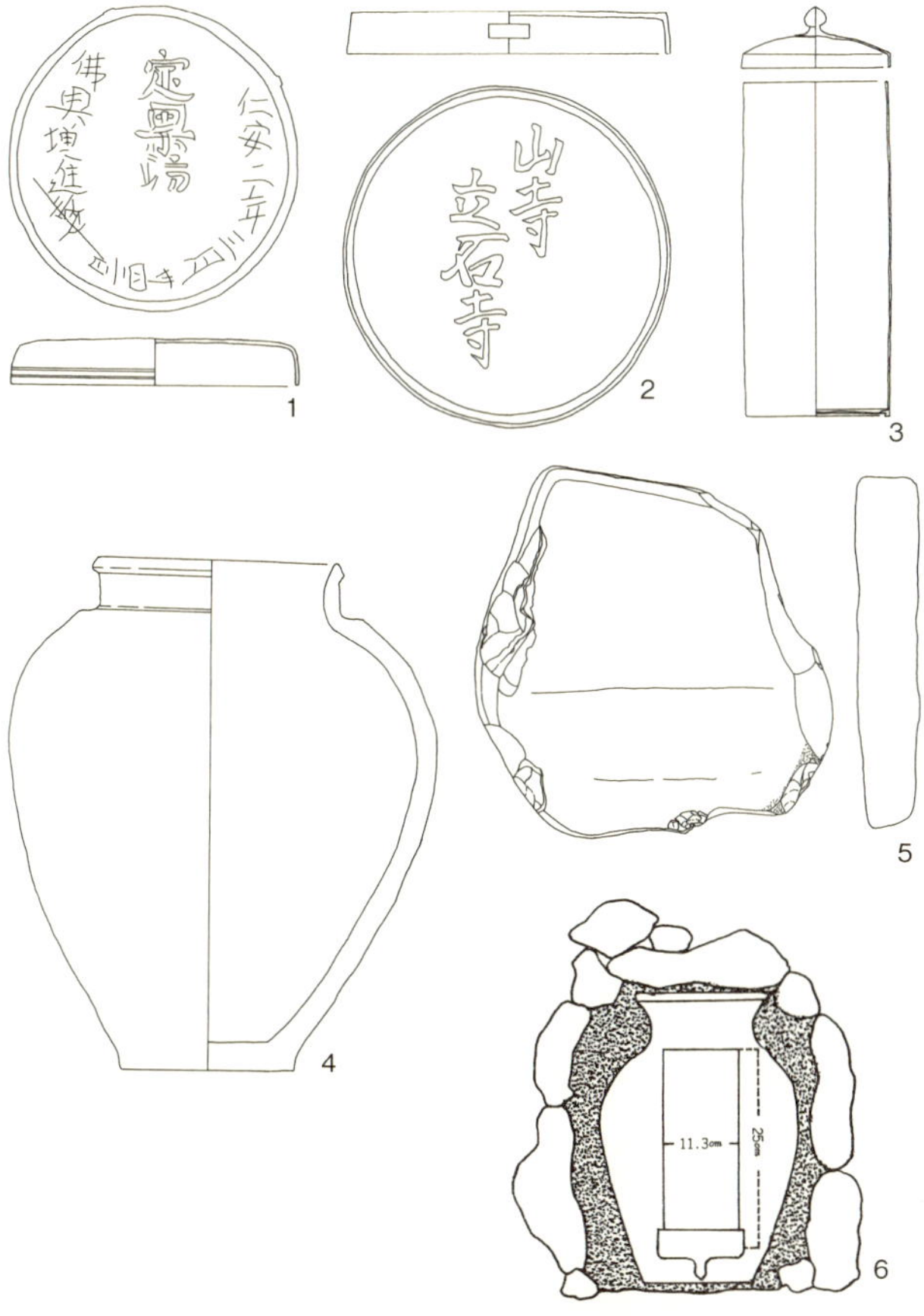

第37図　立石寺と周辺の経塚遺物

1・2：立石寺、3〜6：大森山頂経塚、1：銅鍛製経筒蓋、2：銅鋳製経筒蓋、3：銅鋳製経筒、4：珠州系壺、5：蓋石、6：出土状態（1〜5：筆者実測、6：山形市 1973、縮尺1・2：4分の1、3〜5：8分の1）

銅鋳製経筒蓋（第37図2）は、口径一一・七cm、高一・四cm、厚〇・一五cmを測り、被蓋と考えられる。頂部はわずかに甲盛《こうもり》があるが、肩部は顕著な角をなし、口縁部は外側にやや開く。外面は黒漆を焼き付けるが、現在は大部分が剥落し、痕跡を残すのみである。内面は霰地《あられじ》で、中央に大きな文字で、「山寺／立石寺」と鋳出する。文字の上下に当たる位置の側面に、幅一・

五cm、高〇・五cmの長方形の窓を開けるが、使用方法は不明である。筒身に固定するためのものであろうか。この経筒蓋は、銘文の文字や霰地のあり方などから江戸時代のものと判断できるが、経筒蓋で間違いないのか若干の疑問点がある。

このように、立石寺の経塚遺物としては、一二世紀と江戸時代の経筒蓋が知られているものの、経塚そのものの実態はまったく不明である。立石寺が石墨草筆による如法経書写の道場として名高いことを思えば、境内には多数の経塚が、埋納当時のまま残されている可能性が高いといえよう。今後の調査の進展が待たれるところである。

ところで、山形盆地では多数の経塚の存在が知られているが、立石寺にもっとも近い位置にある経塚は、昭和三十三年（一九五八）に発見された山形市大森山頂経塚である（蔵田一九六三、川崎一九六四、文化庁一九六九）。大森山頂経塚の実態は、偶然の発見にかかるため不明な点も多いが、経巻を納めた銅製経筒を逆様にして珠洲系壺に入れ、周囲に木炭を詰め、川原石で構築した石室に安置していたという（山形市一九七三、第37図6）。経筒を天地逆にして納入する特異な作法は、奈良県天川村金峯山経塚出土の藤原道長奉納の金銅製経筒などについても指摘されているところであるが、大森山頂経塚の場合は立石寺でおこなわれていた如法経作法と関連する可能性がある。

銅鋳製経筒（第37図3）は、宝珠形の撮みをもつ被蓋で、円筒形で嵌底《はめぞこ》の筒身をもつ。総高二七・〇cmを測る。蓋は口径一九・〇cm、高三・三cm、厚〇・一二cm、筒身は口径一〇・四cm、高二三・四cm、厚〇・一二cmを測る。筒身はわずかに胴張りがみられる。筒身には鋳造時に生じた窠《す》が三箇所みられ、底部近くには鋳掛《いかけ》が一箇所確認できる。鋳掛部分は、いずれも鋳掛後に轆轤挽きをおこない、表面を平滑に仕上げている。底板は銅板で、筒身の下端やや上方に突起部を設け、銅板を嵌めた後に下端を叩いてかしめ、固定している。銅板は中央部がやや内側に盛り上がっている。叩いたために生じた底板の皺を削った痕跡が観察できる。なお、銅製とされているが、佐波里製の可能性もあり、指で弾くとよい音色を発する。銘文はないが、型式や大きさから一二世紀のものと考えて大過ない。

筒身の内部には経巻と紙片が残っていた。紙片は詰め物だけではなく、粘葉装の冊子が含まれている可能性があるが、破損のため確認が困難である。

外容器の珠洲《すず》系壺（第37図4）は、直立した口縁部に肥厚した口唇部がつき、肩部がやや張り、胴部から底部にかけて徐々に細くなる器形をもつ。口径一七・三cm、高三五・八cm、底径一二・八cm、厚一・四〜二・〇cmを測る。外面は平行叩き目をもつ叩き板で叩き締め、内面には無文の当具痕が残る。肩部に略押のようなヘラ記号が刻まれている。濃灰褐色を呈する。吉岡康暢による器形分類の中形叩打壺（壺T種）AI2類の特色をもち、吉岡編年のI期（一一五〇〜一二〇〇年）の製品と考えられる（吉岡一九九四）。

蓋石（第37図5）は、珠洲系壺の上に載せられていたもので、縦二五・八cm、横二五・八cm、厚四・七cmの安山岩の扁平な自然石である。裏面に壺の口縁部の痕跡が残されている。

周知のように、経塚は土地の聖化を意図して築かれることが多く、立石寺では本格的な霊場として開創するに際して造営された可能性が指摘できよう。経塚の実態は不明であるが、経巻を銅製経筒に納め、山内の要所に埋納したものと推測できる。石製の如法経碑は、地下に構築され、地表からはその存在を認識しにくい経塚の存在を、参詣者に顕示するために造立されたものと考えられる。また、大森山頂経塚をはじめ周辺に営まれた複数の経塚は、聖域を結界すべく、立石寺境内地の四至《しいし》などに造立された可能性がある。そして、こうした経塚によって聖化された土地に、やがて一三世紀になると納骨信仰が定着していくことになる点に注目したい。経塚は、立石寺の聖地としての性格を基本に、さらに多くの参詣者の獲得へ向けて、霊場としての整備を開始した際の記念物としての性格をもっていると考えてよいのではなかろうか。

また、経塚におもに納められた経典である法華経は、清浄な草筆石墨で書写する如法経作法の実修によって、独自の霊性を付与された。しかも、作法を厳密に執り行うことが修行として位置づけられ、経塚の造営そのものが聖なる修行の一環として認識された。それは、比叡山《ひえいざん》横川《よかわ》の伝統と密接に関わる宗教的営為として理解されるものであるが、立石寺における天台の伝統の根強さを示すものともいえる。その担い手としての持経聖や勧進聖の動向が気になるが、慈覚大師入定窟金棺蓋に打ち付けられていた木製五輪塔形経筒の銘文に「康元二年六月十四日本願／建長八年九月四日　熊野／御山夢想阿弥陀経ヲ如法経ニ／書写ス示現ノ経也」とあることが注目される（山形県一九七九）。銘文の大意は、建長八年（一二五六）九月四日に熊野山の夢想によって阿弥陀経を如法経作法にもとづいて書写した経巻を、康元二年（一二五七）六月十四日に本願が木製五輪塔形経筒に納めたというものである。ここで注目されるのは、勧進聖とみられる本願が、熊野信仰と関連させつつ写経を勧めたことである。熊野信仰との関連で営まれた可能性が高い山形県南陽市宮内別所経塚の事例などを考慮すると、立石寺の勧進聖の活動が、置賜地方を含む比較的広域に及んでいた可能性も出てこよう。詳細な研究は今後の課題である。

いずれにせよ、経塚が造営された一二世紀は、霊場としての立石寺が成立した画期として、正しく評価される必要がある。しかも、一三世紀以降、納骨信仰が顕著になり、立石寺は死者の行き場所として広く信仰されるように変化する。一二世紀は、立石寺の宗教的性格の大きな転換点として位置づけることが可能であり、その象徴的な考古資料こそ経塚とその遺物であると理解してよかろう。

三　懸仏

立石寺には少なくとも三面の懸仏が伝存している。うち一面は、金工資料ではないが、関係資料としてあわせて紹介したい。

銅鍛製懸仏は、径一八・八㎝、厚〇・〇五㎝を測り、円形の鏡板の上部に二個の耳を設け、中央に毛彫で阿弥陀如来を刻んだものである。表面には所々鍍金痕が残る。耳を設けて吊る形式の懸仏は、一二世紀末に出現し、中世を通じて製作されたものであるが、本例は形態から一三世紀のものと考えて大過ないと思われる。

銅鋳製懸仏は、径二四・二cm、厚〇・一cmを測り、円形の鏡板の上部裏面に長軸を縦方向にした鐶を一個鋳出し、表面中央に毛彫で阿弥陀如来を表現したものである。裏面の縁は、蒲鉾状に盛り上がり、あたかも覆輪のような形状になっている。裏面に鐶を鋳出して吊る形式の懸仏は、耳を設けて吊る形式よりも一般的にやや遅れて出現し、本例は一三〜一四世紀のものと考えられよう。

木製曼荼羅懸仏は、径九二・七cmの巨大なもので、中央に十一面観音菩薩坐像、周囲に右廻りに金剛界大日如来・釈迦如来・阿閦如来・毘沙門天・宝生如来・不動明王・弥勒菩薩・薬師如来の八仏の坐像を配している。仏像の組み合わせの根拠となった儀軌は不明で、奉納者の信仰にもとづく意楽《いぎょう》によって適宜配された可能性が高く、その意味するところを汲み取ることは困難である。裏面には、「寛喜三年歳次辛卯三月八日／院主實賢　生年六十／留贈　後見／共期　佛恵」の陰刻銘がある（山形県一九七九）。寛喜三年（一二三一）三月八日、院坊の院主であった実賢が、「後見に留め贈りて、ともに仏恵を期せん」としているが、還暦を迎えようとする年齢になって思うところあっての発願であったろう。日頃信仰していた仏を懸仏として奉納することで、希望通り院主の相続が円滑におこなわれることを願った可能性が高く、いわば現世利益を目的としたものとみてよい。本例は嘉永年間（一八四八〜五四）に塗り替えがおこなわれ、旧観が損なわれているが、銘文通り寛喜三年の奉納にかかるものとみてよい。

このように、立石寺に残る懸仏は、すべて鎌倉時代の遺物である。遺存例が少ないため断定できないが、境内の仏堂や小祠に懸仏を奉納する習俗が、鎌倉時代に盛んになった可能性が指摘できよう。立石寺では、阿弥陀如来の懸仏が際立っているが、おそらく往生祈願を目的とするもので、納骨信仰と関連する可能性がある。木製曼荼羅懸仏は、きわめて個性的な信仰に裏付けられたもので、一般化できるものではないが、立石寺がさまざまな信仰を受容する宗教センターとして機能していたことをうかがわせる遺物である。なお、木製懸仏は、天童市松林寺や奈良国立博物館（山形市内個人旧蔵）などの例が知られており、中世前期に山形盆地で広く製作された地域色あふれる懸仏としても注目される。

四　池中の鏡

明治四十年（一九〇〇）頃、立石寺根本中堂東側の池から、蓬莱鏡《ほうらい》三面・草花鏡一面・松鶴鏡一面が発見された（大場一九四三）。そのうち、蓬莱鏡の一面に「如法堂普賢／奉施入為妙香菩提／延文四六月十一日」の陰刻銘が刻まれており（山形県一九七九）、延文四年（一三五九）六月十一日に、妙香の菩提を弔うために、如法堂の普賢菩薩へ銅鏡を施入したことが知られる。被供養者である妙香は女性であり、形見として残された妙香遺愛の鏡を奉納した可能性が高く、いわば女人供養の例として注目される。

ところで、池の中から銅鏡が発見された事例としては、山形県内では鶴岡市羽黒山御手洗池の羽黒鏡が著名で、一二世紀から一七〜一八世紀までの約六〇〇面に及ぶ鏡の出土が知られている（前田一九八四）。かつて、大場磐雄は、穢れを感染させた鏡を池中に投入することで、穢れを祓う儀礼がおこなわれた結果、多くの鏡が池中に残されたと論じた（大場一九四三）。その後、前田洋子は、羽黒修験の手によって、穢れを帯びた鏡が遥か京都から運ばれてきたことを、羽黒鏡の様式から考察した（前田一九八四）。貴族たちが身の穢れを鏡に付着させ、それを預かった羽黒修験が、最終的に池中に投入したとみたのである。

立石寺の池から発見された銅鏡は、一四世紀に製作されたものが主体を占めており、羽黒山のものよりも新しい。しかも、妙香の菩提を弔うために奉納された蓬莱鏡のように、死者の追善供養を目的として施入されたものがあることに注目すれば、羽黒山とは異なる様相をみせているといわねばならない。

おそらく、それらの銅鏡は、追善供養のために境内の仏堂に奉納されたもので、立石寺が死者供養の霊場として成立したことを示す考古資料と評価することができる。池中への投入の意味するところについては、一層の吟味が必要であるが、当面二つの可能性が想定できる。まず、水塔婆のように、水で浄化されることによって、往生がより早まるとする信仰にもとづいて、死者ゆかりの銅鏡を池中に投入した可能性である。ついで、考えられるのは、池中に投入されたのは二次的な移動であって、本来は仏堂などに奉納されていたものが、なんらかの片付け行為の結果として廃棄された場合である。後者の場合は、あくまでも二次的な廃棄行為で、信仰的な意図はまったくないことになる。

五　在地産の鉄鉢

立石寺の鉄鉢は、口縁部に二条、腹部に二条の紐帯を巡らし、底部に高台と三脚を付したもので、口径四七・三cm、高二一・五cmを測る（第38図1）。内部に「立石寺／山王権現鉢／永享七年／乙卯四月十七日」の銘文を鋳出しており（山形県一九七九）、永享七年（一四三五）に立石寺の鎮守である山王権現に奉納されたものであることが知られる。高台は浮き上がった状態で、型式学でいう痕跡器官と考えられ、高台から三脚へ移行してまもない時期の所産であると理解されている（五十川一九九二）。また、底部には一文字状の湯口があり、宮内別所経塚出土銅製経筒などの湯口と近似することから、在地の伝統に根ざした技法と関連する可能性が高い。

山形県内では、三脚をもつ類似した形態の鉄鉢が、永禄十年（一五六七）の寒河江市熊野神社例三点（第38図2・3・4）、慶長六年（一六〇一）の山形市平泉寺例（第38図5）、同十一年の寒河江市慈恩寺例（第38図7）、同十六年の山形市宝光院例（第38図8）、寒河江市個人蔵（第38図6）など多数知られており（第38図9）、五十川伸矢によって東国的な特色を示す在地産鋳鉄鋳物として注目されている（五十川一九九二）。

しかも、それらの鉄鉢に鋳出された銘文は裏文字が多くみられるなどの特色をもつが、奉納された神仏に注目

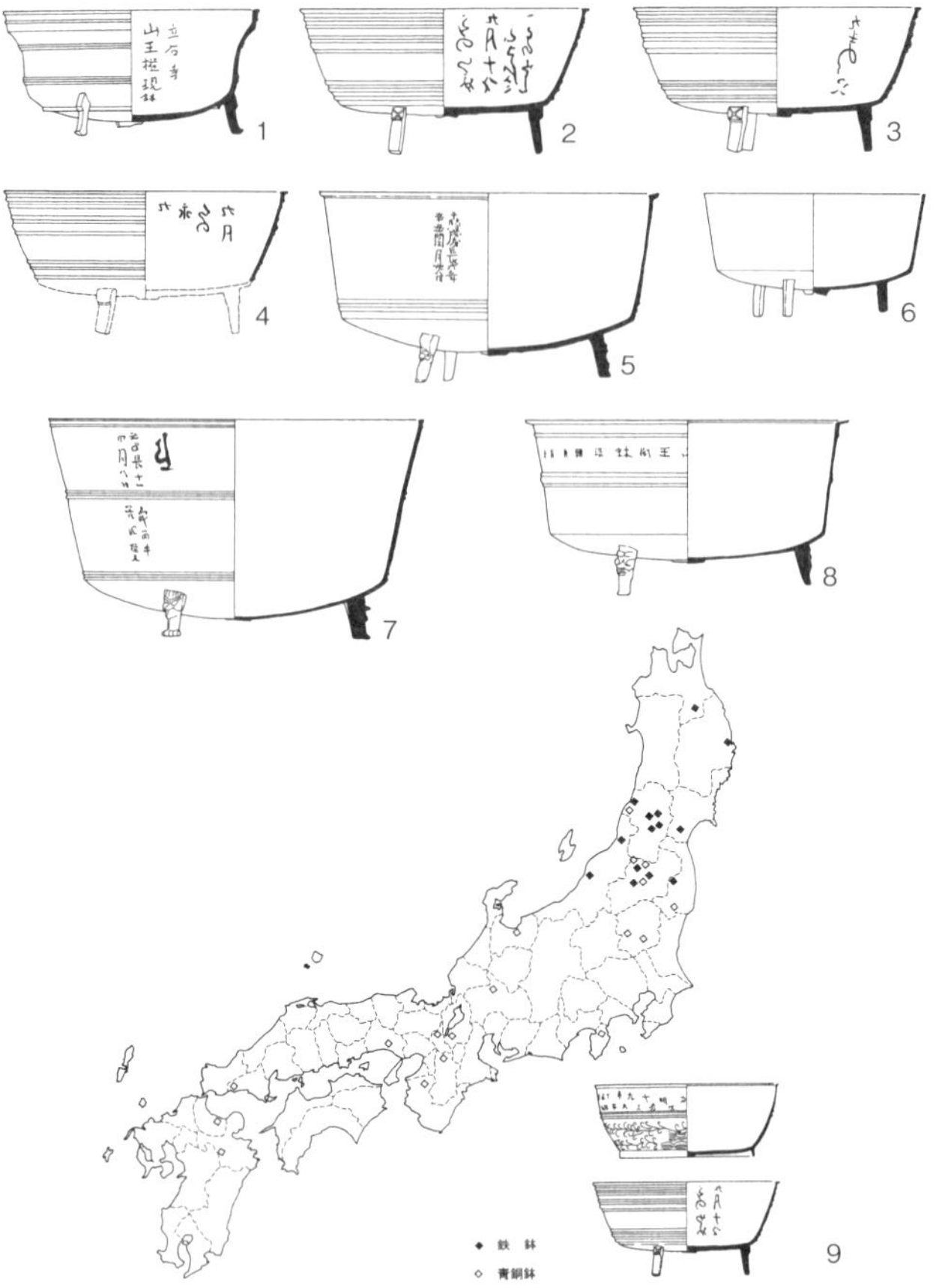

第38図　在地産の鉄鉢

1：立石寺、2～4：熊野神社、5：平泉寺、6：個人、7：慈恩寺、8：宝光院、9：鉄鉢と青銅鉢の分布（五十川 1992、縮尺 1：20 分の 1、2～8：16 分の 1）

すると、立石寺例・宝光院例が山王権現、熊野神社例が熊野権現というように、権現という神仏習合色が濃厚にみられる神仏が主体であることが指摘できる。そのほかの鉄鉢も、平泉寺例が大日如来、慈恩寺例が弥勒菩薩というように、在地で信仰された仏堂の本尊と結びついており、神仏習合の風土のなかで培われた在地の信仰に根ざした仏具であったことがうかがえる。

　岡崎譲治は、それらの鉄鉢が修験者と密接な関係にあったと推測した

（岡崎一九八二）が、仏堂や神社の祭祀に携わったさまざまな宗教家を念頭において、担い手の検討を進める必要があろう。

立石寺例は、それらの在地産鉄鉢としては山形県内では最古の事例であり、在地への普及に際して大きな役割を果たした可能性がある。鉄鉢の普及が、立石寺の山王権現に依拠する宗教家の活動とどのように関連するのか、あるいはしないのか問う必要があろう。そのことは、立石寺が地域社会にどれだけ根ざした宗教活動を展開したかを解明するうえで重要であるが、いまだ研究は緒についたばかりである。

おわりに

以上、立石寺の金工資料をめぐる論点を整理し、霊場としての展開過程を考察してきたが、論じ残したことも多い。とりわけ、中世のみに限定し、近世における独自な展開にまったく触れることができなかったことは、筆者の怠慢以外の何物でもない。記してお詫びしたい。

第一四章　中世都市と納骨霊場―神奈川県鎌倉市長谷寺を事例に―

はじめに

中世の日本では多くの霊場が営まれたが、それらの霊場には、聖地への篤い信仰に支えられた参詣地と、火葬骨を納める納骨霊場があった。

納骨霊場は、和歌山県高野町高野山奥之院のような勝地に立地するものと、奈良県奈良市元興寺極楽坊のような都市のなかに位置するものがある。勝地に立地するものは、山形県山形市立石寺《りっしゃくじ》や香川県善通寺市弥谷寺《いやだにじ》など、比較的多くの事例がみられる。それに対して、都市の納骨霊場は、元興寺極楽坊と大阪府大阪市天王寺区四天王寺の近畿地方の事例以外に、顕著な事例が知られていない。

しかし、納骨習俗自体は中世日本の各地に広まったとみられることから、近畿地方以外の都市にも納骨霊場が存在した可能性は高い。納骨霊場は、高野山奥之院のように現在も納骨習俗が継続していればすぐに存在を知ることができるが、習俗が絶えて遺跡化している場合には、考古資料の検証によってのみ存在が確認できることになる。顕著な事例を容易に見出せない背景には、習俗が絶え、遺跡化している事例が多いことがあるに違いない。本章では、こうした点に留意しつつ、代表的な中世都市である神奈川県鎌倉を事例に、この問題を考えてみたい。

ところで、鎌倉における納骨習俗の存在は、複数のやぐらや由比ヶ浜南遺跡において納骨遺構が確認されているため、研究者間では早くから常識になっていた。にもかかわらず、納骨の霊場について本格的に議論されたことはなく、その存在さえ明確にされていない。

その原因は、鎌倉における納骨習俗が、葬制・墓制との関連のなかで取り上げられ、信仰や寺社の問題として認識されてこなかったところにある。山口博之は、由比ヶ浜南遺跡における納骨遺構を検討したが、それと関連する納骨霊場としては立石寺や宮城県松島町松島など東北地方の事例を掲げるに留まり、鎌倉に存在する可能性を検討しなかった（山口二〇〇二）。墓地や納骨遺構の説明に終始し、関連する寺社や霊場の存在を考慮しなかったため、鎌倉における納骨霊場の存在は等閑視されることになった。つまり、大部分の研究者は、納骨霊場への関心をもっていなかったのである。

そこで、ここでは、関東地方を代表する中世都市である鎌倉を対象として、納骨霊場の存在を実証したい。具体的には、長谷寺を取り上げ、かつてそこが納骨霊場であった可能性を検証したいと思う。

一　長谷寺の納骨遺構

長谷寺は、由比ヶ浜西北の観音堂山中腹に営まれ、古くから坂東三十三所観音霊場の第四番札所として広く知られている浄土宗寺院である。浄土宗になったのは江戸時代のことで、それ以前には真言宗に属したとも、建長寺の管理下にあった臨済宗寺院ともいわれるが、史料不足のため定かではない。本尊は、十一面観音で、総高九・一八ｍを測る巨大な木造立像である。この本尊には、「長谷寺縁起絵巻」などによれば、次のような伝説が付随している（長谷寺二〇〇九）。徳道上人が、養老五年（七二一）に大和国（奈良県）長谷の山中で楠の霊木を入手し、観音像を造りたいと祈ったところ、稽文会と稽首勲という二人の仏師が現れて、わずか三日間で二躯の仏像を彫り上げた。二人は天照大神と春日明神の化身であった。一躯は霊木の中心部を用いたもので、そのまま大和国の長谷寺の本尊として祀られることになったが、梢の材を使用したもう一躯は、有縁の地に行って衆生を救済せよというので海中に投げ入れられた。天平八年（七三六）六月十八日の夜、相模国（神奈川県）三浦郡長井浦に漂着し、眩しいばかりの光を放った。引上げられた仏像は、一端仮屋に安置され、その後鎌倉に移され、徳道上人を招聘して長谷寺を創建した。この伝説をそのまま信じるわけにはいかないが、奈良県桜井市長谷寺の観音を勧請したことや霊木を用いて観音像を制作したことなど、事実を反映しているとみられる部分もある。奈良時代に創建されたとする寺伝も検討を要するが、鎌倉幕府開府以前に創建された寺院であるとする点は、素直に認めてもよいのではなかろうか。いずれにせよ、長谷寺の創建について詳しく知ることはできず、当然檀越などについても不明である。

ところで、長谷寺は、鎌倉が中世都市として整備されて以後、西端の極楽寺坂の入口近くに位置することになる。律宗の尼寺である極楽寺が、坂の西側、すなわち都市の外部にあるとすれば、長谷寺は都市の内側に所在する寺院である。内側ではあるけれども、一番西の端で、いわば境界領域に位置した点に注目したい。かつて石井進は、中世鎌倉の境界領域には「やぐら」をはじめとする墳墓が営まれ、場所によっては風葬された遺骨が散乱していた可能性が指摘され、いわば地獄の風景が多くみられたと説いた（石井一九八一）。長谷寺の周辺は、ときに「地獄の風景」を呈するような景観がみられる、異界としての性格を帯びた地域であった。

長谷寺境内と周辺における発掘調査は、昭和五十八年（一九八二）（松尾他一九八三）・昭和五十九年（長谷寺観音堂改築工事出土文化財調査団一九八五）・平成五年（一九九三）（瀬田一九九四）・平成六年（宗臺一九九五）・平成二十年（長沢・田畑二〇〇八）の五回実施され、旧阿弥陀堂裏から「やぐら」と推測される遺構、観音堂から土坑墓や納骨遺構などが検出された。しかし、いずれの調査も小規模なもので、遺構の広がりなどが十分に把握されていない憾みがある。ここでは、観音堂で発見された土坑墓や納骨遺構について、詳細な状況を紹介しておこう。

観音堂の発掘調査区は、旧観音堂の前面に東西約一〇m・南北約一三mの範囲で設けられたが、そこから土坑墓二基・納骨遺構三基・柱穴五基などが検出された（長谷寺観音堂改築工事出土文化財調査団一九八五）。柱穴は、掘立柱建物の一部で、旧観音堂にともなう可能性がある。柱穴と土坑墓・納骨遺構の関係をみると、第一号納骨遺構が「柱穴五」を切っており、納骨遺構が柱穴よりも新しいことを示す。つまり、掘立柱建物が廃絶した後に、納骨遺構が営まれたと考えられる。

土坑墓である第一号墓は、一辺約九〇cmの方形プランで、深さ五〇~六〇cmを測り、岩盤を掘り込んで造成されている（第39図）。底面には径約六〇cmの不整円形の窪みがみられる。底面には人骨が残っていたが、壮年期の男性で、坐位で埋葬されていた。側壁には常滑大甕の破片が残っていたことから、当初は土坑内に大甕を据え、その内部に遺体を納めていたと推測できる。第一号墓が破壊されていたのは、上部に江戸時代の土坑墓が営まれたためで、そこからは江戸時代の老年女性の遺骨が出土している。第一号墓の時期は、室町時代と報告されているが、常滑大甕の記載もなく、再検討することができない。ただし、覆土下層から出土したかわらけ（第39図）が、形態的な特色から一五世紀後半のものと考えられる（服部二〇〇八）ので、一五世紀後半に構築されたとみてよかろう。

第二号墓は、第一号墓の北西に隣接して営まれており、第一号墓と密接な関係にあったことが推測される。径約一一〇cmの円形プランを呈し、深さ約一〇〇cmを測り、岩盤を掘り込んで造成されている（第39図）。底面から三分の一の深さまで海砂を入れ、その上に常滑大甕を据え、土坑と大甕の間隙に破砕した泥岩が混入する土壌を詰めて大甕を安定させている。常滑大甕の内部に残っていた人骨は、熟年期の男性で、南向きに坐った状態で埋葬されていた。常滑大甕の口には、幅四五cm、長七五cm、厚一〇cmの板状の凝灰質砂岩（通称鎌倉石）の切石を二枚組み合わせて、蓋としていた。常滑大甕は、口径六四cm、最大径九四・四cm、器高八一cmを測り、幅広の折り返し口縁で、肩が張る常滑特有の器形を呈する。底部は打ち欠かれ、胴部下半に径約五cmの円形の穿孔があるが、いずれも大甕を棺として使用する際の加工である。一説には、死体から出る体液を排出するための装置であるというが、本来の目的が明確になっているわけではない。常滑大甕は、中野晴久編年の9期の特色を示しており、一五世紀前半

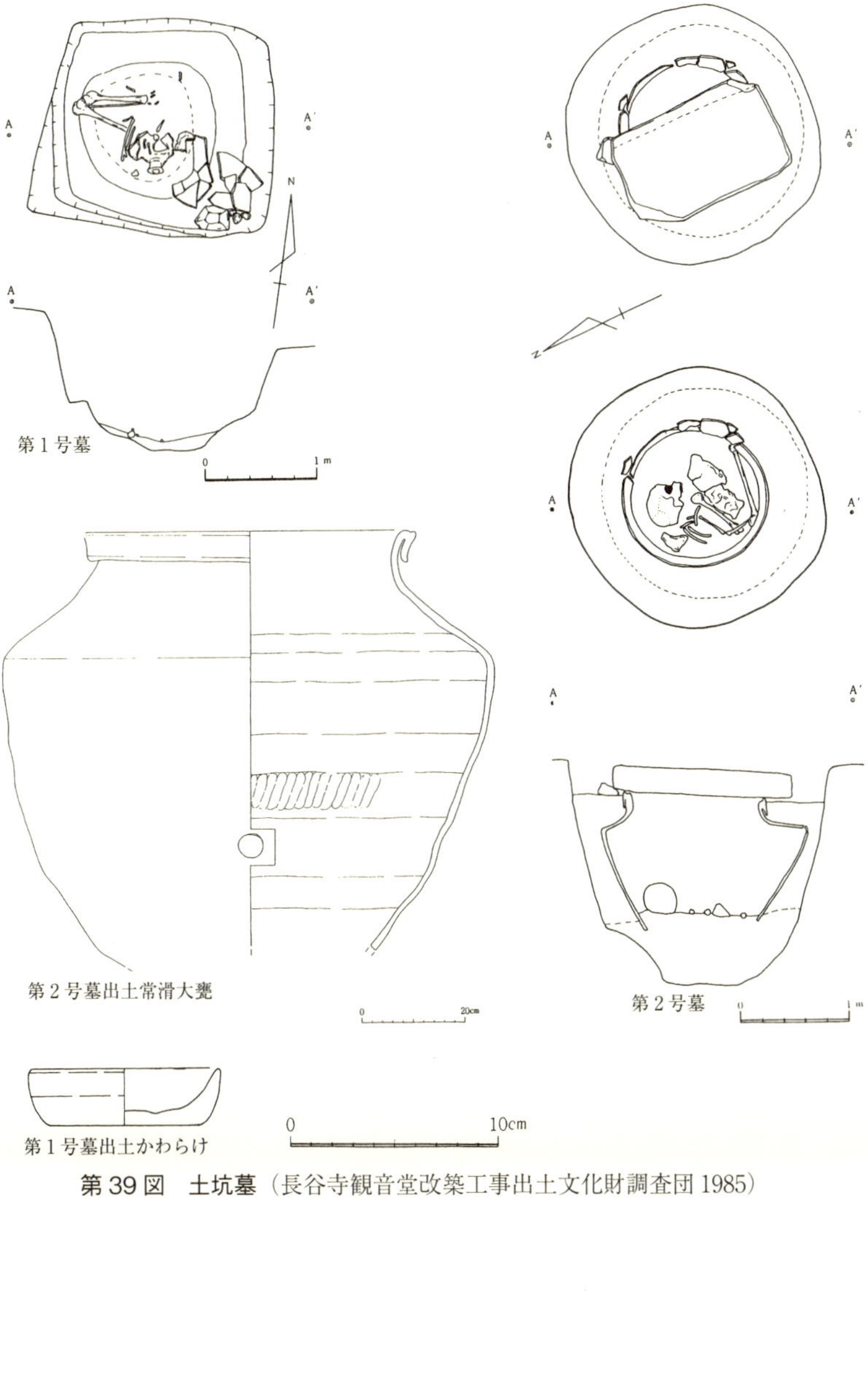

第39図　土坑墓（長谷寺観音堂改築工事出土文化財調査団 1985）

に位置づけることができる（中野一九九四）。このように、第一号墓は一五世紀後半、第二号墓が一五世紀前半と考えられ、第二号墓→第一号墓の順で構築されたとみられる。

納骨遺構は、報告書では土壙とするが、壙には墓という意味が込められているので、ここでは納骨遺構と呼ぶことにする。土坑墓と納骨遺構の性格の違いを明確化したいからである。第一号納骨遺構は、径約一〇〇㎝の不整円形の坑で、深さ六〇・六㎝を測り、内部に多量の火葬骨を収めた常滑三耳壺一点を安置する（第40図）。壺の周囲に、かわらけ一〇点を納めるが、供物の容器として用いたものであろう。また、周囲からも火葬骨が検出されたが、壺に収められたものとの関係は不明である。第一号納骨遺構からは、常滑三耳壺一点・古瀬戸壺破片一片・かわらけ一〇点・火葬骨多数が出土しており、火葬骨以外の年代観は次の通りである。常滑三耳壺は、常滑としては珍しい器形であるが、玉縁風の口縁部が出現するのが中野晴久編年の5型式以降であることから、一三世紀中葉以降と判断され（中野一九九四）、一三世紀後半のものと考えてよかろう。報告書では、一四世紀としている（長谷寺観音堂改築工事出土文化財調査団一九八五）が、やや古く位置づけられることになる。古瀬戸壺破片は、口縁部のみの小破片であるが、形状から藤沢良祐編年の前Ⅰb期のものと判断され、一三世紀初頭に位置づけることができる（藤沢二〇〇八）。報告書では、一三世紀としており（長谷寺観音堂改築工事出土文化財調査団一九八五）、妥当な見解であるが、初頭にまで遡ることに注意する必要がある。かわらけは、報告書では一四世紀中頃から一五世紀にかけてのものとする（長谷寺観音堂改築工事出土文化財調査団一九八五）が、一点のみ器高が高いものがあるものの、ほか九点は型式的特色が一致しており、それほど時間幅があるとは考えられない。器高の高いものを含め、すべて内湾皿形を呈しており、一四世紀中葉のものとみてよかろう（服部一九九八）。ということで、第一号納骨遺構は、一四世紀中葉に営まれた遺構と考えられるが、納骨に関連する遺物と考えられる常滑三耳壺は一三世紀後半、古瀬戸壺破片は一三世紀初頭のものとみられるので、納骨習俗の開始は一三世紀にまで遡る可能性がある。つまり、本来仏堂内

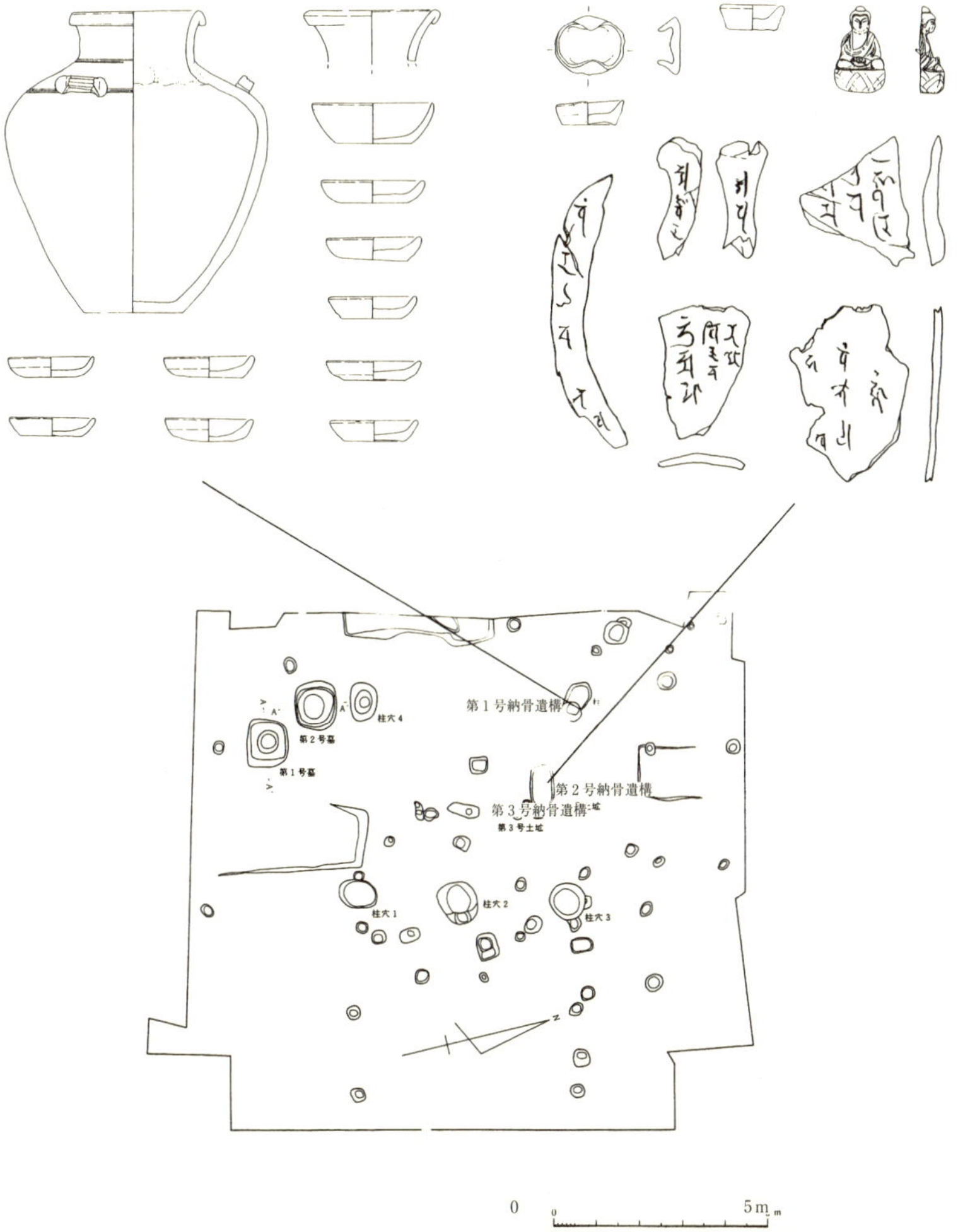

第40図　納骨遺構
（遺物縮尺不統一、長谷寺観音堂改築工事出土文化財調査団 1985）

などに安置されていた納骨関連遺物を、一四世紀中葉になって地下に埋納した可能性を否定できないのである。

第二号納骨遺構は、長約一〇〇cm、幅約五五cmの隅丸長方形のプランを呈し、深さ四〇～五〇cmを測る（第40図）。内部は多量の貝殻片を含む海砂で充填されていたが、海砂には多量の火葬骨が包含され、火葬骨のなかには墨書が施されたものが多くみられた。また、懸仏一躯・銭貨六一枚・かわらけ二点が出土しており、それぞれの年代観は次の通りである。懸仏は、高四・九cm、幅二・九cmを測る小型の銅鋳製品で、腹前で定印を結び蓮花座上に結跏趺坐《けっかふざ》する阿弥陀如来を表す。背面に一箇所の枘を鋳出し、鏡板に取り付けるようになっているが、先端を欠失する。面貌・衣文・蓮弁を線刻で表現する。製作時期は、加島勝による様式の検討によって南北朝時代と判断されており（加島一九九二）、一四世紀中葉のものと考えられる。銭貨は、具体的な銭種が報告されていないが、覆土下層では北宋銭が中心であるのに対して、上層では北宋銭以外に明銭と寛永通宝が「ほぼ同じ割合で含まれて」いる（長谷寺観音堂改築工事出土文化財調査団一九八五）とのことであるので、下層は中世とみてよいが、上層は江戸時代まで下ることになる。断面図が示されていないため、詳細不明であるが、上層の年代を採れば遺構の成立時期を江戸時代にまで引き下げなければならないことになる。しかし、上層は、第一号墓上部の近世墓と同様、江戸時代になってからの撹乱である可能性が高い。最新の北宋銭は靖康元年（一一二六）初鋳の靖康元宝・靖康通宝であるが、日本出土銭では未見であるので、実質的には宣和元年（一一一九）初鋳の宣和元宝・宣和通宝が該当するとみてよかろう。したがって、遺構は一一一九年以後の造成ということになるが、下限を決める根拠がないため、遺構の年代を考察する資料としがたい。かわらけは、報告書では一五世紀後半から一六世紀とする（長谷寺観音堂改築工事出土文化財調査団一九八五）が、一点は外反皿形の器形と器厚の分厚さから一五世紀後半のものとみられ（服部二〇〇八）、もう一点は耳皿であるが類似した特徴をもち、ほぼ同時期かやや下る時期のものと考えられる。以上検討したように、第二号納骨遺構は、一四世紀中葉の懸仏を含むものの、かわらけが一五世紀後半のものであることから、一五世紀後半に構築されたものと判断できる。火葬骨が土坑に埋納されたのは、一五世紀後半のことと推測できるが、それ以前に火葬されていたことは確実であり、火葬された時期を特定することはできない。

第三号納骨遺構は、径約一〇cmの円形プランを呈し、深さ二六・三cmを測るが、詳細は不明である。

このように、実態がわかる納骨遺構は二基のみであるが、第一号と第二号では、そのあり方を異にしている。第一号納骨遺構は、常滑三耳壺を納骨容器として使用し、それを土坑に納める。一方、第二号納骨遺構は、土坑の埋土である海砂中に火葬骨が包含され、堅牢な容器を使用した痕跡がない。布製の袋などを使用した可能性は否定できないが、海砂中に包含されたあり方を呈していたというから、土坑を埋める過程で直接海砂中に撒いた状況であった可能性も十分に考えられる。懸仏は、火葬骨を土坑に埋納する際に、なんらかの仏教的な供養がおこなわれたことを示すものであろう。つまり、第二号納骨遺構は、一連の納骨儀礼の最終的な結果を示す痕跡ということができる。第一号納骨遺構と第二号納骨遺構のあり方の相違の要因は、さまざまな推測が可能であろうが、なによりも時期差であると考える。第一号納骨遺構が構築された一四世紀中葉には納骨容器の使用が一般的であったのに対して、第二号納骨遺構が構築された一五世紀後半には納骨容器を使用する習俗が衰退していたことが、大きな差をもたらすことになったのである。そもそも、一五世紀後半には火葬の習俗が衰退しており、僧侶か病死者でもない限り火葬は稀な行為になっていた。火葬の習俗が衰退したということは、納骨も衰退したことを意味し、納骨容器が製作されなくなるのも当然の帰結である。

柱穴は、五基発見されているが、調査範囲の外側まで広がるようで、掘立柱建物の全貌はあきらかでない。南北では柱穴一〜三の列と、柱穴四・五の列があり、東西では柱穴一と四、柱穴三と五が対応しており、同一建物の柱穴とみられる。柱穴二に対応する柱穴がみられないことから、建物は柱穴四・五の列のさらに西側まで続いていたと判断できる。西側には観音堂が位置することから、この建物は、旧観音堂の庇などである可能性が高い。柱穴の時期は不明であるが、すでに指摘したように第一号納骨遺構よりも古いことから、一四世紀中葉以前に遡ると判断できる。

最後に、遺構の構築順序を整理しておくと、柱穴（掘立柱建物）→第一号納骨遺構→第二号墓→第一号墓・第二号納骨遺構となり、納骨遺構は土坑墓を挟んで二度構築されたことが知られる。しかし、注意しなければならないのは、土坑墓は掘立柱建物の外側であるのに対して、納骨遺構は内側に位置することである。建物がなかった場合はあまり意味がないが、掘立柱建物の後に礎石建物が建設されていた場合、土坑墓と納骨遺構は異なる場所に営まれたことになる。礎石建物は、整地などによって痕跡が失われることが多いため、実証することは難しいが、建物があった可能性を考慮する必要があろう。建物があったとすれば、納骨遺構は床下に営まれたことになり、墓地とは異なるあり方が鮮明になる。

二　墨書された火葬骨

それでは、納骨遺構から出土した火葬骨には、どのような特色が認められるのであろうか。火葬骨は約八〇〇片出土したが、うち墨書が認められるものは約二〇〇片で、さらに保存状態のよいものは約一〇〇片である（長谷寺観音堂改築工事出土文化財調査団一九八五）。ここでは、報告書で服部清道によって解明された墨書の内容を検討し、火葬骨の性格について考察したい。

墨書は、真言・陀羅尼・種子《しゅうじ》に大別され、梵字が大部分であるが、一部漢字の使用が認められる。真言は光明真言・阿弥陀真言・一字金輪真言・如意輪観音真言・聖観音真言・地蔵真言、陀羅尼は尊勝陀羅尼、種子は金剛界大日・胎蔵界大日・阿弥陀・薬師・弥勒・地蔵・聖観音・不動が確認されている。

まず、真言の内容を検討してみよう。光明真言は、大日如来とそれを囲む四仏へ働きかけ、七遍唱えれば一切の罪障を消滅する効能をもつとされる。さらに、土砂を加持し、死体に撒けば、死者を極楽浄土に往生させることができると説く。とりわけ、真言宗で重視され、死者供養において広く用いられることは周知の通りである。火葬骨に光明真言を墨書することで、火葬骨の主が罪障を滅し、極楽浄土に往生することを期待したものとみてよかろう。第二号納骨遺構から海砂が大量に検出されていることから、光明真言土砂加持が修されたと推測することができ、儀礼と密接に関連して墨書がなされた可能性が指摘されよう。阿弥陀真言は、阿弥陀如来を本尊として讃えるもので、当然極楽浄土への往生を期待してのものである。一字金輪真言は、一字金輪すなわち大日如来を讃えるものであるが、一字金輪法と関連する可能性がある。もっとも、大日如来は、阿弥陀如来と不二の存在であるとする新義真言の説もあり、極楽浄土への往生を手助けする仏としても信仰を集めた点を見落とすわけにはいかない。如意輪観音真言・聖観音真言は、いずれも観音菩薩を対象としたものであるが、長谷寺の本尊である十一面観音ではない。観音菩薩は、本来現世利益の効験が大きいとされていたが、中世には六観音による六道抜苦や阿弥陀如来の脇侍として来迎引摂の役割が強調されるようになり、往生に関わるようになったことは周知のところである。聖観音はまさに阿弥陀の脇侍の姿であるが、如意輪観音は変化身であり、六観音の信仰と関わる可能性がある。また、如意輪観音は、血の池地獄に堕ちた女人を救済する仏として、女性の信仰を集めていたことを忘れることはできない。それらの仏は、信者の信仰のあり方を反映して選ばれたのであろうが、火葬骨からそこまで読み取ることは無理である。地蔵真言は、地獄からの救済者としての地蔵菩薩への信仰によって選ばれたものと推測され、死者が地獄から脱して極楽浄土に生まれ変わることへの期待が籠められているとみてよい。このように、さまざまな真言がみられるが、最終的には死者の極楽往生を確約するためのものであったと考えることができる。

次に、陀羅尼であるが、これは尊勝陀羅尼しか確認できない。しかも、「佛頂尊」と書かれたものが確認されているだけで、陀羅尼の本文を書写したものは未確認である。しかし、首題とみられるので、かつては本文があったとみてよかろう。一種の写経行為として、火葬骨への墨書がなされた事実を知ることができる点で、貴重な資料である。尊勝陀羅尼は、仏陀の特徴である肉髻《にっけい》を神格化した仏頂尊を讃えるもので、滅罪・延命・厄除けに効験があるといわれる。仏陀波利《ぶっだばり》がインドから五臺山へ将来したとされ、古代中国で流行し、やがて日本でも信仰されるようになった。往生信仰と直接結び付かないが、滅罪の効用があるとされる点から、死者の滅罪のために書写されたとみてよかろう。罪の意識が堕地獄の恐怖と結び付き、滅罪を求める信仰が強まり、尊勝陀羅尼が選択されたのであろう。

最後に、種子をみると、単独で書かれたものが胎蔵界大日・阿弥陀・地蔵・聖観音・不動で、十仏の種子に含まれるものが金剛界大日・薬師・弥勒・地蔵である。独尊のものは、不動明王以外は真言に対応しており、真言と連動して記されたものと考えられる。不動明王は、大日如来の使者であるが、回向《えこう》を推進する役割を果たし、十三仏の筆頭に挙げられる。ここでは、追善供養の意味で、火葬骨に記されたのであろう。十仏の種子は、判読できていないものがあるため、全貌を解明できないが、忌日ごとの追善のためのものとみてよかろう。死者の往生を期して、繰り返し死者供養がおこなわれ、その際に墨書がなされたことを物語るものといえよう。

このように、墨書の目的は、真言が極楽往生、陀羅尼が滅罪、種子が極楽往生と追善供養ということで、究極的には死者の極楽往生であった。しかし、極楽往生といっても、きわめて密教的なものであって、専修念仏とは無縁なものであったことに注視する必要がある。おそらく密教僧が墨書したのであるが、火葬骨が死穢に染まったものであることを考慮すれば、死者供養を担う下層の僧侶であったと推測できよう。密教的な性格の儀礼がおこなわれ、その担い手として下層の僧侶がいたという条件は、長谷寺が霊場として信仰されていた可能性を示すものといえよう。

それでは、長谷寺が納骨信仰の場となり、信者を集めていたのはいつであったのか。納骨遺構の構築時期に注目すれば、一四世紀中葉から一五世紀後半にかけてということになるが、納骨習俗と納骨遺構が同時期のものかが問題となる。納骨遺構は、火葬骨を埋納したものであるが、火葬と同時期に埋納されたとは限らない。そもそも、中世後期は火葬から土葬へ大きく変化する時期で、火葬は衰退の一途を辿った。そのような時期に、納骨習俗が発展したとみることには、大きな違和感がある。納骨習俗が盛んであった時期と納骨遺構が構築された時期を切り離して考え、納骨習俗が衰退した後に地下に埋納されたのが納骨遺構であると理解できるのではないか。

その点を検証するため、他遺跡における墨書された火葬骨の類例から、火葬骨への墨書がおこなわれた時期を推測しておこう。神奈川県三浦市間口またやぐら群四号やぐらでは、奥壁右隅に納骨坑が設けられ、梵字を墨書した火葬骨が出土しているが、やぐら内に安置された宝篋印塔《ほうきょういんとう》に応安六年（一三七三）と明徳三年（一三九二）の銘文があり、火葬骨の時期を一四世紀後半と推測することができる（宍戸・谷二〇〇四）。長野県東部町善福寺遺跡では、常滑甕に収められた火葬骨に名号が墨書されていた（坂井一九九五）が、常滑甕が中野晴久編年6b期に位置づけられ、一三世紀第4四半期のものと判断できる（中野一九九四）ことから、火葬骨は一三世紀末のものと推測される。このように、間口またやぐら群四号やぐらが一四世紀後半、善福寺遺跡が一三世紀末と、いずれも一四世紀以前のものである。これらは、火葬骨の墨書が一四世紀以前におこなわれていたことを示すものであり、長谷寺の第一号納骨遺構が構築された一四世紀中葉に近い時期であることが注目される。

ところで、遺骨への墨書は、『方丈記』に「仁和寺に隆暁法印といふ人、かくしつつ、数も知らず死ぬる事を悲みて、その頭の見ゆるごとに、額に阿字を書きて、縁を結ばしむるわざをなんせられける」とみえ、養和（一一八一～八二）の飢饉に際して僧侶が頭骨に阿字を墨書したことが知られる。阿字は、密教で宇宙の根源を象徴するもので、胎蔵界大日如来の種子でもあるが、墨書は阿字観にもとづいて死者と大日如来の一体化を図る行為であろう。火葬骨でこそないが、人骨に墨書する行為は、平安時代末期に遡るのである。

つまり、墨書された火葬骨に代表される長谷寺の火葬骨は、一四世紀中葉以前のものであり、長谷寺観音堂、あるいはその付近の仏堂に納骨されたものと考えられる。それが、建物内の整理などにともなって、一四世紀中葉と一五世紀後半に土中に埋められたのである。埋納の目的は整理作業であったと考えられるが、何分遺骨であったので、容器に収納し、あるいは海砂で清浄な状態を確保して安置したのである。とすると、長谷寺で納骨習俗がおこなわれていた時期は、一四世紀中葉以前が中心であったということになろう。

おわりに

最後に、霊場としての長谷寺のあり方に触れ、まとめとしたい。

長谷寺で納骨信仰が盛んだった時期は、一四世紀中葉以前、おそらく一三世紀後半からであろうと予測される。都市化が進んだ鎌倉では、前浜を中心に都市民の墓地が営まれたが、極楽往生を達成できるかどうか不安な状況が続いていた。そのなかで、都市民が注目したのが都市成立以前から祀られていた十一面観音で、極楽浄土への仲立ちをする垂迹《すいじゃく》としての役割を期待し、多くの人々が参詣するようになった。

その結果、僧侶の側からの働きかけもあって、長谷寺の納骨習俗が成立したのであろう。極楽往生を確約するため、火葬骨への墨書がおこなわれるなど、さまざまな習俗が生み出され、霊場としての長谷寺は繁栄を極めた。しかし、やがて納骨習俗が衰退し、かつて納められた火葬骨は整理され、地下に埋納されたのである。

鎌倉にはほかにも納骨の霊場が存在する可能性が高い。今後も検討を続けていきたい。

第一五章　霊山金峯山と霊場熊野—その成立と展開—

はじめに

霊場としての熊野については、さまざまな角度から研究がおこなわれ、論点が出尽くした感があるが、いまだ論じられていない問題も多く残されている。

なかでも、熊野信仰が隆盛する以前に一世を風靡した霊山である大和金峯山《きんぷせん》と紀伊熊野の関係は、従来あまり注目されてこなかった問題である。それは、霊場としての熊野の成立に金峯山がどのような影響を与えたのか、あるいは与えなかったのかという点で大きな問題といえよう。つまり、熊野の特質を、金峯山と対比することで解明しようというのが本章の狙いであり、そのことによって熊野信仰の源流に遡及したいというのが筆者の願望である。

こうした視角に立ち、同じ世界遺産に記載されながら、十分に解明されているとはいえない両者の関係に焦点を絞り、具体的な資料に立脚して議論を展開したい。その際、考古資料をおもな材料として使用することで、文献史料の絶対的な不足を補い、議論を深めていきたいと思う。

一　大峰山頂遺跡と金峯山経塚

金峯山は、摂関期に貴族を中心とした人々の信仰を集め、藤原道長が埋経したことで有名な山であるが、その所在地は一時期不明であった。金峯山経塚の出土遺物を研究した石田茂作と矢島恭介は、それが今日の奈良県天川《てんかわ》村の山上ヶ岳《さんじょうがたけ》（標高一七一九・二m）であると考えた（石田・矢島一九三七）が、五来重はそれを否定し、吉野町の青根ヶ峯（八五七・九m）であると主張した（五来一九八一）。両説については三宅敏之によって綿密に検証され、山上ヶ岳であることがほぼ疑いないところまであきらかにされたが（三宅一九八三a）、最終的な判断は発掘調査の結果を待つしかなかった。

折しも、昭和五十八年（一九八三）から昭和六十一年の大峰山寺本堂の解体修理に際し、奈良県立橿原考古学研究所によって山上ヶ岳山頂の発掘調査がおこなわれることになった。調査の結果、石組護摩壇・灰溜《はいだまり》・階段状遺構・石組溝・石垣などの遺構が確認され、金仏・銅鏡・鏡像・懸仏・仏具・銅板経・経軸端・飾金具・銭貨・緑釉《りょくゆう》陶器・黒色土器・青磁・白磁など豊富な遺物が出土し、大峰山頂遺跡の存在が確認された（奈良県文化財保存事務所編一九八六）。しかも、出土遺物には、経塚遺物が含まれており、なかには銅板経のように既知の出土品と新たに出土したものが接合するものまでみられた。もはや、金峯山が山上ヶ岳であることは、何人も否定できない状況になった。しかし、経塚遺物は、元禄時代の整地層に多く含まれており、山上蔵王堂の建設に際して運ばれてきた土の中に含まれていたものと判断された。要するに、山上蔵王堂の場所は、大峰山頂遺跡ではあっても、金峯山経塚の所在地ではなかったのである。

さて、大峰山頂遺跡からは、厚く堆積した木炭を主体とする層の中から、溶融した仏具などが検出された。その出土状態は、燃え盛る火中に仏具などが投入された状況を示すもので、山上で盛大な護摩が焚かれ、その火中にさまざまな遺物が投入された結果を示すものと理解された。それは、疑いなく山岳宗教の儀礼の痕跡を示すものであったが、その内容は想像を絶するものであった。今日の密教の修法にそのような荒々しい儀礼はなく、おそらく古密教の儀礼であり、修験道の起源をなすものである可能性が指摘できよう。

発掘調査の成果を総合すると、大峰山頂遺跡は、奈良時代後期に「竜の口」と呼ばれる岩裂の周辺で護摩が焚かれたことに始まり、平安時代初期に固定した護摩壇が設けられ、やがて仏堂が建てられたことがあきらかになった（菅谷一九八八）。自然の岩裂に対する信仰に発し、やがて人工的な施設が設けられ、最終的に山上蔵王堂に発展したことが確かめられたのである。しかも、信仰の原点である岩裂は、その後建設された建物に覆われ、いわば秘匿されたのである。現在、岩裂は山上蔵王堂の内々陣にあり、その外側に内陣、さらにその外側に外陣が控え、岩裂は文字通りの秘所として存在しているという。

ところで、この大峰山頂遺跡の中心部に対して、もう一つの核を形成しているのが金峯山経塚である。金峯山経塚は、寛弘四年（一〇〇七）に藤原道長が造営したもので、日本最古の経塚である。元禄期の整地に際して、土砂を掘り出した場所は、山上蔵王堂の南側にある湧出岩周辺であり、かつては井筒が岡と呼ばれていたところである。整地層中の経塚遺物は、本来湧出岩周辺に埋納されていたもので、土砂の移動に伴って動かされたものと考えられる。井筒が岡は、湧出が岡の転訛であり、その中心にあるのが湧出岩であった。湧出岩は、蔵王権現ゆかりの聖地で、役行者が祈り続けた結果、最終的に末世の衆生を救うべく蔵王権現が湧出したと伝える巨岩である。その岩の麓に、多くの経塚が営まれ、経塚群をなしていたと推測できる。

周知のように、経塚は経典の保存を第一義の目的とするが、実際には現世利益を得ることを意識して造営されたモニュメントであった。藤原道長の埋経は、建前としては五六億七千万年後に現れる弥勒如来の説法に備えて、石室などの堅牢な施設に、経巻を納めた経筒を安置することで、経典を保存しようというものであった。堅牢な施設に埋納されていたため、藤原道長が納めた経塚遺物の保存状態はきわめて良好で、経筒は金色のまばゆい光を現在も放ち続けている。もっとも、経塚造営の目的が、さまざまな現世利益を獲得することにあったことは、経筒に刻まれた銘文にあきらかである。明記されている意趣だけでも、釈尊報恩・弥勒値遇・蔵王親近・自身無常菩提・臨終正念・極楽往生・滅罪・竜華三会成仏・経巻湧出・神通力獲得など多様であり、さらに皇子出産祈願・厄年の厄払いなどの願いが籠められているとされる。厳密には、現世利益だけでなく、往生祈願までみられ、実にさまざまな目的をもって、経塚が造営されたことを知ることができる。

藤原道長が金峯山に経塚を造営した背景には、御嶽詣《みたけ》の隆盛があり、人口に膾炙した霊場である金峯山に経典を埋納することで大きな効験が期待できると考えた結果、金峯山が経塚の造営地として選ばれたのであろう。周知の通り、御嶽詣は、金峯山登山を目的とする山岳登拝で、一一世紀に貴族を中心に爆発的に流行した。御嶽詣は吉野から金峯山まで登拝するもので、そこから奥の大峰山を登拝する修行は奥駈《おくがけ》といって、御嶽詣とは区別されている。御嶽詣が隆盛したのは、吉野を拠点とした先達の活躍の結果であり、特色は先達の案内によって俗人が修行に参加できたところにある。

藤原道長は、山麓の金照房に宿泊し、登山の準備を整えたうえで、先達である金照房の案内のもとに御嶽詣をおこない、山上の金照房に泊まって下山したのである。金照房は、宿坊《しゅくぼう》の名称であると同時に、参詣者の宿泊を確保して案内をおこなう先達の名でもあった。ここで注目したいのは、金照房が山麓と山頂に宿泊施設を確保し、先達として参詣をリードしていた事実である。藤原道長は、とりわけビップな存在であったかもしれないが、同様な条件のもとで登拝した参詣者は多くいたはずである。参詣者の多くは、単に参詣するだけでなく、藤原道長同様に経典を納経した。もっとも、大部分の経塚は、藤原道長のように本格的な埋納施設を営むことはなく、経筒を岩場に差し込むなど至って簡易なものであった。そのため、経筒は後世に甚大な破損を蒙っており、藤原道長の経筒のような保存状態のよさを保つことはできなかった。それらは納経の経塚というべきものであって、埋経の経塚とは異なり、最初から経典の保存を意図しなかった。否、納経そのものが作善業であり、功徳をもたらすすべてであった。

このように、大峰山頂遺跡では、「竜の口」が中核的な信仰の場であったが、そこと対峙する信仰の場として、一一世紀に湧出岩を拠点とする金峯山経塚が生み出された。「竜の口」が中心的な信仰の場であるとすれば、湧出岩は周縁的な場であったが、一一世紀にはむしろ周縁的な場が信仰の中心として栄えたわけである。しかし、そのことは、聖地の中心である「竜の口」周辺へ、当時新しい風習であった経塚を造営することが忌避された結果、経塚はやむなく聖地の周縁部である湧出岩付近に営まれることになったと考えることもできるであろう。つまり、新しい風習である経塚は、導入に際して、聖地の中心部に営むことが避けられたため、周縁部を中心に展開せざるを得なかったのである。

それは、旧来の聖地の秩序を保ちながら、新しい動きを取り込むためになされた工夫でもある。裏返せば、霊山が、保守的な姿勢を崩すことなく、新たな動向にも対応できる柔軟性を備えていたことを物語っているともいえよう。金峯山経塚は、古代の聖地のあり方を踏襲しつつ、中世に向けた新たな聖性を獲得していったことを示すモニュメントであった。

二　奥駈道の成立

金峯山が、山岳修行者の拠点となると、当然のことながら、御嶽詣に満足しない行者たちが出現してくる。御嶽詣は、俗人でもおこなえる修行であったため、それとは水準を異にするプロの修験者としての修行を求める声が高まったのである。彼らは、より険しい行場を求め、金峯山の「奥」へと分け入ることになる。その結果、「奥」の行場が開発され、新たに大峰山という領域が認識されることになる。吉野から金峯山を通過し、「奥」へと向った彼らは、やがて熊野へ到達することになり、ここに吉野と熊野を結ぶ行場としての大峰山が登場することになるわけである。大峰山は、吉野山と熊野の中間に存在する広大な間隙を指す用語であり、まさに修験者のために用意された行場としての空間であった。

そこでは、入峰修行がおこなわれ、そのための道や宿が整備されることになった。整備は、早くから着手されたと推測されるが、一二世紀が大きな画期であった。金峯山の南、熊野の北に広がる山地が大峰山と呼ばれようになるのは、一二世紀のことと考えられ、それ以後、修験道の聖地として広く知られるようになる。修行空間としての大峰山は、一二世紀に本格的な成立をみたのであり、その点では歴史的な所産ということができる。入峰道《にゅうぶ》沿いには、宿・行場・拝所などの遺跡が多く残されているが、実態不明なものも多く、その解明は今後の重要な課題である。大峰山の特色をなしている宿は、小祠や仏堂などの宗教施設を中心とするもので、それが単独で存在する場合と、それに宿泊施設が付加される場合の二者がみられることが知られている（森下一九九七）。

ところで、奥駈道の南北の両出入口には、それぞれ大きな経塚が存在している。吉野側の経塚は、すでにみた金峯山経塚で、御嶽詣の参詣者によって造営されたものである。一方、熊野側の経塚は、本宮の備崎《そなえざき》経塚で、熊野詣の道者と深い関係にあると予測される。金峯山には涌宿《わきの》、備崎には備崎宿があり、いずれも奥駈修行の拠点となっていた。順峰《じゅんぶ》では備崎宿、逆峰では涌宿が、それぞれ奥駈修行の最初の宿であったことになる。備崎では、備崎宿は頂上付近の平坦地に立地し、その下方の尾根上に経塚群が展開している（山本二〇〇六）。備崎宿と備崎経塚は、立地上でも区分されており、機能的な差があったと推測される。おそらく、備崎宿には本尊が祀られており、備崎経塚は本来その本尊への供養の意趣をもって造営されたものとみられる。宿は基本的に本尊を祀る祭祀施設で、経塚はそれに付随する供養施設として位置づけられ、両者が密接に絡み合って聖域を形成していたと考えられるのである。

金峯山経塚の実態は不明であるが、備崎経塚では、入峰道を中心に無数の経塚が営まれており、入峰道の路面にまで経塚が営まれているらしく、入峰道を正確に把握することが困難な状況になっている。おそらく、修行者たちは、経塚群を踏み越えて、備崎宿に入堂したものとみられる。その点、経塚は備崎宿の外側にあり、備崎宿から始まる奥駈道を結界する意味があった可能性がある。もっとも、金峯山では経塚のほうが涌宿よりも高い位置にあった可能性が高く、備崎のようなあり方を見出すことはできないであろう。つまり、金峯山経塚は奥駈道をさほど意識していないが、備崎経塚は奥駈道を強く意識して造営されたと推測されるのである。

もっとも、経典保存を意図した埋経の経塚のほか、もっぱら祈願を目的とした納経の経塚が多く造営された点では、金峯山経塚も備崎経塚も同様である。経塚群が大規模なものになっている要因は、埋経の経塚が多数造営されたこともあるが、それ以上に簡易な納経活動が活発におこなわれたことが大きかろう。埋経の経塚が、あらかじめ準備を整え、盛大なイベントとともに築造されたとみられるのに対し、納経の経塚は、持参した経典・経筒を岩裂や石積みの空隙に差し込むだけという簡易な手段で、納経されたと推測される。埋経の経塚が、その聖地を拠点とする宗教家の積極的な関与のもとに、初めて築造が可能となるモニュメントであるのに対し、納経の経塚は、参詣者自身の努力で構築可能な存在である。納経の経塚の多さは、参詣者の多さをそのまま反映していると考えられ、金峯山経塚でも備崎経塚でも多くの参詣者がいたと考えられる。金峯山では御嶽詣、備崎では熊野詣の人々であったことが容易に推測できるが、それが隆盛した時期にはあきらかな時間差があった。

御嶽詣は、藤原道長の経塚が造営されていることからあきらかなように、一一世紀にピークがあった。その歴史の全貌はいまだ解明されていないが、九世紀頃に始まり、一〇世紀に発展し、一一世紀には早くも隆盛期を迎えたと考えられるのである。他所の霊場が、一二世紀以降に発展をみるのに対して、金峯山信仰は一二世紀後期に入ると衰退する。そのことは、考古資料からもあきらかにできるところであり、懸仏などの奉賽品も一一世紀後半のものが多く、一二世紀前期はある程度の遺物があるが、一二世紀後期になると急速に減少し、一三世紀には全く衰微する。その変化は、摂関家の盛衰と対応しているかのようであり、権力に近いところで信仰されていたための結末とみられないこともない。もっとも、それを実証するためには、史料と遺物にもとづいた精緻な検討をおこなう必要があるが、今は問題提起に留めて先へ進もう。

一方、熊野詣は、一一世紀後半から盛んになり、院政期を通して隆盛する。とりわけ、白河上皇の熊野詣が、熊野信仰が盛んになる契機となったことは周知の通りである。いわば上からの牽引によって発展をみた信仰であり、その意味では熊野詣にも政治的な意味が籠められ、まさに院政期を代表する宗教が熊野信仰であったといえよう。その熊野の拠点の一つである本宮の備崎経塚の造営は、一二世紀前半に開始され、以後一三世紀まで連綿と継続された。ここで注目したいのは、備崎経塚の造営が、熊野詣の隆盛よりもやや遅れて始まっていることである。つまり、熊野信仰が隆盛したから経塚造営が盛んになったという単純な関係ではなく、経塚造営の活発化の背景には、なんらかの個別的な要因があるとみられるのである。

備崎経塚の場合、熊野信仰だけでなく、奥駈道で通じている金峯山経塚との関係を考える必要がある。奥駈道の北端に金峯山経塚、南端に備崎経塚が位置し、その中間に大峰山が横たわっているわけであるが、そのような状態ができあがったのはいつ頃のことであろうか。

繰り返し述べているように、金峯山経塚は一一世紀に成立したわけであるが、備崎経塚が成立したのは一二世紀のことであり、約一世紀後のことに属する。しかも、一一世紀には金峯山が御嶽詣の終着点であり、経塚はそこに営まれていた。つまり、金峯山経塚は、本来御嶽参詣道の終着点に位置した経塚で、奥駈道の出発点に立地する経塚ではなかった。金峯山経塚が造営された後、一二世紀になって奥駈道の整備に伴って、初めて出発点としての性格を付与されたのである。対して、備崎経塚は、奥駈道の整備とほぼ同時期に造営が開始され、奥駈道沿いに展開した経塚である。最初から奥駈道の存在が前提としてあり、備崎宿へ至る直前の奥駈道沿いに営まれた経塚で、奥駈道の出入口を外界から結界する役割を果たした。

要するに、奥駈道の南北に経塚が営まれるような状態が出現したのは、一二世紀になってからのことであった。一見、奥駈道がすでにあって、経塚が営まれたかのような錯覚に陥るが、少なくとも金峯山経塚はそれ以前にすでに成立していたのである。まず金峯山経塚が出現し、その後奥駈道が整備され、最後に備崎経塚が造営されたというプロセスを踏んで、奥駈道の南北に経塚が営まれるような状態が生み出されたと考えられるのである。しかも、奥駈道の整備と備崎経塚の造営は並行して進められたと考えられ、両者は密接な関係にあった可能性がある。つまり、奥駈道の整備に際して、北端の金峯山経塚の存在が改めてクローズアップされた結果、南端に金峯山経塚に匹敵するような備崎経塚の造営計画が練られることになったのであろう。ということは、奥駈道の整備は、備崎経塚の造営と同様、一二世紀に開始された事業であった。

三　熊野の霊場遺跡

さて、それでは、備崎経塚は、熊野の霊場遺跡のなかでどのような位置を占めているのであろうか。おもに経塚を事例に検討してみよう。

まず、那智経塚は、『那智山滝本金経門縁起』によれば、大治五年（一一三〇）に沙門行誉が造営したもので、行誉が京都で勧進活動をおこない、銅などを獲得して本尊や仏具を鋳造したという（三宅編一九八五）。行誉は京都生まれで、八歳で比叡《ひえい》山に登り、飯室《いいむろ》に居住したが、一一歳のときに母、一三歳のときに父を失い、孤児となった。そのため、一四歳で剃髪・受戒し、以後修行に励み、諸山を巡礼することを業とした。大治二年、三〇歳のときに那智山に参詣し、「宿因」によって如法経などを書写し、経塚を造営することを発願した。彼が五臺山信仰、舎利信仰、弥勒信仰などさまざまな信仰を抱いており、発願後、たびたび神仏からの啓示の夢をみたことが伝えられている。『那智山滝本金経門縁起』は神秘に満ちたさまざまな伝承を記しているが、行誉が京都において貴族をはじめとする大勢の人々の喜捨を受け、苦労しながらその資金をもとに写経事業を完遂し、那智山に経塚を造営したことが知られる。

さて、那智経塚の遺構をみると、経塚と修法遺構が顕著であることが知られる。経塚は、巨石周辺に営まれた経塚（類型Ⅰ）と方形基壇をもつ経塚（類型Ⅱ）に細分されるが（大場監修一九七〇）、いずれの場合も、石室内に納めた埋経の経塚と、経筒を挿入するなどした簡易な納経の経塚が複合している。類型ⅠとⅡの差は立地の相違であって、いずれも埋経の経塚を核に、周囲に納経の経塚が営まれる状況を示す。類型Ⅰは備崎経塚ではみられないが、両経塚を取り巻く自然環境の差が根底にあり、そうした環境への対応の結果として異なる形態の経塚が生み出されたのであろう。修法遺構は、護摩と大壇からなるが、護摩は類型Ⅰと同様に巨石周辺の岩陰で営まれた。懸仏の一部が溶解するほどの高熱で護摩が焚かれたことが知られるが、大峰山頂遺跡の護摩と共通する部分が多く、古密教の系譜をひく験者の関与が想定できるところである。大壇は、銅製の仏像と三昧耶形《さんまやぎょう》からなる立体曼荼羅で、ほかに類例のみられないものである。こうした遺物の特異性は、那智経塚固有のものであり、行誉の個性の発露とみなしてよかろう。

つぎに、新宮の経塚群は、埋経と納経の経塚が複合する神倉山経塚と、埋経の経塚のみから構成される庵主ヶ池経塚・如法堂経塚に分けることができる。神倉山第一経塚と第二経塚は、納経の経塚が顕著であるが、その造営者は参詣者であると推測することができる。たとえば、神倉山第二経塚出土の銅鋳製経筒の銘文には、建治元年（一二七五）十一月九日に「信濃国井上源氏女」が「如法経一部八巻」を奉納するとある（上野・巽一九六三）が、彼女は信濃国（長野県）高井郡井上郷から遥々やってきた参詣者であったと推測される。この一点をもっても、納経の経塚の造営主体が参詣者であったことは、容易に推察できよう。それに対して、庵主ヶ池経塚・如法堂経塚は、在地の宗教勢力が造営したもので、霊場とは直接関わらないものであると考えられる。つまり、新宮の経塚群のうち、神倉山経塚だけが備崎経塚や那智経塚と通じる性格をもち、庵主ヶ池経塚・如法堂経塚はそれとは異質のものであると理解してよかろう。

このように熊野三山の経塚をみると、本宮の備崎経塚、新宮の神倉山経塚、那智の那智経塚が、それぞれ参詣者を受け入れる霊場の経塚としての性格をもっていたと判断される。本宮・新宮・那智で各一箇所であることは、参詣者を広く受け入れる場所が、あらかじめ限定されていた可能性を示す。参詣者は、どこでも自由に参詣し、納経できたわけではなく、一定のルールがあり、それに則って行動したことが推測できる。そして、熊野三山の経塚が、いずれも一二世紀前半に成立していることから、霊場としての熊野の整備が一二世紀前半に進んだことが推測できる。

一二世紀に出現した霊場遺跡は、経塚だけではなく、さまざまな遺跡の存在が想定できるが、ここでは一例だけ御正体埋納遺跡を取り上げておこう。新宮の阿須賀《あすか》神社御正体埋納遺跡は、蓬莱山の山麓に立地するが、そこからは多数の鏡像や懸仏が出土している。時期的には、一二世紀に出現し、一三～一四世紀に盛行し、一五世紀に火災に遭って、最終的に埋納された。一三～一四世紀には、大威徳《だいいとく》明王の懸仏が多く奉納されており、大威徳明王の信仰が流行したことが知られる。大威徳明王は、阿須賀神社の本地仏であり、怨敵退散の効験を発揮する仏であるが、具体的には蒙古襲来に対する祈祷をおこない、懸仏を奉納したのであろう。懸仏をみるだけでも、鎌倉時代後期の雰囲気が感じられ、考古遺物がいかに時代を映し出すかをうかがうことができよう。

ところで、一二世紀は、熊野にとって大きな画期であった。厳密にいえば、その契機は寛治四年（一〇九〇）の白河上皇の熊野御幸と考えられるので、一一世紀末ということになるが、実際に参詣道の整備などが進んだのはある程度時間が経過した段階で、むしろ一二世紀に入ってからであると考えられる。一二世紀の熊野古道の実態はあきらかでないが、熊野古道沿いの和歌山県和歌山市秋月遺跡などで一一～一二世紀の和泉系在地産瓦が検出されており、上皇の熊野詣に際して宿泊可能な仏堂を整備した結果残されたものである可能性が指摘されている（上原二〇〇一）。それにしても、熊野詣の宿泊施設が瓦葺建物であったことは意外な印象を受けるが、そこに権力の介在をみることはあながち間違いではあるまい。一二世紀の画期は、上皇の権力・権威と荘園公領制を背景とした経済力を基盤とし、独自な文化的・宗教的創造がなされたことによって引き起こされたものとみるべきであろう。考古資料としては、経塚が顕著であるが、それを必要としたのは霊場としての熊野であった。

おわりに

金峯山と熊野は、いずれも宗教家によって由緒や霊験が説かれた神仏が祀られ、多くの信者が自由に参詣できる霊場としての特質をもつと判断できる。それに対して、入山者を宗教的専門家に限定することで、聖性を強調し、行場として特化した大峰山は、霊山ではあるが、少なくとも典型的な霊場ではない。むしろ、金峯山と熊野に依拠する宗教家が、金峯山と熊野に挟まれた空間を修行のための場として利用したと考えた方が理解し易い。奥駈道の入口である吉野と熊野は、いずれも霊場であり、その中間に行場に特化した大峰山が横たわっているのである。そして、吉野には金峯山経塚、熊野には備崎経塚が営まれ、あたかも大峰山の南北を結界したかの如くである。

金峯山への御嶽詣が一一世紀、熊野詣が一二世紀に隆盛を迎え、政治体制に注目すれば摂関期の金峯山に対して院政期の熊野という位置づけをすることが可能である。それは、経塚の造営開始時期によって確認することが可能で、考古学的にも金峯山が早いことが確認できる。霊場参詣の中心は金峯山から熊野へ移行し、推進主体は摂関家から上皇へ推移し、霊山金峯山への山岳信仰から、より複合的な霊場をもつ熊野信仰へと信仰のあり方も変化した。霊山への信仰には、大峰山のような閉ざされた聖地への信仰もあるが、霊場は、熊野に典型的に示されるように開放的な場であった。基幹となる山岳信仰は、時代を超えて継承されつつ、時代にあわせて変化するなかから霊場熊野が誕生したのである。霊場は、霊山を母体に、より宗教的に自由な場を創造したところに成立したのである。金峯山から熊野への流れは、日本の宗教が展開した重要な変化を示す貴重な事例であり、今後の研究の深化が期待されるところである。

第一六章　六郷山の山岳遺跡研究序説

はじめに

本章では、山岳遺跡研究の立場から、六郷山をどのように位置づけるかを論じる。山寺・経塚・信仰遺跡などの遺跡群が山岳とどう関わっているかを検討し、六郷山を山岳の自然のなかにおいて把握することを試みる。

そこで、まず「山岳遺跡」とはなにかを提示し、ついで六郷山における資源と土地の利用を概観し、さらに六郷山の自然と宗教の関わり方について検討する中で、「峯入り道」をめぐる諸問題を取り上げたい。

本来ならば、六郷山の研究史を踏まえて論じるのが正道であるが、「山岳遺跡」という見方自体が新しく、いまだその視座から六郷山をみた議論がなされていないため、ここでは研究史の整理を省略して先へ進むこととする。ただし、考古学的な蓄積は薄いが、中世史研究者を中心とした荘園村落調査による分厚い成果があることだけを付言しておこう。

一　山岳遺跡とはなにか

まず、「山岳遺跡」という聞き慣れない用語について、簡単に説明しておこう。

『広辞苑』によれば、「山岳」は「地球の表面がいちじるしく隆起した部分」のことであり、地理的な概念といってよい。「遺跡」は、考古資料である遺構・遺物・出土状態が一体となり残された場所で、過去における人類の行動の痕跡が確認できる場所である。つまり、「山岳遺跡」とは、「地球の表面がいちじるしく隆起した部分」にある「過去における人類の行動の痕跡が確認できる場所」である。

しかし、山岳において遺跡を発見することは、意外に難しい。平地に比べて地形の変化が激しく、崩壊や堆積が日常的に繰り返されているため、遺跡が存在したとしても発見できない場合がある。また、樹木に覆われている山腹では、開発行為でもない限り遺跡を発見できないが、開発行為がおこなわれることは稀であり、発見は偶然に左右される。こうした条件の悪さが、山岳遺跡の発見を困難なものとしており、実態の解明を遅らせている。

山岳遺跡は、山岳における人類の行動の痕跡であるから、基本的には人類による山岳利用の痕跡ということになる。つまり、山岳遺跡は、本質的には人類の土地利用の痕跡であり、丘陵・台地・平野における遺跡と同じものということになる。偶々、山岳に残されていた遺跡が山岳遺跡として認識されるのであって、ある意味で地形的な条件で遺跡を認識しているに過ぎないともいえる。

にもかかわらず、山岳遺跡が、平野などの遺跡と異なった様相をみせるのは、まさに山岳の自然がほかの地形条件と区別される特色をもっているからにほかならない。山岳遺跡の研究は、この山岳特有の遺跡のあり方をあきらかにし、山岳が人類の行動にどのような影響を与えてきたのかを解明する点にひとつの目標がある。

それでは、山岳遺跡には、具体的にどのような遺跡があるのであろうか。ここでは、日常的な活動によって残された遺跡を「山地利用の遺跡」と呼び、非日常的な活動によって残された遺跡を「山岳宗教の遺跡」と呼んでおこう（時枝二〇一一）。両者は、密接に関連するもので、片方だけが独立して存在するわけではないが、便宜的に区別して議論を進めていこう。

まず、山地利用の遺跡・遺構は、狩猟・採集に関わるものとして野営地・水場・岩陰遺跡・洞窟遺跡・石鏃等遺物散布地・陥穴・罠跡・土坑・山道など、山地資源の活用に関わるものとして黒曜石採掘坑・黒曜石選別場・屑石廃棄場・黒曜石集積場・石器製作跡・デポ・野営地・水場・採石場・坑道・露天掘坑・採掘坑・精錬場・鍛冶場・踏鞴跡・製鉄遺跡・焼石灰窯・作業小屋・鉱山・鉱山町・墓地・石切場・石丁場・搬出路・加工場・伐木痕・植栽痕・筏場《いかだば》・轆轤《ろくろ》ピット・平場・小祠・炭窯・灰原・炭小屋など、山間の耕地に関わるものとして焼畑・出作小屋・常畑・石垣・猪垣・見張り小屋・農具小屋・井戸・肥溜・道路など、交通路と軍事施設に関わるものとして道路・峠・切通・橋・関所・茶店・立場・厩・一里塚・水場・山城・狼煙《のろし》台・砦など、温泉・観光・近代登山に関わるものとして源泉・湯畑・湯樋・湯船・露天風呂・下水溝・井戸・上水道・自炊用竈・旅館・庭園・道路・神社・仏堂・小祠・温泉町・山小屋・鎖場・階段・鉄梯子・三角点測量標・残されたハーゲン・落書き・ゴミ穴など、枚挙に遑がない。

ついで、山岳宗教遺跡・遺構は、山麓祭祀に関わるものとして山麓祭祀遺跡・磐座《いわくら》・祭祀遺物廃棄坑・祭祀遺物包含層・竪穴建物・掘立柱建物・豪族居館など、山寺に関わるものとして平場・仏堂・講堂・仏塔・僧坊・参道・幢干支柱・排水溝・池・閼伽《あか》井・庭園・護摩壇・小祠・広場・墓地・石塔・経塚・仏具埋納坑・瓦窯など、山頂祭祀に関わるものとして山頂祭祀遺跡・護摩壇・灰溜・仏堂・石列・神社・小祠・祭祀遺物包含層など、修験道に関連するものとして行場・入峰道・修行窟・柴燈《さいとう》護摩壇・小祠・神社・仏堂・宿・水場・行人塚・入定《にゅうじょう》塚・墓地などがあり、こちらも至って種類が豊富である。

ここに掲げた遺跡・遺構が六郷山にあるかどうかを確認するだけで、膨大な作業になるであろうが、いまはその余裕はない。むしろ、これらの遺跡がどのように組み合わさって、山岳という場を占めているのかを探ることのほうが重要であろう。山岳遺跡は、孤立して存在する場合もあるが、異なる種類のものが複合した遺跡群として存在している場合が多い。それは、山岳における人間の活動が、思いのほか多様であるからにほかならない。

二　六郷山における資源と土地の利用

それでは、六郷山の山岳遺跡について、具体的にみていくことにしよう。

まず、六郷山における資源として注目されるのが、さまざまな鉱物である。

なかでも著名なのが、六郷山のある国東半島の付け根、大分県杵築市山香町にある馬上金山《ばじょうきんざん》である。同金山は、江戸時代初期には発見されていたといわれ、日出藩《ひじ》によって本格的に開発されたが、一度中絶し、明治四十年（一九〇七）以後に福岡出身の成清博愛によって再開発され、明治時代末期から大正時代前期にかけてゴールドラッシュを迎えた（大分県立歴史博物館二〇一二）。同金山の盛期は近代のことであり、地域的にも六郷山の周辺に位置するが、注目したいのは国東半島が鉱物資源に恵まれていたことである。一般的には、鉱石の発見と活用の歴史は、おもに戦国期以後のことに属するが、一部古代にまで遡る事例も知られていることを考慮すれば、中世以前の鉱山開発の歴史があった可能性が指摘できよう。

櫻井成昭は、国東半島に多数の鉄滓出土地や製鉄に関連する地名がみられる（第41図）ことに注目し、六郷山繁栄の経済的基盤の一端が鉄生産にあった可能性を指摘した（櫻井二〇〇五）。しかも、実際に、国東町由井ヶ迫遺跡では一二世紀後半から一三世紀頃の製鉄炉が発掘調査されており、鉄が国東半島の資源であった可能性はすこぶる高いとみられる。問題は、由井ヶ迫遺跡の製鉄炉が精錬炉である点で、精錬以前の工程に属する遺構が検出されていないところにある。六郷山において鉄が盛んに生産されていたのであれば、かならずやより大規模な製鉄遺跡が存在するはずであり、燃料の炭を焼いた窯を含めて関連する遺構が多数検出されるはずである。その発見と調査は、今後に委ねられた大きな課題であり、それらの問題が解決されることでようやく六郷山の鉄の問題に本格的に切り込むことが可能となろう。

ついで、取り上げておかねばならないのは、焼畑など山地を利用した耕地の存在である。水田に比べて生産力が高くないことは確かであるが、その開発の実態の解明は、この地域の中世史の評価に大きく繋がる課題となっている。この点についても、すでに櫻井によって言及されており（櫻井二〇〇五）、考古学的な調査・研究に先駆けて中世史分野での研究が進展していることが知られる。

とりわけ興味深いのは、櫻井によって紹介された豊後高田市夷《えびす》岩屋周辺の開発で、夷岩屋の僧行源が「大魔所」を切り払って田畠を開墾し、そこから得られた収穫物から法会の費用を捻出し、残りを自身の生活費にあてたことが長承四年（一一三五）の「夷住僧行源解状案」（余瀬文書）によって知られることである（大分県立歴史博物館一九九九、櫻井二〇〇五）。六郷山の寺院である岩屋寺は、自力で開墾し、それを寺院の運営費に宛てようとしたのである。

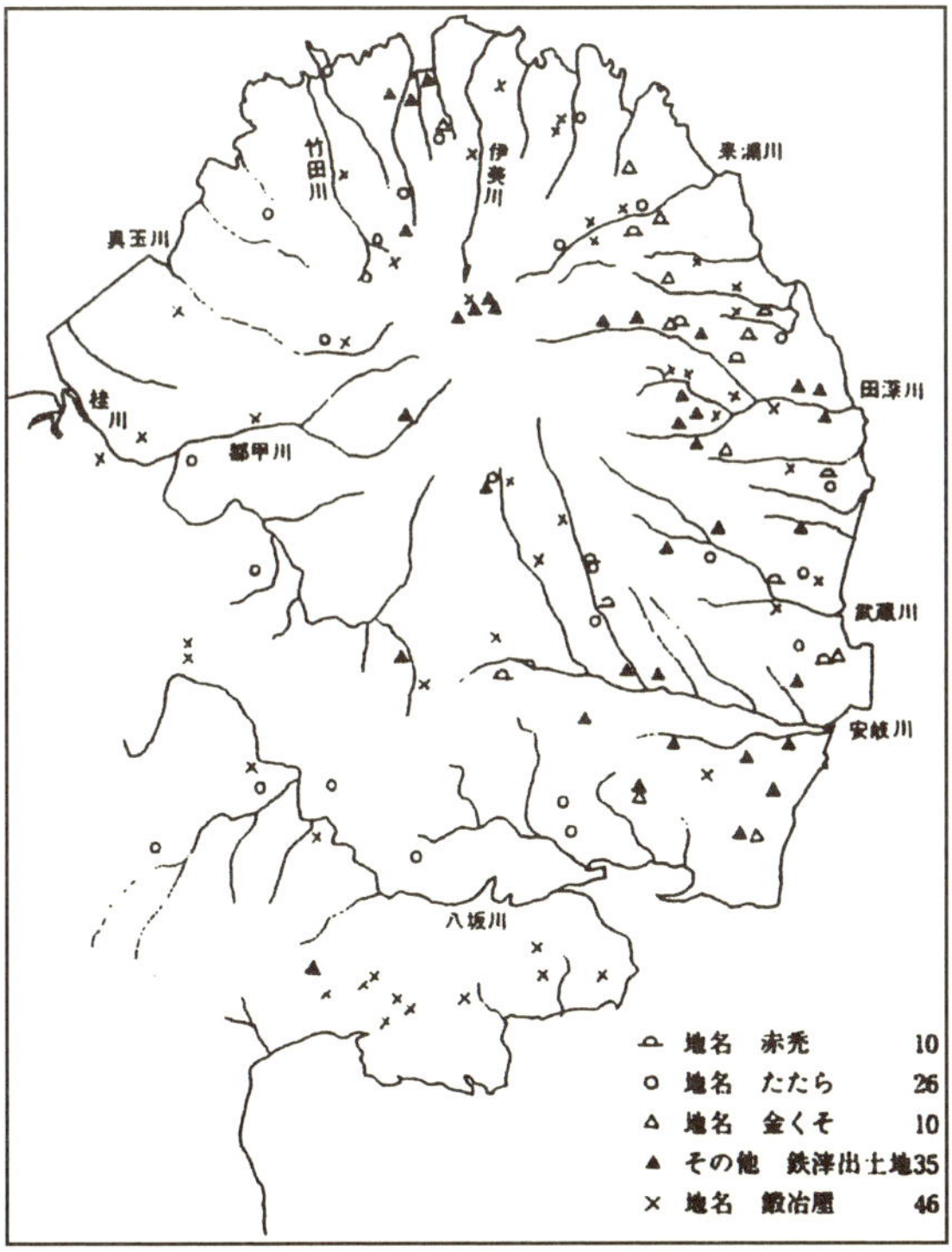

第41図　製鉄関係地分布図（櫻井2005）

しかし、こうした開墾の背景には、「大魔所」を畏怖する感覚が薄れ、そこを開墾することによって得られる経済的価値に注目するような姿勢と価値観が、広く生まれてきたことを暗示する。開墾され

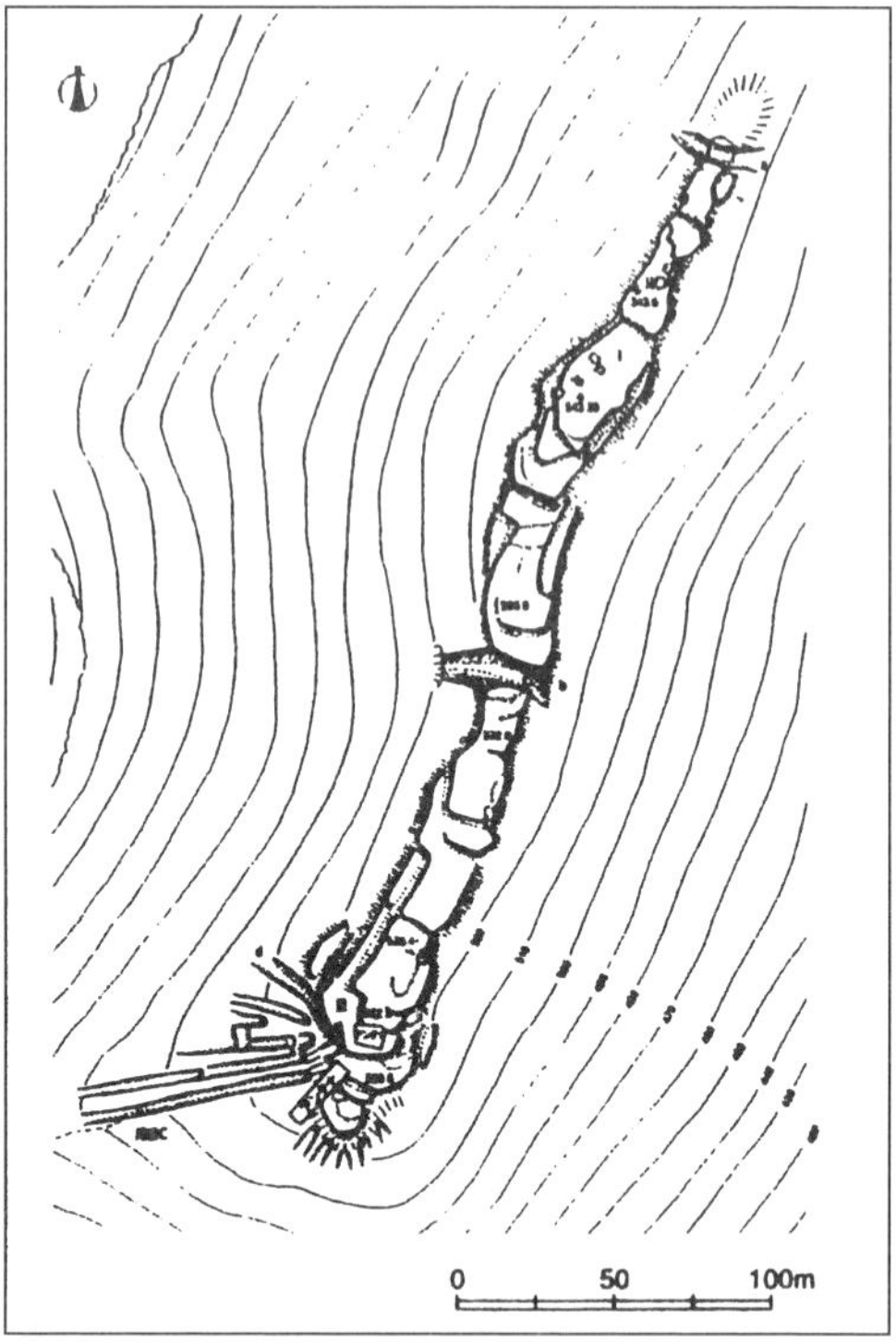

第42図　屋山城縄張図（櫻井 2005）

た耕地が、どのように利用されたのか不明な点が多いが、田だけではなく畑があったことは確実で、焼畑も含まれている可能性がある。僧侶によって積極的に開発が推進された一二世紀は、経済的にも宗教的にも、大きな時代の転換点にあたっていたと考えられる。

さらに、中世らしい山地利用として注目されるのは、尾根部を中心に展開された城郭としての利用であるが、この点についてもすでに櫻井によって論じられている。国東半島の城郭は、比較的単純な縄張りで、虎口がかならずしも発達していないものが多いようであるが、おそらくこの地域が寺社勢力と深く結び付いていたことと関連するのであろう。たとえば、豊後高田市の屋山城跡は、大友家の一族である吉弘統幸《よしひろむねゆき》が築いた連郭式の山城であるが、その縄張りをみると、複数の郭が尾根上に一列に並び、北端部と中央部に大きな堀切を設け、南端部に縦堀が密集して掘られている（第42図）。天正七年（一五七九）に築城されたものであるが、その縄張りは南北朝や室町前期に築かれたとされる城郭と通じるものがあり、一六世紀にしては古風である。中腹の屋山寺の存在を考慮すれば、寺社勢力との関係を考慮する必要があり、寺社の存在によって最初から安全がある程度確保されるというようなことがあったのではないか。城郭といえば、どうしても大友氏と大内氏の緊張関係、一六世紀末の豊臣秀吉の政治的・軍事的影響に思いがいくが、寺社勢力とも無縁ではないことは容易に推測できるところである。それは、近年問題とされることが多い「村の城」論とも密接な関係にある課題で、寺社のアジール性をどう評価するのかという難しい問題とも繋がることはいうまでもない。

このように、六郷山における土地利用の問題は、考古学の立場からはいまだ十分な資料的な蓄積がなく、今後の研究に期待するところが大きい。荘園村落を対象とした文献史学の取り組みに学びながら、考古学的な立場を活かした研究活動が、いま求められているように思う。かつて、藤森栄一は、文献史学には指名権があり、考古学には決定権があるといった。ずいぶん不遜な言い方に聞こえなくもないが、六郷山において文献史学から提示された課題は、文献史学のみによって解決することは難しく、考古学の調査研究によってのみ最終的な解決が可能なものが多いように思う。その意味では、藤森の言葉が、改めて重くのしかかってくるのである。

三　六郷山の自然と宗教

安貞二年（一二二八）の「六郷山所勤行并諸堂役祭等目録写」は、そのまま信じることのできない史料ではあるが、それをみると六郷山に多くの「石屋」が存在したことに気付く。「石屋」は、岩屋のことで、間口の広い岩陰を利用して建物を設けたものを指すようである。大部分の「石屋」が後に寺院に発展したと説かれることが多いが、安貞二年という古い年号に引きずられての議論という側面があり、そのまま受け入れるわけにはいかない。

ここで注目したいのは、六郷山の寺院には、実際に岩陰を利用して建物が営まれ、「石屋《いわや》」という表記が矛盾なく受け止められる事例が多数みられることである。「石屋」は、寺域の比較的高所に存在し、奥の院となっている事例が多くみられ、「石屋」が寺院の神聖性の根源となっている場合もある。岩陰に寄せ掛けて建物を造れば、平地に建てる際よりも施工量を省力化することが可能で、簡易な建物で間に合う山寺には打って付けの工法であった。六郷山で「石屋」が多く建設された理由の一端は、そうしたコスト面での事情によるものと思われるが、それを可能にした六郷山を取り巻く自然的な条件の存在を見落とすことはできない。風化しにくい硬質の岩石の間に風化しやすい軟質の岩石が堆積したため、岩陰が形成されやすかったのであるが、そうした条件はどこでも生じるわけではない。六郷山の自然条件が生み出した偶然が、六郷山における「石屋」の発達を促したことは疑いなく、それが六郷山の個性を引き立てたのである。

岩陰の利用は、英彦山《ひこさん》でも顕著であるが、修行窟として利用する場合が多く、六郷山とは確実に異なった様相をみせている。英彦山では、窟と呼ばれる岩陰に行者が参籠することで、そこに祀られた本尊の超能力を体得し、験力を獲得しようとする修行が盛んにおこなわれた。窟には、風雨を防ぐ建物や、飲み水を確保する貯水施設などが設けられ、長期間の参籠を可能にする施設が整えられた。また、窟は「廊」で繋がり、複数の窟で修行するための便宜が図られたが、複数の窟で修行したのは多くの本尊と交歓して験力を増進しようとしたからであることはいうまでもない。もっとも、英彦山においても、岩陰は神仏を祀る場所であり、内部に神社や仏堂が営まれることが多かった。

六郷山では、岩陰はもっぱら本尊の祭祀空間として利用され、修行施設をともなう事例に乏しい。岩陰の内部を取り込んだ仏堂を設け、内部に本尊を祀り、前面に礼拝空間を確保するのが一般的なあり方である。それは、修行窟としての機能を備えておらず、通常の仏堂と見做されるものが圧倒的に多くを占める。岩陰は、『出雲国風土記』にみえるように、古代から神々の居所と観念されてきた。その伝統が、六郷山では色濃く残っているのかもしれないが、岩陰を神仏の居所として位置づけているようである。

六郷山における岩陰が、英彦山のように積極的に行場としての機能を付与されなかったのは、六郷山において山岳修行がかならずしも発展しなかったためではなかろうか。通常強調されるような六郷山における修験道の発達は考古資料の中に証拠を見出すことが困難であり、経塚造営が盛行したことなどを考慮すれば、むしろ六郷山では一般的な顕密仏教が主流を占めていたと考えてよいのではなかろうか。

いずれにせよ、六郷山における岩陰の活用は、地域の自然を巧みに宗教に取り込んだものとして注目されよう。つぎに指摘しておきたいのは、六郷山における巨石に対する信仰であり、奇岩に象徴される景観である。

豊後高田市田染《たしぶ》地区の熊野磨崖仏《まがいぶつ》は、「六郷山所勤行并諸堂役祭等目録写」に「不動石屋」「大日石屋」とみえるもので、平安時代後期に制作されたものである。熊野磨崖仏の上方には熊野社が祀られ、同社に伝来した建武四年（一三三七）阿弥陀三尊懸仏に「六郷本山今熊野御正躰也」とみえることから、熊野信仰によって造立されたものであることが知られる（櫻井二〇〇五）。しかも、磨崖仏は頭部がていねいに彫出されているのに対して、下半身は曖昧な表現で巨岩と一体化しており、巨岩に対する強い信仰心を感じさせる。それは、あたかも巨岩の中から仏が涌出してきた状況を思わせるような表現であり、自然に対する畏怖の念が籠められているようにみえる。

同市大字長岩屋の天念寺の前面を流れる長岩屋川対岸の巨岩に刻まれた川中不動は、崖から川の中に転落した巨石の前面が平坦であるのを利用して、そこに不動三尊像を浮彫したものである。熊野磨崖仏に比して小振りで、中世後期頃と時期的にも新しいが、やはり巨岩に対する信仰が基礎にあって制作された磨崖仏といえる。このことから、巨岩に対する畏敬の念が、中世を通じて持続していたことを指摘することもできよう。もっとも、川中不動の場合、巨岩の足下を流れる川そのものに対する信仰を併せ持つと考えられるが、それでも巨岩を神聖視する観念に揺るぎはない。そのほか、六郷山には多数の磨崖仏が所在しているが、いずれの場合も熊野磨崖仏や川中不動と同様の信仰に裏づけられていると考えてよかろう。こうした巨岩に神仏を見出すような信仰のあり方は、自然物にも仏性《ぶっしょう》を見出す天台本覚思想に通じるもので、古くからの自然観を仏教が取り込む中で生み出された世界観といえよ

第43図　六郷山の峯入り道（大嶽1977）

う。巨岩の多い六郷山の自然を仏教が巧みに取り込んだのである。

さて、このように六郷山の仏教は、山地を中心とする自然を取り込みながら展開したことがあきらかであるが、最後に山々を巡る峰入りについて触れておこう（第43図）。

六郷山の峯入りは、大嶽順公によれば、「開祖仁聞修業の法窟霊跡をくまなく訪ね巡って抖擻頭陀の練行を重ね、仁聞がおこなった通りの難行苦行を体得し、一は祖恩に報い一は自行化他の大願を修する行門である」という（大嶽一九七七）。峯入りは、田染の胎蔵寺から安岐町の両子《ふたご》寺まで五日間かけて巡る。途中で、村人による行者への御接待があり、また村人が行者を肩車で運ぶビクニがおこなわれる（服部二〇〇七・藤田二〇一一）。また、村人の求めに応じて、行者が、家内安全などの祈祷や子どもの虫封じなどをおこなう。服部英雄は「現代の峰入りは、中世以来の『行』そのもので、参加した行者自身が、行を通じて宗教的世界を獲得することに主眼があると考えられる」（服部二〇〇七）といい、中世以来の修験道の入峰修行であると捉えている。しかし、村人との密接な交流がみられる点など、修行に限定できない面が濃厚にみられることも確かである。櫻井は、六郷山の峯入りが近世に始まったものであることを指摘したうえで、「六郷山寺院の僧侶たちが集団で行い、各地で大般若経の転読や祈祷を行うものであり、修行というよりもむしろ半島各地の人びとに功徳を与える要素が強い」点を指摘する（櫻井二〇〇五）。

峯入りは、峯入り道を通るわけであるが、山中の峯入りに特化した道もあるが、多くは日常生活のための道路と重なっている。その点で、山岳修行専用の大峰山奥駈《おくがけ》道などとは根本的に異なるといえるが、おそらく櫻井が指摘するように峯入りが本来的な山岳修行ではないためであろう。江戸時代に、仁聞《にんもん》の由緒を強調して六郷山の結集を図り、それに関連する行事として峯入りが始められたため、峯入りは当初から純粋な山岳修行ではなかったのである。それゆえに、峯入り道の遺跡も、日常生活用道路と重複する部分が多く、独立した遺跡として捉えにくくなっていると考えられるのである。

おわりに

以上、山岳遺跡研究という限定された視点から六郷山について概観してきたが、具体的な研究に乏しく、今後の課題を提示することに終始した。今後、六郷山の山岳遺跡の研究が進展し、より生産的な議論が可能となる日が一日も早く到来することを期待したい。

第一七章　霊場研究のなかの納骨信仰遺跡

一　納骨信仰と霊場

霊場とは、宗教家によって由緒や霊験が説かれた神仏が祀られ、多くの信者が自由に参詣できる聖地である。それは、自然発生的に人々の意識のなかから生み出された聖地とは異なり、宗教家による言説と宗教活動、そしてなによりも自由な参詣を可能にする交通機関の整備などを前提として成立した歴史的な存在である。日本では、御嶽《みたけ》と呼ばれた金峯山《きんぷせん》が一一世紀に成立したのを嚆矢とし、各地で霊場が誕生した。

ここで注意しておかなければならないのは、すでに佐藤弘夫によって指摘されている（佐藤二〇〇三）ように、九世紀に開山された高野山が、霊場として整備されたのは一二世紀であるということである。九世紀の壇上伽藍の成立がそのまま霊場の成立を意味するわけではなく、一二世紀に奥之院の信仰が隆盛を迎え、山内に二つの核をもつ楕円形の構造が生まれた時点で初めて霊場としての機能を発揮するようになったのである。それは、古代的な寺院のあり方が解体し、新たに中世的な秩序が生み出されたことを意味する。その中世的な秩序こそ、初期の霊場のあり方を規制したものであり、霊場が歴史的な存在である所以でもある。

ところで、中世の霊場には、大きく四つの類型がある（時枝二〇一四）。まず、納骨をともなうものとともなわないものがあり、筆者は納骨型と非納骨型と呼ぶ。さらに、納骨型には風光明媚な山野などにあるものと都市の雑踏のなかにあるものがあり、筆者は勝地型と都市型と呼び習わしている。また、非納骨型には行場をともなうものと

第44図　おもな霊場の分布（黒丸：納骨型、白丸：非納骨型）

ともわないものがあり、筆者は行場型と非行場型という。この四つの類型は、いずれも参詣型に属するもので、それとは異なる巡礼型の四国遍路霊場などがあるが、それが顕在化するのは近世になってからのことである。

日本で霊場が成立したのは、すでにみたように一一世紀に遡るが、一般化したのは一二世紀である。東北では立石寺《りっしゃくじ》や羽黒山、九州では英彦山《ひこさん》や六郷満山《ろくごうまんざん》が成立し、汎列島的な規模で霊場が形成された。畿内には、金峯山・熊野三山・高野山など、全国各地から信者が参詣した霊場が存在する。以後、霊場は各地に成立したが、時代とともに変化し、近世には江戸の浅草《せんそう》寺のような娯楽と一体化したものまで現れた。

ここで確認しておきたいのは、霊場にはさまざまなものがあり、納骨の霊場はその一形態に過ぎず、むしろ納骨をともなわない霊場のほうが多いことである。第44図に示したのは、日本のおもな霊場の分布であるが、納骨型よりも非納骨型が広範囲に散在し、納骨型は畿内よりも東に偏在している状況がうかがえよう。山中の地獄として名高い立山でさえ、死者が行く山とされながら、納骨信仰は一般的ではなかった。立山曼荼羅で、山中の地獄や極楽の様を絵解きしながらも、納骨習俗が発達することはなかったのである。このように、納骨信仰をともなう霊場は非主流派であるが、さまざまな霊場があるなかで、どうしてそこが納骨をともなうようになったのか解明することが、納骨霊場のもっとも重要な研究課題である。

二　納骨をめぐる霊魂と肉体

ところで、日本人の伝統的思考に霊肉分離の発想がある。霊魂は肉体と別の存在であり、霊魂が肉体に宿ることで人が誕生し、離れることで人が死ぬ。死後、肉体は地中に埋葬されるが、霊魂はあの世へと旅立つ。こうした伝統的思考からすると、納骨は、単純な霊肉分離とは程遠い複雑な行動であることがわかる。

納骨される火葬骨は、死体を荼毘《だび》に付し、骨化したところで拾骨したものであるが、さらに破砕して容器に収納するのが中世に広くおこなわれていた作法である。その一部を分骨し、墓地に埋葬した大部分の火葬骨とは別の場所に保管・埋納したのが、納骨である。それは、霊肉論からみれば、あくまでも肉体の処理方法に過ぎない。

ところが、納骨信仰は、納骨によって死者が往生できるとするものである。つまり、納骨によって、死者の霊魂が極楽浄土へ行き、永遠の幸福を手に入れることができるというのである。極楽往生が確約される方法であるからこそ、人々は納骨を受容したのであって、それにふさわしい場所として霊場を選択したのである。とすると、人々が納骨に期待したのは、霊魂の救済ということになる。肉体のなれの果てである遺骨の一部を霊場に納めることによって、死者の霊魂の幸福を期待したわけで、単純な霊肉分理論では説明できない。

では、なぜ人々は納骨によって、霊魂が救済されると考えたのであろうか。結果的に霊魂が浄土へ旅立つわけで、霊場が浄土の入口とされていた以上、遺骨に霊魂が宿ると考えられていたのに違いない。通説的な理解とは裏腹に、中世人は、遺骨に霊魂が宿るという観念を抱いていたのである。だからこそ霊場に納骨したのであって、遺

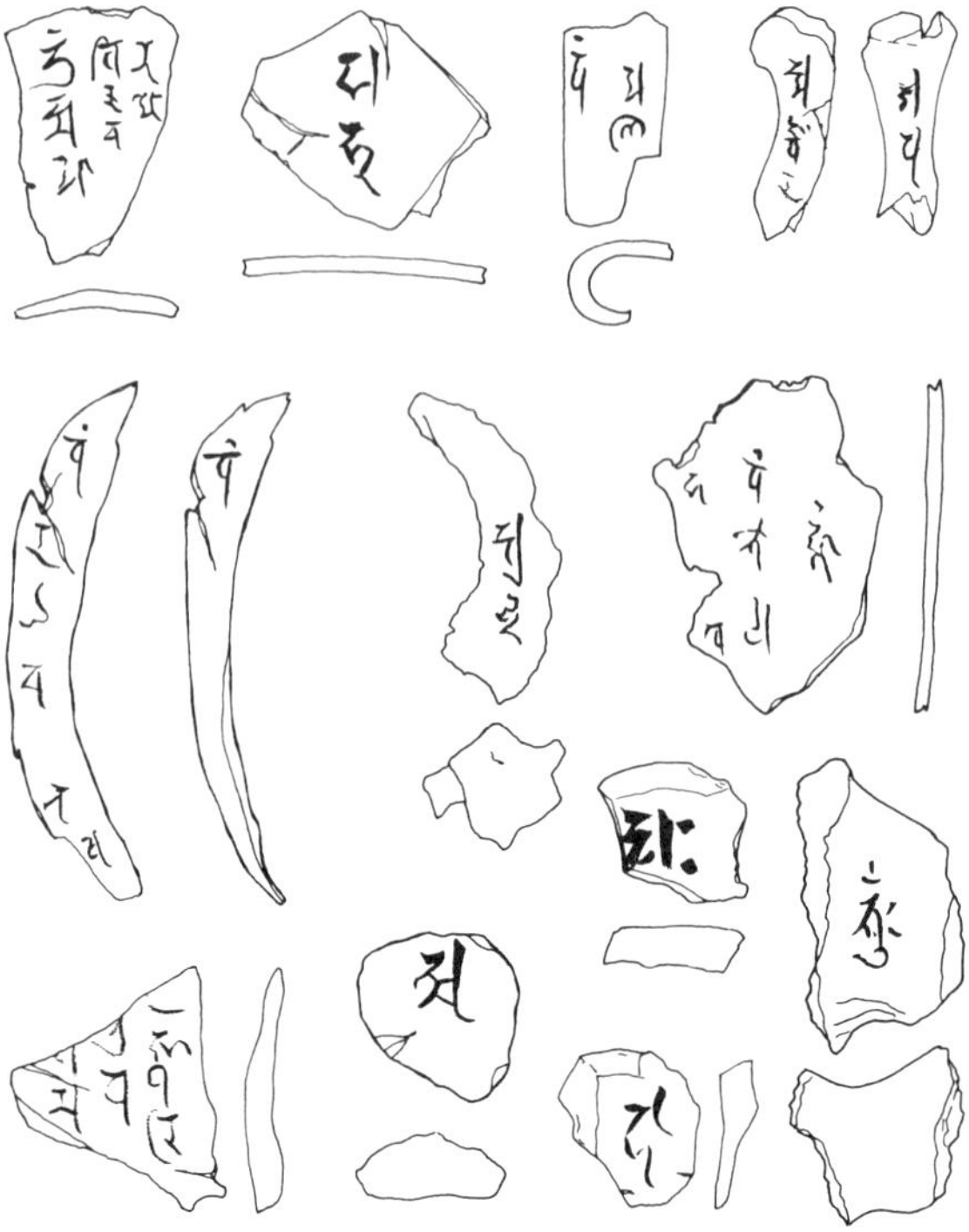

第45図　墨書された火葬骨
（長谷寺観音堂改築工事出土文化財調査団 1985）

体の一部が霊場に届けられるだけではなく、それに宿る霊魂が移動すると観念されていたのである。

なお、火葬骨を用いたのは、死穢が付着したままの肉体を忌み、清浄な白骨を重んじたからである。清浄な霊場を穢さないためには、死穢にまみれた肉体ではなく、見るからに清浄感を漂わせる白骨を使用せねばならなかった。それでも、生前に犯した罪障まで消滅できないと考えた場合には、火葬骨に光明真言などを墨書し、滅罪の処置が施されたのである。一例として、神奈川県鎌倉市長谷寺出土の墨書された火葬骨（長谷寺観音堂改築工事出土文化財調査団一九八五）を第45図に示したが、中世にはこうした行為が広くみられた。罪は往生のさまたげとなるもので、消滅させる必要があったが、その際に用いられたのが真言や陀羅尼《だらに》であった。

三　納骨霊場の成立と宗教家

火葬骨に真言や陀羅尼を書いたのが僧侶であったことは疑いない。しかし、遺骨である火葬骨に墨書したのは、一山の運営の中心であった学侶ではあるまい。火葬骨が腐敗した死体より清浄なものであるとしても、死穢は確実にあり、清僧たる学侶の触れるべきものではない。死穢を忌むことなく活動できた下級僧侶が、もっぱら納骨の担い手であった可能性が高いが、その具体的な姿を考古資料からあきらかにすることは難しい。

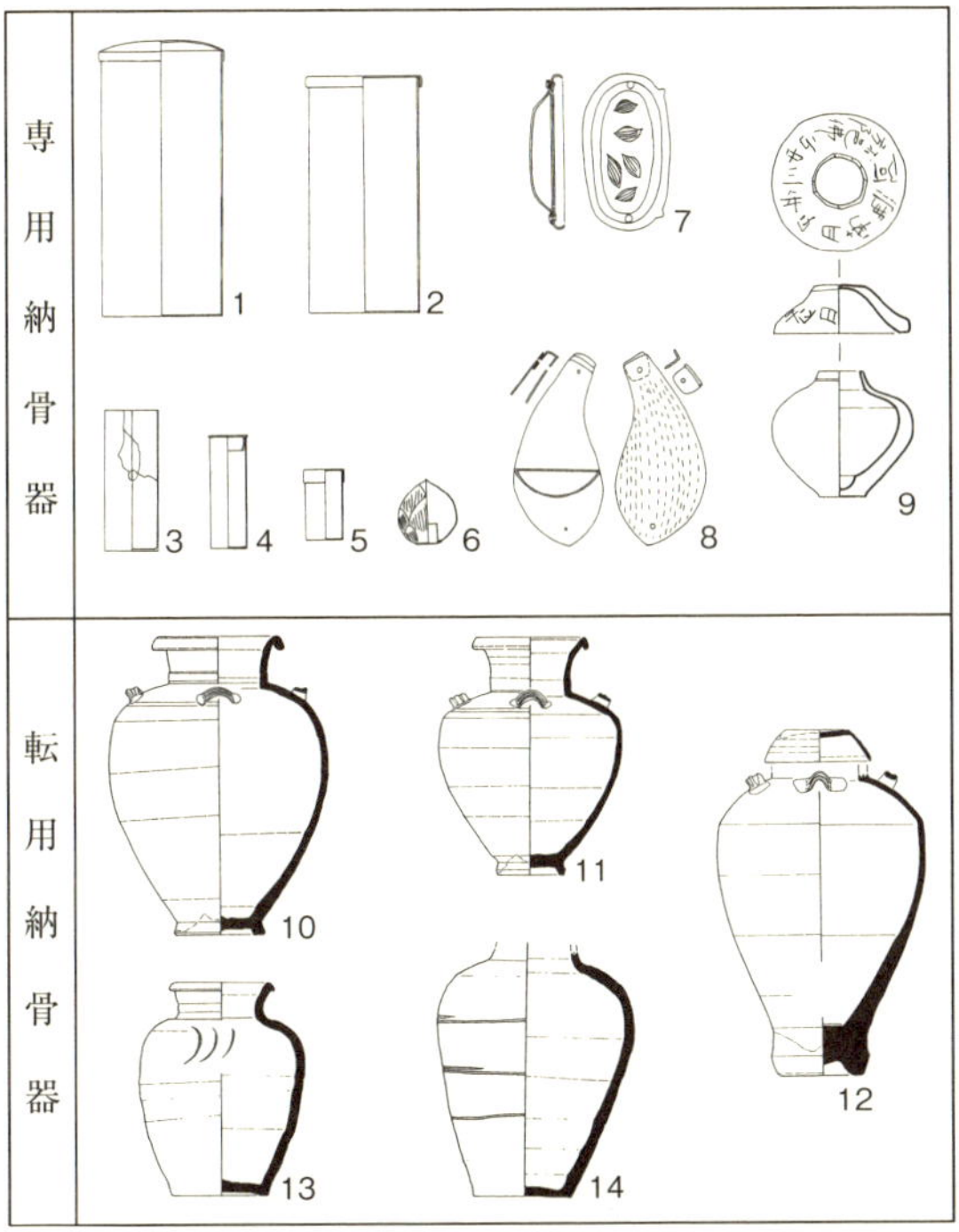

第46図　納骨容器

1～8：銅製納骨容器、9：土師器小型有蓋壺、10～12：白磁納骨容器、13：渥美納骨容器、14：常滑納骨容器（縮尺不同、1～9：和歌山県教育委員会 1975、10～14：元興寺文化財研究所 1982）

高野山では、一二～一三世紀には白磁や古瀬戸などの骨壺を転用して納骨容器として用いたが、一四世紀には専用の納骨器が生み出され（第46図）、持ち運ぶ火葬骨の量は激減した。労力が少なく、同じ効能をもち、信者から支払われる納骨料が変わらないとすれば、経済的効果は大きかった。経営体として自立せざるを得なかった中世寺院にとって、霊場としての名声を獲得し、勧進活動を円滑に進めることは、寺院を存続させるために不可欠の選択であった。その実務を担ったのが、下級僧侶である聖たちであり、彼らの一部が納骨に携わった。高野聖は、各地の貴族や武家などから火葬骨を託されて高野山に持ち帰ったが、その納骨料は高野山の経済を安定させるほどの規模に達した。

しかし、一二世紀後期に納骨習俗が成立し、一四世紀に変質したのは、基本的には高野山だけであり、地方の納骨霊場が成立したのはむしろ一四世紀以降のことである。宮城県松島町雄島では、一三～一四世紀に納骨霊場として発展し、供養のために多くの板碑が造立された。山形市立石寺では、一四世紀に納骨習俗が始まったとみられるが、磨崖塔婆《まがいとうば》などが多数刻まれて納骨信仰が隆盛したのは一七世紀になってからのことである。新潟県佐渡市蓮華峰寺の骨堂は、一四世紀の建築であるが、納骨習俗が始まったのは一六～一七世紀のことである（普請帳研究会一九八四）。福島県会津若松市八葉寺では、一六世紀に小塔に納めた火葬骨の奉納が始まり、以後二〇世紀まで盛んにおこなわれた（八葉寺五輪塔調査委員会一九七三）。地方の納骨霊場は、早いものは中世に成立したが、一般化したのは江戸時代前期になってからであった。高野山との懸隔は大きく、単純な一元的な伝播ではなさそうで、納骨習俗の普及の実態はいまだあきらかでない。

一一世紀に霊場として成立した金峯山では、納骨信仰は発生せず、山岳修行の場として発展した。山岳霊場には、同様な例が多く、むしろ現世利益が強調される傾向がある。そうしたなかで、熊野三山のうち和歌山県那智勝浦町那智山の妙法山では、納骨習俗が確認され、『法華験記』にみえる応昭法師の火定《かじょう》に起源するというが、実際には念仏と禅を兼修した法燈国師の活動に由来する可能性が高い。つまり、納骨霊場が成立するためには、個性的な宗教家による、積極的な宗教活動が必要とされたのである。

納骨霊場は、成立時期や地域によって、関与した宗教家も異なるであろう。しかし、遺骨を取り扱うことが条件となるため、死穢を忌まない下級宗教家による場合が多かったはずである。記録に残ることの稀な、彼らの活動こそ、納骨習俗を普及させ、霊場への納骨を推進した原動力であることは疑いない。

四　なぜ霊場に納骨するのか

冒頭で述べたように、霊場は多くの信者が自由に参詣できる場であり、霊験あらたかな神仏がいる聖地である。参詣者は、霊場の神仏に祈願し、願いをかける。その祈願には、現世利益も往生祈願もあり、追善供養さえある。大別すれば、この世での夢の実現と、あの世での幸福の追求がある。納骨が、あの世に関わることは、いうまでもない。

人々が希求したあの世でもっとも人気があったのが極楽浄土であり、その教主は阿弥陀如来であったが、霊場の本尊は阿弥陀如来とは限らなかった。高野山奥之院では弘法大師が祀られ、神仏でさえないが、人々はそこに納骨した。その理由は、常日頃信仰している身近な聖者である弘法大師に帰依すれば、大師の導きで阿弥陀如来と結縁することができ、往生が確約されると考えたからである。垂迹《すいじゃく》である弘法大師を信仰すれば、その取り成しによって、久遠《くおん》の存在である本地に仲介してもらえると信じたのである。むしろ、縁遠い仏に直接祈願するよりは、身近な神や聖を祀ることで、仏に接近しようと企てたのである。霊場を信仰した人々の期待は、霊場に祀られている垂迹の手助けで、困難な極楽往生が実現できることにあった。

では、なぜ、納骨先が霊場なのか。第一に、霊場はこの世とあの世の境界で、あの世の入口と考えられていたからである。つまり、極楽浄土の入口は霊場で、そこに霊魂が宿った火葬骨を送れば、霊魂が浄土に行けると信じられたのである。第二に、霊場にはカリスマ的な聖がおり、積極的に納骨を推進したからである。彼らが、霊場に納骨する行為を後押ししたことはいうまでもなく、むしろ彼らこそ納骨霊場の仕掛け人であった。

しかし、注意しなければならないのは、霊場はあくまでもこの世の側にあり、入口ではあっても決してあの世ではないことである。あの世に近い聖地であるゆえ、あの世の仏に働きかけて霊験を生み出し、現世利益や往生祈願を実現させることが可能になると考えられていたのである。すべての霊場が人々の世界観を反映した存在であるが、とりわけ納骨霊場は、魂の行方と関わり、他界観のあり方を知るための重要な資料となる。火葬骨に宿った魂は、霊場を経由して浄土へ向うのであるが、それは垂迹の手引きによるものであった。霊場には、神仏習合思想が色濃く反映されており、まさに顕密仏教の場として機能していたことが知られるのである。とすれば、法然や親鸞にとって霊場は不要であり、否定すべき存在であったはずである。異端にとって、霊場も、納骨も、なんら宗教的意義を見出せなかったに違いない。霊場に納骨された人々は、中世仏教を信奉した人の全員ではなく、顕密仏教を肯定する側の人であったことを見落としてはなるまい。

あとがき

今年一月一日、筆者は、還暦を迎えた。かつては人生の大きな節目だった還暦も、現在では一通過点に過ぎなくなったが、それでも通常は退職などの大きな転機を迎えることが多い。幸い、筆者は現役続投であるが、同期の友人たちのなかには退職者が少なくない。役所に勤務した連中は三月まで現役であるが、民間就職組のなかには誕生日ですでに退職した人がいる。そうしたことに思いを馳せると、筆者にとっても、一つの節目であることは疑いない。そこで、還暦を記念して、これまで書いたものを集めて、論集を編むことにした。もっとも、論集の編集を思い立ったのは、雄山閣の桑門智亜紀さんの勧めがあったからで、必ずしも自発的なものではない。いずれにせよ、本書出版の個人的背景は、還暦記念という月並みなものである。

本書に収録した論文で、最古のものは昭和五十八年（一九八三）、最新のものは平成二十八年（二〇一六）であるから、三三年もの長い時間の隔たりがあることになる。これほど長期間になると、著者の関心も考え方も変化するはずであるが、歩みが遅いためか幸い内容的な大きな齟齬はなかった。個々の論文には、その時々の思い出があるが、今は記さない。ただ、三〇年以上にわたって同じテーマを追い続けてきたことは、これらの論文から判明する。研究対象が東日本に偏っているが、西日本に関する論文を『山岳宗教遺跡の研究』（二〇一六年、岩田書院）に収録したため、本書ではその偏向が際立つことになった。霊場論は、収録論文数が少ないが、これもおもな論文を『霊場の考古学』（二〇一四年、高志書院）に収めた結果で、ぜひ同書をご覧いただきたいと思う。その点では、本書は、落穂拾い的な側面をもつといえるかもしれない。

個々の論文の執筆に際しては、多くの方々のお世話になったが、遺漏を恐れ、あえて記すことはしない。思えば、大部分の論文は、自分の意思で書いたものではなく、依頼されるままに執筆したものである。商業雑誌以外の場合でも、頼まれて書いたものが多く、もし依頼されていなかったならばかたちになっていなかったであろうものばかりである。執筆依頼は、基本的に断わらないという方針を貫いてきたおかげで、本書のもとが形成されたといえるかもしれない。そんなことで、筆者にお声をかけていただいた方々には、心から御礼を申し上げたい。また、資料などをご教示いただき、論文のヒントを与えていただいた方々にも、不思議なご縁を感じる。ありがたい限りである。

いくら還暦記念とはいえ、本来ならばもっと体系的な論集を編むべきであることは、十分に承知している。『修験道の考古学的研究』（二〇〇五年、雄山閣）に次ぐ第二論集や、山寺に関する論集など、計画中のものはいくつかある。しかし、それらを完成するためには、ある程度の時間を要する。還暦記念には間に合いそうもないのである。そこで、今回は、それらの論集に収録することがないであろう論文を寄せ集めて、山岳霊場論というテーマを立て、一冊に仕上げたのである。本書をみて、この程度の論集なら、自分にもできそうだという方が多くおられると思うが、そうした方はぜひ本をまとめていただきたい。本書が、そうした動向の呼び水となれば、それに越したことはない。

また、筆者は、本書のような考古学的研究とは別に、文献史料による修験道史の研究も進めてきたが、それらについてもいずれまとめる必要が出てこよう。残された課題は多く、残された人生の時間は少ない。どこまで達成できるか、無理な目標は立てず、できることから徐々にまとめていきたいと思う。

なお、本書の編集は、雄山閣の戸丸双葉さんのお世話になった。労を多とし、謝意を表したい。

引用・参考文献

青木重孝　一九六六「妙高山信仰」『頸南—中頸城郡南部学術調査報告書』新潟県教育委員会
安達　恩　一九六六「妙高山信仰と年中行事—関山権現火祭と梵天祭—」『頸南—中頸城郡南部学術調査報告書』新潟県教育委員会
安達　恩　一九七八「妙高山信仰と年中行事—関山権現火祭と梵天祭—」『富士・御嶽と中部霊山』（山岳宗教史研究叢書九）名著出版
網野善彦　一九七四『蒙古襲来』小学館（二〇〇八『網野善彦著作集』五　岩波書店に再録）
池田嘉一　一九五九「妙高のお山参り」『高志路』一八四　新潟県民俗学会
石井　進　一九八一「都市鎌倉における『地獄』の風景」『御家人制の研究』吉川弘文館（二〇〇五『石井進著作集』九　岩波書店に再録）
石神孝子　二〇〇九「苗敷山山頂遺跡南西地点」『山梨県内中世寺院分布調査報告書』山梨県教育委員会
石田茂作　一九五六「碑伝について（上）—板碑との関係—」『銅鐸』一二　立正大学考古学会
石田茂作　一九六一「伊勢朝熊山経塚」『立正考古』一八　立正大学考古学研究会
石田茂作　一九六五『伊勢朝熊山経塚遺跡と石塔群』私家版
石田茂作・矢島恭介　一九三七『金峯山経塚遺物の研究』（帝室博物館学報八）東京帝室博物館
伊藤清郎　一九九七『霊山と信仰の世界』吉川弘文館
五十川伸哉　一九九二「古代・中世の鋳鉄鋳物」『国立歴史民俗博物館研究報告』四六　国立歴史民俗博物館
入間田宣夫・大石直正　一九九二『よみがえる中世』七（みちのくの都　多賀城・松島）平凡社
岩鼻通明　一九九二『出羽三山信仰の歴史地理学的研究』名著出版
岩科小一郎　一九八三『富士講の歴史』名著出版
上野　元・巽　三郎　一九六三『熊野新宮経塚の研究』熊野神宝館
上原真人　二〇〇一「平安京周辺の平安時代後期瓦の様相—生産地認定法と在地消費をめぐって—」『中世寺院の幕明け—11・12世紀の寺院の考古学的研究—』摂河泉文庫
上原真人　二〇〇八「讃岐中寺廃寺の空間構造」『忘れられた霊場をさぐる3—近江における山寺の分布—』栗東市教育委員会
植松章八　二〇〇四「富士講の成立と展開」『江戸の祈り　信仰と願望』吉川弘文館
植松章八　二〇〇六「発掘された富士信仰遺跡—村山と人穴—」『月刊考古学ジャーナル』五三九　ニューサイエンス社

宇野隆夫・前川　要・三鍋秀典　一九九五「結語」『芦峅寺室堂遺跡―立山信仰の考古学的研究―』立山町教育委員会・富山大学人文学部考古学研究室
閏間俊明　二〇〇三「古代山林寺院の一側面―山梨県韮崎市苗敷山山頂遺跡をめぐって―」『修験の里奥信濃小菅　修験道と飯山』ほおずき書籍
閏間俊明・櫛原功一・信藤祐仁・堀内　真　二〇〇四a「苗敷山」『山梨県史　資料編7　中世4　考古資料』山梨県
閏間俊明・櫛原功一・信藤祐仁・堀内　真　二〇〇四b「鳳凰山」『山梨県史　資料編7　中世4　考古資料』山梨県
大分県立歴史博物館　一九九九『豊後國香々地荘の調査　本編』大分県立歴史博物館
大分県立歴史博物館　二〇一二『平成二四年度企画展　近代の馬上金山と成清家』大分県立歴史博物館
大胡町教育委員会　一九九四『群馬県勢多郡大胡町大字茂木西小路遺跡』大胡町教育委員会
大嶽順公　一九七七「六郷山峯入の順路と実習」『英彦山と九州の修験道』（山岳宗教史研究叢書一三）名著出版
大野淳也　一九九五「立山信仰の時期区分」『芦峅寺室堂遺跡―立山信仰の考古学的研究―』立山町教育委員会・富山大学人文学部考古学研究室
大場磐雄　一九三六「関東に於ける修験道流布の考古学的一考察」『上代文化』一三　上代文化研究会
大場磐雄　一九四三『神道考古学論攷』葦牙書房（一九七一復刻、雄山閣）
大場磐雄　一九七〇『祭祀遺蹟―神道考古学の基礎的研究』角川書店
大場磐雄監修　一九七〇『那智経塚―その発掘と出土品』熊野那智大社
大場厚順　一九七八a「妙高山修験考―峰入・峰出と験競」『かみくひむし』三三　かみくひむしの会
大場厚順　一九七八b「妙高山信仰の変遷と修験行事」『富士・御嶽と中部霊山』（山岳宗教史研究叢書九）名著出版
大場厚順　一九八〇「妙高山信仰と石造遺物・文化財」『修験道の美術・芸能・文学（Ⅰ）』（山岳宗教史研究叢書一四）名著出版
大和久震平　一九八〇a「男体山頂遺跡について」『歴史手帖』八―一二　名著出版
大和久震平　一九八〇b「日光連山の山岳信仰」『修験道の美術・芸能・文学（Ⅰ）』（山岳宗教史研究叢書一四）名著出版
大和久震平ほか　一九八六『日光市史　史料編』上巻　日光市
大和久震平　一九九〇『古代山岳信仰遺跡の研究』名著出版

岡崎譲治　一九八二「修験道用具」『仏具大辞典』鎌倉新書
岡田　譲　一九六一「男体山頂の出土品」『日光―その美術と歴史』淡交新社
奥村秀雄　一九六九「埋経と往生思想　朝熊山経塚出土の線刻阿弥陀三尊鏡像をめぐって」『MUSEUM』二二三　東京国立博物館
尾崎喜左雄　一九六五「吾妻郡嬬恋村門貝鎌倉時代修験道岩窟遺構」『群馬文化』七八・七九　群馬文化の会
尾崎喜左雄　一九六六「草津白根山湯釜出土の笹塔婆」『信濃』一八―一　信濃史学会
尾崎喜左雄　一九七四『上野国神名帳の研究』同刊行会
尾崎喜左雄　一九七六「古代の草津」『草津温泉誌』一　草津町
小田富士雄　一九七七「筑前「竈門山旧記」校本」『九州考古学研究　歴史時代篇』学生社
小田富士雄　一九八〇「宝満山遺跡発掘調査概報」『筑前国宝満山信仰史の研究』名著出版
小田富士雄編　一九八二『宝満山の地宝―宝満山の遺跡と遺物』太宰府天満宮文化研究所
小田富士雄・武末純一　一九八三「太宰府・宝満山の初期祭祀―『宝満山の地宝』拾遺―」『古文化論叢』一二　九州古文化研究会
小野真一　一九八二『祭祀遺跡』ニューサイエンス社
垣内光次郎　二〇〇六「白山の山頂遺跡と山岳修験」『白山市白山山頂遺跡』石川県教育委員会
鹿島町教育委員会　一九九五『史跡石動山環境整備事業報告書』Ⅱ　鹿島町
鹿島町史編纂専門委員会　一九八六『鹿島町史　石動山資料編』鹿島町
加島　勝　一九九一「長谷寺の懸仏について―伝世と出土の品々をめぐって―」『鎌倉』六五　鎌倉文化研究会
金井典美　一九七五『湿原祭祀―豊葦原の信仰と文化―』法政大学出版局
上市町教育委員会　二〇〇二『富山県上市町黒川上山古墓群発掘調査第7次調査概報 円念寺山遺跡』上市町教育委員会
上市町教育委員会　二〇〇五『富山県上市町黒川遺跡群発掘調査報告書』上市町教育委員会
亀井正道　一九六七「祭祀遺跡―山と海―」『日本の考古学』Ⅶ歴史時代（下）河出書房
川崎利夫　一九六四「山形県の経塚について」『歴史考古』一二　歴史考古学会
元興寺仏教民俗研究所　一九七六『明王院の碑伝』元興寺仏教民俗研究所
元興寺文化財研究所　一九八二『高野山発掘調査報告書』元興寺文化財研究所

神林淳雄　一九三三「出羽国羽黒山の和鏡に就いて」『上代文化』九　上代文化研究会

木内武男　一九六四『日本の古印』二玄社

桐原　健　一九八二「戸隠神社奥社遺跡」『長野県史』考古資料編 主要遺跡（北、東信）　長野県

九州山岳霊場遺跡研究会・九州歴史資料館　二〇一一『第1回九州山岳霊場遺跡研究会「北部九州の山岳霊場遺跡―近年の調査事例と研究視点―」資料集』九州山岳霊場遺跡研究会

北九州市立歴史博物館　一九七九『研究紀要』一　特集・豊前修験道　北九州市立歴史博物館

群馬県埋蔵文化財調査事業団　一九九二『黒熊中西遺跡（1）』群馬県埋蔵文化財調査事業団

久保惣記念美術館　一九八三『和泉槇尾山経塚発掘調査報告書』和泉市

蔵田　蔵　一九六三「経塚論二　東京国立博物館保管東北地方出土の経塚遺物」『MUSEUM』一四八　ミュージアム出版

國學院大學考古学資料館白山山頂学術調査団　一九八八「白山山頂学術調査報告」『國學院大學考古学資料館紀要』四　國學院大學考古学資料館

国立歴史民俗博物館　一九九六『日本古代印集成』国立歴史民俗博物館

国立歴史民俗博物館　一九九九「日本古代印の基礎的研究」『国立歴史民俗博物館研究報告』七九　国立歴史民俗博物館

小島正巳　二〇〇七「妙高山における山岳宗教遺跡の形成と変遷―考古学的表面調査から―」『長野県考古学会誌』一一九　長野県考古学会

小島正巳・時枝　務　二〇〇二「関山神社経塚の基礎的研究」『妙高火山研究所年報』一〇　妙高火山研究所

小島正巳・時枝　務　二〇〇三「妙高山頂所在の文政三年銘銅製水盤」『長野県考古学会誌』一〇二　長野県考古学会

小島正巳・時枝　務　二〇〇五「妙高外輪山の前山における山岳宗教遺跡」『長野県考古学会誌』一一〇　長野県考古学会

小島正巳・時枝　務　二〇〇七「妙高山麓における木曽御嶽講滝行場の一様相―新潟県妙高市猪野山の事例―」『信濃』五九―七　信濃史学会

小島正巳・早津賢二　二〇〇一a「妙高火山の天狗たち―〝大天狗足立坊〟とその末裔―」『高井』一三七　高井地方史研究会

小島正巳・早津賢二　二〇〇一b「妙高火山における修験道遺跡」『妙高火山研究所年報』九　妙高火山研究所

小島正巳・早津賢二　二〇〇三「妙高火山の山岳宗教遺跡」『山岳信仰と考古学』同成社

小柳義男　二〇〇三「妙高山の山岳信仰」『山岳信仰と考古学』同成社
五来　重　一九八一「修験道文化について（二）」『修験道の美術・芸能・文学（Ⅱ）』山岳宗教史研究叢書一五　名著出版
五来　重編　一九八四『修験道史料集（Ⅱ）』（山岳宗教史研究叢書一八）名著出版
斉藤　孝　一九七八「古代の社寺信仰と鏡」『日本古代文化の探求・鏡』社会思想社
坂井美嗣　一九九五『久保田・宮の反・善福寺』東部町教育委員会
佐藤弘夫　二〇〇三『霊場の思想』（歴史文化ライブラリー一六四）吉川弘文館
佐藤弘夫　二〇〇六「霊場―その成立と変貌」『中世の聖地・霊場』高志書院
佐藤弘夫　二〇〇八『死者のゆくえ』岩田書院
佐藤弘夫　二〇一二『ヒトガミ信仰の系譜』岩田書院
桜井甚一　一九八三「福水出土の古密教仏具からみた能登の山林宗教考」『北陸の考古学』石川考古学研究会
桜井甚一　一九九〇『能登加賀の中世文化』北国新聞社
櫻井成昭　二〇〇五『六郷山と田染荘遺跡　九州国東の寺院と荘園遺跡』同成社
佐野大和　一九七一「二荒山」『神道考古学講座』五　雄山閣
宍戸信吾・谷　正明　二〇〇四『間口またやぐら群』（神奈川考古学財団調査報告一七二）神奈川考古学財団
宗臺秀明　一九九五「長谷観音堂周辺遺跡（No.296）―長谷三丁目39番4外地点―」『鎌倉市埋蔵文化財緊急調査報告書11（2）』鎌倉市教育委員会
笙ノ窟発掘調査団　一九九五『奈良県上北山村笙ノ窟発掘調査報告書』上北山村教育委員会
椙山林継　二〇〇三「白山山頂出土遺物と白山信仰」『山岳信仰と考古学』同成社
菅谷文則　一九九〇「西円堂奉納鏡」『法隆寺秘宝展』
菅谷文則　一九九五「大峯山寺の発掘」『山岳修験』一六　日本山岳修験学会
菅谷文則　一九八八「熊野と大峯信仰」『熊野権現　熊野詣・修験道』筑摩書房
菅谷文則・前園実知雄・西藤清秀　一九八六「地下発掘調査」『重要文化財大峰山寺本堂修理工事報告書』奈良県教育委員会
鈴木昭英　一九八二「妙高山参り」『新潟県史』資料編二二民俗・文化財編一　新潟県

関　一敏　一九九三『聖母の出現　近代フォーク・カトリシズム考』日本エディタースクール出版部
関　哲行　一九九九「序」『巡礼と民衆信仰』青木書店
関　秀夫　一九九〇『経塚の諸相とその展開』雄山閣出版
関　秀夫編　一九八五『経塚遺文』東京堂出版
瀬田哲夫　一九九四「長谷観音堂周辺遺跡（No.296）―長谷三丁目41番イ地点―」『鎌倉市埋蔵文化財緊急調査報告書10（2）』鎌倉市教育委員会
添田町教育委員会　一九九六『英彦山大河辺山伏墓地』添田町教育委員会
田中則和　二〇〇六「岩切東光寺周辺と青葉山の『霊場』」『中世の聖地・霊場』高志書院
武見李子　一九七六「『血盆経』の系譜とその信仰」『仏教民俗研究』三　仏教民俗研究会
武見李子　一九七七「日本における血盆経信仰について」『日本仏教』四一　日本仏教研究会
太宰府市史編集委員会編　一九九二『太宰府市史　考古資料編』太宰府市
鶴岡市教育委員会　一九八一『山形県鶴岡市藤沢岩屋遺跡』致道博物館
東北中世考古学会編　二〇〇六『中世の聖地・霊場　在地霊場論の課題』高志書院
東北中世考古学会宮城大会実行委員会編　二〇〇五『霊地・霊場・聖地　東北中世考古学会第一一回研究大会（宮城大会）資料集』東北中世考古学会
戸隠総合学術調査団　一九七一『戸隠―総合学術調査報告』信濃毎日新聞社
戸川安章　一九九三『出羽修験の修行と生活』佼成出版社
時枝　務　一九八五「修行窟小考」『物質文化』四五　物質文化研究会
時枝　務　一九八六「山岳修験と考古学」『月刊考古学ジャーナル』二六五　ニューサイエンス社
時枝　務　一九九一「日光男体山頂遺跡出土遺物の性格―新資料を中心として―」『MUSEUM』四七〇　東京国立博物館
時枝　務　一九九二「中世修験の遺跡」『季刊考古学』三九　雄山閣出版
時枝　務　二〇〇一「群馬県の霊山と巡礼の道」『信仰の道―上毛三山を中心に―』群馬県教育委員会
時枝　務　二〇〇五ａ「考古学からみた羽黒修験」『千年の修験　羽黒山伏の世界』新宿書房

時枝　務　二〇〇五b『修験道の考古学的研究』雄山閣
時枝　務　二〇〇五c「考古資料と心性史」『中世史料論の新段階　モノとココロの資料学』高志書院
時枝　務　二〇〇七「『霊場の考古学』序説」『立正史学』一〇一　立正大学史学会
時枝　務　二〇〇八「妙高山信仰の考古学」『赤倉温泉開湯一九〇周年記念　赤倉温泉と温泉組合のあゆみ』赤倉温泉組合
時枝　務　二〇一〇「日光男体山頂遺跡の成立時期とその性格―研究史の検討を通して―」『山岳信仰と考古学Ⅱ』同成社
時枝　務　二〇一一『山岳考古学―山岳遺跡研究の動向と課題―』ニューサイエンス社
時枝　務　二〇一四『霊場の考古学』高志書院
長沢保崇・田畑衣理　二〇〇八『神奈川県鎌倉市長谷観音堂周辺遺跡（№296）発掘調査報告書―長谷三丁目7番5地点―』株式会社斎藤建設
長野県立歴史館　二〇一〇『東の牛伏寺　西の若澤寺―古代に創建された松本平の二つの寺院―』長野県立歴史館
長野　覚　一九八二「日本の山岳交通路と修験道の入峯について」『駒澤大学文学部紀要』四〇　駒澤大学
中野晴久　一九九四「赤羽・中野『生産地における編年について』」『中世常滑焼をおって』資料集』日本福祉大学知多半島総合研究所
中野幡能編　一九八四「竈門山旧記」『修験道史料集〔Ⅱ〕』（山岳修験研究叢書一八）名著出版
中野豈任　一九八八『忘れられた霊場―中世心性史の試み―』平凡社
七海雅人　二〇〇六「霊場・松島の様相」『中世の聖地・霊場』高志書院
奈良県文化財保存事務所編　一九八六『重要文化財　大峰山寺本堂修理工事報告書』奈良県教育委員会
奈良国立博物館　一九八五『特別展　山岳信仰の遺宝』奈良国立博物館
難波田徹　一九九〇『鏡像と懸仏』至文堂
新野一浩　二〇〇六「瑞巌寺境内遺跡とその周辺」『中世の聖地・霊場』高志書院
日光市史編さん委員会　一九七九『日光市史』上　日光市
日光市史編さん委員会　一九八六『日光市史　史料編』上　日光市
日光二荒山神社編　一九六三『日光男体山　山頂遺跡発掘調査報告書』角川書店

日本考古学協会二〇〇九年度山形大会実行委員会編　二〇〇九『日本考古学協会二〇〇九年度山形大会研究発表資料集』日本考古学協会二〇〇九年度山形大会実行委員会

韮崎市教育委員会　二〇〇三『山梨県韮崎市　苗敷山山頂遺跡　林道開発に伴う緊急発掘調査報告書』韮崎市教育委員会

能登　健　一九八三「熊倉遺跡の再調査」『群馬文化』一九三　群馬県地域文化協議会

能登　健・洞口正史・小島敦子　一九八五「山棲み集落の出現とその背景―二つの『ヤマ』に関する考古学的分析―」『信濃』三七―四　信濃史学会

萩原　進　一九三四「浅間山を中心として見たる修験道」『上毛及上毛人』二〇三・二〇五・二〇六　上毛郷土史研究会

萩原　進　一九七八「浅間山系三山の信仰と修験道―浅間山・四阿山・白根山について―」『富士・御嶽と中部霊山』（山岳宗教史研究叢書九）名著出版

長谷寺　二〇〇九『鎌倉長谷観音　歴史と文化財』長谷寺

長谷寺観音堂改築工事出土文化財調査団　一九八五『海光山慈照院長谷寺―観音堂新築工事に関わる埋蔵文化財の調査―』鎌倉長谷寺

八葉寺五輪塔調査委員会　一九七三『会津八葉寺木製五輪塔の研究』萬葉堂書店

服部敬史　一九九八「土師器皿からみる中世後半期の東国」『楢崎彰一先生古希記念論文集』真陽社

服部英雄　二〇〇七『峠の歴史学　古道を訪ねて』朝日新聞社

服部実喜　二〇〇八「かわらけから見た北条氏の権力構造」『中世東国の世界3　戦国大名北条氏』高志書院

花村利彦　一九八一「英彦山の修験道遺跡と文化財」『修験道の美術・芸能・文学』Ⅱ（山岳宗教史研究叢書一五）名著出版

原　明芳　二〇〇六「松本平の古代末期の寺院考」『信濃』五八―五　信濃史学会

平野栄次　二〇〇四『富士信仰と富士講』岩田書院

福島邦夫　一九七八「八菅修験の儀礼」『修験集落八菅山』慶応大学宮家研究室

武甲山総合調査会　一九八七『武甲山総合調査報告書分冊　武甲山山頂遺跡発掘調査報告書』横瀬町教育委員会

藤木久志　一九八八「『信仰地域論』の方法によせて」『忘れられた霊場―中世心性史の試み―』平凡社

藤田庄一　二〇一一「岩また岩の間をめぐる国東の回峰行―六郷満山（大分県）―」『山岳修験への招待　霊山と修行体験』新人物往来社

藤沢良祐　二〇〇八『中世瀬戸窯の研究』高志書院
富士宮市教育委員会　二〇〇五『村山浅間神社調査報告書』富士宮市教育委員会
普請帳研究会　一九八四『佐渡国蓮華峰寺骨堂修理工事報告書』第一法規
古谷　清・丸山瓦全　一九二四「日光二荒山頂発見品に就て」『考古学雑誌』一四―一〇　考古学会
古谷　清・丸山源八　一九二七「日光二荒山上発掘品」『栃木県史蹟名勝天然紀念物調査報告』二　栃木県
文化庁　一九六九「山形県山形市大森山経塚出土品」『埋蔵文化財要覧』四　文化庁
前田洋子　一九八四「羽黒鏡と羽黒山頂遺跡」『考古学雑誌』七〇―一　日本考古学会
松尾宣方他　一九八三「長谷寺境内」『鎌倉市埋蔵文化財発掘調査年報I』鎌倉市教育委員会
松崎照明　二〇〇〇「出羽三山の建築・羽黒山三神合祭殿」『仏教芸術』二四八　毎日新聞社
丸山瓦全　一九二四「続日光二荒山頂の発見品に就て」『考古学雑誌』一四―一四　考古学会
三宅敏之　一九八三ａ『経塚論攷』雄山閣出版
三宅敏之　一九八三ｂ「富士上人末代の埋経について」『経塚論攷』雄山閣出版
三宅敏之　一九八六「那智山経塚について」『仏教芸術』一六八　毎日新聞社
三宅敏之編　一九八五『那智経塚遺宝』東京美術
宮家　準　一九七三「修験道―峰入の衣体と行場を中心として」『神道考古学講座』六　雄山閣出版
宮家　準　一九七六「修験道と仏教」『新版仏教考古学講座』一　雄山閣出版
宮家　準　一九八五『修験道思想の研究』春秋社
宮家　準編　一九八六『修験道辞典』東京堂出版
宮家　準　一九九六『修験道と日本宗教』春秋社
宮本袈裟雄　一九七四「妙高山」『歴史の山一〇〇選』秋田書店
三輪善之助　一九二九「倶利迦羅不動の板碑」『史蹟名勝天然紀念物』四―七　史蹟名勝天然記念物保存協会
森下恵介　一九九七「大峰の宿とその遺跡」『伊達先生古希記念　古代文化論叢』伊達先生古希記念論集刊行会
山形県　一九七九『山形県史』資料編一五　下　古代中世史料二　山形県

山形市　一九七三『山形市史』上巻　原始・古代・中世編　山形市
山形市教育委員会　二〇〇四『図説　山形の歴史と文化』山形市教育委員会
山形県総合学術調査会編　一九七五『出羽三山・葉山総合学術調査報告』山形県
山口博之　二〇〇二「由比ヶ浜南遺跡に見る火葬と納骨」『中世都市鎌倉と死の世界』高志書院
山口博之　二〇〇七「山寺立石寺の社会的景観」『月刊考古学ジャーナル』五六一　ニューサイエンス社
山本義孝　二〇〇六「修験道」『鎌倉時代の考古学』高志書院
由谷裕哉　二〇〇二「修験道の柱松：妙高山関山神社の事例から」『北陸宗教文化』一四　北陸宗教文化学会
由谷裕哉　二〇〇六『関山神社火祭り調査報告書─仮山伏の棒使い・柱松引きを中心として─』仮山伏保存会・妙高市教育委員会
由谷裕哉　二〇〇八『白山・立山の宗教文化』岩田書院
吉岡康暢　一九九四『中世須恵器の研究』吉川弘文館
六合村教育委員会　一九八四『熊倉遺跡─山棲み集落の探求』六合村教育委員会
和歌森太郎　一九六九「日光修験の成立」『日本民俗社会史研究』弘文堂
和歌山県教育委員会　一九七五『高野山奥之院の地宝』和歌山県教育委員会
渡井英誉　二〇〇六「富士山の開発と信仰─富士浅間宮の考古学─」『月刊考古学ジャーナル』五三九　ニューサイエンス社

初出一覧

第一章　山岳宗教の歴史（原題：「霊山と修験道―古代～近世中期」『日本の霊山読み解き事典』二〇一四年、柏書房）
第二章　一　修験道考古学の視点（原題：「修験道」『歴史考古学の問題点』一九九〇年、近藤出版社）
　二　修験道考古学の対象（原題：「修験道」『季刊考古学』二、一九八三年、雄山閣出版）
　三　修験道遺跡・遺物の変遷（原題：「修験道の考古学」『季刊考古学』五九、一九九七年、雄山閣出版）
　四　中世修験の遺跡（『季刊考古学』三九、一九九二年、雄山閣出版）
　五　山岳修行の遺跡（原題：「山岳修験と考古学」『月刊考古学ジャーナル』二六五、一九八六年、ニューサイエンス社）
第三章　「霊場の考古学の現状と課題」（『考古学雑誌』九六―四、二〇一二年、日本考古学会）
第四章　考古学からみた羽黒修験（『千年の修験　羽黒山伏の世界』二〇〇五年、新宿書房）
第五章　日光男体山頂遺跡出土遺物の性格（『MUSEUM』四七九、一九九一年、ミュージアム出版）
第六章　草津白根山信仰の展開（『群馬歴史散歩』八九、一九八八年、群馬歴史散歩の会）
第七章　山岳宗教としての富士山（『富士山を知る事典』二〇一二年、日外アソシエーツ）
第八章　苗敷山信仰の諸段階（原題：「日本の山岳宗教と苗敷山」『苗敷山総合学術調査報告書　苗敷山の総合研究』二〇一一年、韮崎市教育委員会）
第九章　妙高山信仰の諸段階（『山岳修験』四四、二〇〇九年、日本山岳修験学会）
第一〇章　立山信仰の諸段階（『椙山林継先生古稀記念論集　日本基層文化論叢』二〇一〇年、雄山閣）
第一一章　宝満山の懸仏（『立正考古』四四、二〇〇七年、立正大学考古学研究会）
第一二章　在地霊場論（『東国史論』二三、二〇〇九年、群馬考古学研究会）
第一三章　立石寺の金工資料（『日本考古学協会 2009 年度山形大会研究発表資料集』二〇〇九年、日本考古学協会 2009 年度山形大会実行委員会）
第一四章　中世都市と納骨霊場（『考古学論究』一七、二〇一六年、立正大学考古学会）
第一五章　霊山金峯山と霊場熊野（『熊野学研究』四、二〇一六年、国際熊野学会）
第一六章　六郷山の山岳遺跡研究序説（『第 4 回九州山岳霊場遺跡研究会平成26年度おおいた石造文化研究会合同研究大会「国東半島の山岳霊場遺跡―六郷満山の寺院と信仰―」資料集』二〇一四年、九州山岳霊場遺跡研究会・おおいた石造文化研究会）
第一七章　霊場研究のなかの納骨信仰遺跡（『季刊考古学』一三四、二〇一六年、雄山閣）

■著者略歴

時枝　務（ときえだ　つとむ）

1958年群馬県生まれ

立正大学大学院修士課程修了

現在、立正大学文学部教授

〈主要編著・著書〉

『修験道の考古学的研究』（2005年、雄山閣）

『山岳考古学—山岳遺跡研究の動向と課題』（2011年、ニューサイエンス社）

『霊場の考古学』（2014年、高志書院）

『山岳宗教遺跡の研究』（2016年、岩田書院）

2018年8月25日　初版発行

山岳霊場《さんがくれいじょう》の考古学的研究《こうこがくてきけんきゅう》

著　者　時枝　務

発行者　宮田哲男

発行所　株式会社 雄山閣

〒102-0071　東京都千代田区富士見2-6-9

TEL　03-3262-3231 / FAX　03-3262-6938

URL　http://www.yuzankaku.co.jp

e-mail　info@yuzankaku.co.jp

振 替：00130-5-1685

印刷・製本　株式会社ティーケー出版印刷

ISBN978-4-639-02600-6 C3021

N.D.C.210　280p　24.2cm